U0533565

民族交融的伟大历史

「码」上见证

阅读笔记本
随手记录心得感悟 阅读回顾更便捷

民族交往交流交融史
中华民族多元一体格局的历史演进

文化展播厅
展现各民族的传统习俗与文化传承

人物电子书
电子版图书 随时随地在线阅读

民族交往交流交融
历史人物掠影

李治国　王宁　宋春霞　著

内蒙古人民出版社

图书在版编目(CIP)数据

民族交往交流交融历史人物掠影 / 李治国，王宁，宋春霞著. -- 呼和浩特：内蒙古人民出版社，2024.3
ISBN 978-7-204-16859-0

Ⅰ. ①民… Ⅱ. ①李… ②王… ③宋… Ⅲ. ①中华民族-民族历史-研究 Ⅳ. ①K28

中国版本图书馆 CIP 数据核字（2021）第 208111 号

民族交往交流交融历史人物掠影

作　　者	李治国　王　宁　宋春霞
策划编辑	王　静
责任编辑	党　蒙
封面设计	刘那日苏
出版发行	内蒙古人民出版社
地　　址	呼和浩特市新城区中山东路 8 号波士名人国际 B 座 5 楼
网　　址	http://www.impph.cn
印　　刷	内蒙古爱信达教育印务有限责任公司
开　　本	710mm×1000mm　1/16
印　　张	17.5
字　　数	250 千
版　　次	2024 年 3 月第 1 版
印　　次	2024 年 3 月第 1 次印刷
书　　号	ISBN 978-7-204-16859-0
定　　价	88.00 元

如发现印装质量问题，请与我社联系。联系电话：(0471)3946120

序 言

2023年6月,习近平总书记在内蒙古考察时指出:"铸牢中华民族共同体意识是新时代党的民族工作的主线,也是民族地区各项工作的主线。民族地区的经济建设、政治建设、文化建设、社会建设、生态文明建设和党的建设等,都要紧紧围绕、毫不偏离这条主线。"作为民族地区,内蒙古要将铸牢中华民族共同体意识作为各项工作的主线,具体到文化宣传领域,深入挖掘各民族交往交流交融优秀历史文化资源,有形、有感、有效讲好中华民族故事,大力宣介中华民族共同体意识。内蒙古充分挖掘和生动展现厚重历史文化和丰富人文资源,融红色文化和草原文化、农耕文化、黄河文化、长城文化等于一体,打造以各民族交往交流交融、守望相助、共同弘扬"蒙古马精神"和"三北精神"、铸牢中华民族共同体意识为基本内容的"北疆文化"品牌,让根植北疆大地的优秀文化在新时代火起来、活起来,为推进内蒙古现代化建设注入强大精神力量。

"历史,是刻在时间记忆上的一首回旋诗。"从中国历史上第一任西域都护使郑吉到红色王爷特古斯阿穆古朗;从"红颜离家,皓首归来"的解忧公主到"纤腰不复汉宫宠,双蛾长向胡天愁"的昭君公主;从发出"何足争强弱,吾民尽玉颜"感叹的苏轼到将"个体生命投入文本当中,从中挖掘民族、国家重造的精神资源"的沈从文。本书将一个个中华民族交往交流交融的历史人物展开讲述,映射着中华民族"你中有我、我中有你、谁也离不开谁"的多元一体格局。中华民族是一个具有5000多年文明史的智慧民族，也是一个由56个民族组成的伟大民族，中华文明发展史正是各民族交往交流交融的历史，是各民族共同缔造、发展、巩固统一的伟大祖国的历史。在中华民族这个大家庭中，56个民族相互尊重、相互学习、相互依赖，像石榴籽一样紧紧抱在一起。探寻民族交往交流交融历史人物的足迹，有助加深我们对于中华民族形成史的认识和了解。

究天人之际，通古今之变。回顾历史的目的在于经世致用。何谓经世？致力于国家，致力于社会谓之经世。何谓致用？以我之所学，化我之所用谓之致用。各民族交往交流交融是中华民族自我完善发展的强大推力，是历史发展的必然趋势，也是中华民族形成、发展和繁荣的内在动力。我们要吸收珍贵的历史文化养分，感悟中华民族源远流长的变化发展脉络，在向第二个百年奋斗目标进军的新征程上，持续推进全国各族人民在理想、信念、情感、文化上的统一，从而为实现中华民族伟大复兴凝聚起团结奋进的磅礴力量！

目 录

交流互鉴，勇于变革：赵武灵王 …………………………………… 1

戎马丹心有建树，一心只盼家国平：汉武帝刘彻 ………………… 4

边塞路迢迢，他乡逢大义：细君公主 ……………………………… 7

红颜多担当，边地护和平：解忧公主 ……………………………… 11

茫茫戈壁滩，浓浓汉家情：冯嫽 …………………………………… 15

一身归朔漠，数代靖兵戎：王昭君 ………………………………… 19

民族团结代表，祖国统一典范：呼韩邪单于 ……………………… 22

一代名臣将，熔铸民族魂：金日磾 ………………………………… 25

茫茫西域路，家国装满怀：张骞 …………………………………… 29

得百胜将军，捍西域安宁：郑吉 …………………………………… 33

人生适意在家山，万里封侯老未还：班超 ………………………… 36

将门虎子，扬威西域：班勇 ………………………………………… 39

终生无所私，故得众拥戴：轲比能 ………………………………… 42

混六合为一家，视夷狄为赤子：苻坚 ……………………………… 45

红妆定乾坤，转北朝风向：冯太后 ………………………………… 49

迁都促融合，赓续民族情：北魏孝文帝 …………………………… 52

文穷南北之胜，词开盛唐之端：庾信 ……………………………… 55

一世中华心，不负三朝托：冼夫人 ………………………………… 58

一代帝王基业，民族融合大局：杨坚 …………………… 62

天之所覆，孰非我臣：杨广 ……………………………… 65

多民族之共主，统一整合天下：李世民 ………………… 68

自从贵主和亲后，一半胡风似汉家：文成公主 ………… 71

解千里之忧，促汉藏友好：金城公主 …………………… 75

所用皆鹰腾，破敌过箭疾：回纥葛勒可汗 ……………… 78

忠魂烈骨卫家国，不屈身姿显赤忱：浑瑊 ……………… 80

沉毅有筹略，将帅中第一：李光弼 ……………………… 84

从一而终，忠诚执着：契苾何力 ………………………… 87

华夷两樽合，醉笑一欢同：苏轼 ………………………… 90

用汉礼以改蕃俗，求儒经以慕华化：李谅祚 …………… 92

以儒治国，中兴之主：李仁孝 …………………………… 94

翠条更结同心，宛然汉家天子：完颜璟 ………………… 97

故国常怀思，矢志为一统：元好问 ……………………… 100

秉持一统志，华夷一家亲：耶律楚材 …………………… 103

一生盛德乾坤重，万古英名日月高：真金 ……………… 107

志存高远，以儒治国：元英宗 …………………………… 109

为国家发展变革，为民族交融尽心：拜住 ……………… 112

长江千万里，此处是侬乡：丁鹤年 ……………………… 117

一朝弃武从文，半世儒道相伴：贯云石 ………………… 120

衣被天下，布业始祖：黄道婆 …………………………… 123

两代帝师，心怀天下：李孟 ……………………………… 126

文化本无异，同是中华情：萨都剌 ……………………… 131

兴滇之心，事滇之子：赛典赤·赡思丁 ………………… 135

汉家别有遮拦法，贡市年年货币通：俺答汗 …………… 138

塞北佳人亦自饶，白题胡舞为谁娇：三娘子 …………… 141

强力敢任，五使绝域：侯显 ………………………………… 145

星牵沧海云帆耸，浪迹天涯纽带长：郑和 ………………… 148

技艺超群，品行高洁：阮安 ………………………………… 151

直事三朝人共避，疏传千古气犹生：海瑞 ………………… 155

心存报国志，甘做先行者：李贽 …………………………… 158

人生无须几回转，一诺西南九驿通：奢香夫人 …………… 161

守护祖国边地，挺立民族脊梁：麻贵 ……………………… 165

勇猛善战，一心为国：瓦氏夫人 …………………………… 169

国家之栋梁，文武之仪形：鄂尔泰 ………………………… 172

所爱隔山海，山海皆可平：渥巴锡 ………………………… 176

万里戍边，保家卫国：锡伯族 ……………………………… 180

一片赤诚，情系西藏：傅清 ………………………………… 185

踏残白刺过黄芦，百年奋斗护苍生：新疆哈密王 ………… 189

治边功最多，名满四海耳：松筠 …………………………… 192

受命赴疆地，苗汉两相宜：张广泗 ………………………… 195

发展民族文化，书写家国大义：尹湛纳希 ………………… 198

不避风险，以身许国：林则徐 ……………………………… 201

一代师生谊，满汉团结情：杜受田 ………………………… 203

新栽杨柳三千里，引得春风度玉关：左宗棠 ……………… 207

一心系家国，热血守疆地：刘锦棠 ………………………… 211

破除满汉之见，铁腕股肱之臣：肃顺 ……………………… 215

出行保家卫国，开创教化先河：杨玉科 …………………… 219

精华欲掩料应难，影自娟娟魄自寒：曹雪芹 …………… 223

清初第一才士，千古伤心词人：纳兰性德 …………… 226

叹红楼梦影，著满汉精粹：顾太清 …………………… 231

承孤勇之志，促汉藏团结：赵尔丰 …………………… 234

爱国正热血，苗中之豪杰：项崇周 …………………… 238

在位一日，修好一日：特古斯阿穆古朗 ……………… 242

仁同一视，招兵的"二少爷"：奇子俊 ……………… 245

矢志不渝，忠贞爱国：那木济勒色楞 ………………… 248

爱党爱国，民族团结：马本斋 ………………………… 251

做汉藏桥梁，行大慈大善：五世格达活佛 …………… 256

守土之责，义所难辞：陈嘉庚 ………………………… 261

忠于国家，忠于民族：陈芳明 ………………………… 265

一代文学巨匠，汉苗交融之桥：沈从文 ……………… 268

医药传承见初心，民族情义永延续：曲焕章 ………… 271

后　记 …………………………………………………… 274

交流互鉴，勇于变革：赵武灵王

风萧萧，雨潇潇，清清荡荡卷浮云。在赵武灵王过往的岁月里，胡服骑射成为他的代名词。他敏锐创新，勇于变革，在战国那个群雄逐鹿的年代，留下了中原农耕民族向草原游牧民族学习，提升国家军事实力的历史传奇，这位在政治舞台上留下浓墨重彩的君王，无疑是春秋战国跨越历史时代的创造者。

赵武灵王名为赵雍，是一位极具传奇色彩的君主。赵雍在15岁时登上王位，还未尝到王权的滋味，就陷入列国诸侯联合攻打赵国的危机。公元前326年，赵武灵王的父亲赵肃侯赵语去世，魏、楚、秦、燕、齐五国打着吊唁的旗号，集结各方精锐蓄势待发，准备进攻赵国。年轻的赵武灵王遇到了为君者的第一个严峻挑战。在赵国上下慌乱之际，对内他下令加强军事防御，严阵以待；对外他寻找盟友，通信韩国、宋国，请他们出手相助。他公开斥责五国带兵吊唁不合礼仪法度，占据道义的制高点，最终在赵武灵王一系列精彩的内政外交策略下，其他诸侯国悻悻离去。而赵武灵王也凭借自己的胆识和魄力成功化解了赵国的危难，由此开启了他的帝王之路。

在赵武灵王颇具传奇色彩的一生中，最闪光的部分是他广为推崇的胡服骑射军事改革。商鞅变法后，秦国日益强大，赵国面临巨大的威胁，积极寻求变法图强。赵武灵王的变法改革思路来源于北方游牧民族。赵国地处北方游牧民族和华夏民族交汇处，频繁遭到匈奴侵扰，在农耕文明与游牧文明的碰撞与冲突中，赵国经常战败，匈奴侵扰愈发严重。赵武灵王反复思考如何让军队变得强大起来，减少国防威胁。他从失败中总结经验教训，认为匈奴的军事优势是骑兵部队战斗力强，且匈奴人短衣长裤有利于作战，反观赵国军队大量使用战车，骑兵部队少，虽然步兵和车兵能相互策应，但总归不如骑兵便捷，士兵衣服为长袍宽袖，不便于作战。于是赵武灵王决心改变长久以来的军事传统，由车战转变为骑战，削减军中的车兵，增加骑兵，让赵国的精锐全部弃车乘马，选择靠近河套地区的草原训练骑兵。同时他颁布易服令，让士兵改穿胡人式紧袖短衣和长裤，一改军队长袍大袖的风尚，这一举措遭到了朝中大臣的强烈反对，惊呼这是"变古之教，易古之道，逆人之心"。当时的赵国，服饰代表着一个人的身份和地位，宽袍长袖是文雅的象征，而改穿胡人的服饰是一种羞耻。可赵武灵王信念坚定，没有被传统思想禁锢，而是从实际作战需要，否决了守旧大臣的意见，以强有力的行政命令在赵国上下推行服饰改革。从此，一场关于"胡服骑射"的重大变革在赵国上演。

赵武灵王懂得改变一个国家千百年来的生活习惯，必然阻力很大、困难重重。可他知道比起服饰礼仪的传统观念，改变赵国的羸弱局面更为重要。他深知朝中大臣反对者众多，便从宗室贵戚中最有威望的叔父公子成身上寻求突破。起初，公子成并不赞同赵武灵王的做法。他认为中原是礼乐风行的圣贤之地，是他国效仿、向往的地方，更是各少数民族学习的榜样。如今改穿胡人的服装，实在有违古制和民心。赵武灵王向公子成详细分析多年来赵国饱受他国侵略蹂躏的原因，系统阐释了推行胡服骑射对增强赵国军事实力的重要作用。在赵武灵王推心置腹的劝导下，公子成同意了赵武灵王的改革。之后，赵武灵王又说服了其他重要大臣，终于扫清了改革的障碍，开始了轰轰烈烈的"胡服骑射"改革。

胡服逐渐成为赵国新风尚，赵武灵王付出了巨大努力。面对群臣汹涌的反对浪潮，他力排众议，率先垂范，身着胡服上朝，骑马弯弓露宿草原，甚至亲自训练士兵。此外，赵武灵王聘请擅长骑射的匈奴人担任教练，全面推广养马、制革、设兽医和筹办草料等完整配套的制度。经过一系列卓有成效的新措施，赵国很快训练出一批装备精良、射术高超、极具战斗力的骑兵。短短几年时间，原本饱受侵扰的赵国军事实力大大增强，并在北方开辟了上千里的疆域，而赵国也依靠这支战斗力彪悍的骑兵，成为战国后期军事实力能够与秦国抗衡的强国。

骑射胡服捍北疆，英雄不愧武灵王。从冲突到对抗，从北境到他国，赵武灵王从15岁即位起，就开始专注于富国强兵。他认识到，只有强大的军队才是国家安身立命之本。赵武灵王放弃传统偏见，倡导胡服、训练骑射，到最后纵横捭阖、游走诸国，草原成为他纵横驰骋的舞台。在励精图治的日子里，赵武灵王写就了自己推行胡服骑射的变革故事，他以敢为天下先的进取精神，坚持向胡人学习，促进我国各民族交往交流交融，书写了自己精彩的一生。

戎马丹心有建树，一心只盼家国平：汉武帝刘彻

少年刘彻独自一人站在城墙上，俯瞰着万千民众和远处的茫茫疆域。他心中装着更广阔的天地，绝不会束缚在这宫墙之内，而是在远比这辽阔得多的地方。自登基那日起，刘彻就立下宏愿，要让大汉王朝崛起于中国北方。他做到了，但也付出了巨大的代价。回看汉武帝刘彻的一生，你会知道这位少年天子是如何一统北方，成就了他宏伟的大业。

公元前140年，16岁的刘彻没有属于少年的稚嫩和慌乱。他目光如炬，步伐坚定，走上大汉王朝的皇位。距今2000多年前，北方草原盘踞着强大的游牧民族——匈奴。秦末汉初，匈奴经常骚扰汉朝边界，给西汉边疆的稳定带来严重威胁。刘彻执政后，如何解决匈奴的威胁成为重要的施政方向。他决定一改过去妥协退让的对外策略，开始积极经略边疆，实现其宏伟的战略布局。

匈奴被称为马背上的民族，主要活跃在北方草原。天然的地理条件，让匈奴形成一支强大的军队。他们骁勇善战，屡屡侵扰汉朝边境。汉初几代统治者一直忍让匈奴的种种行为，原因在于西汉初年政局未稳，权力斗争损耗了大量精力，无暇顾及其他；加之西汉初年，国家经济处在恢复阶段，出征打仗耗费巨大，朝廷无力承担巨额军费，所以主要采取送礼、和亲等方式换取暂时的安宁，而匈

奴在边境地区仍不时侵扰。经过"文景之治"休养生息的政策，西汉王朝国力日渐强盛，军事力量逐渐增强，彻底解决匈奴问题的时机成熟了。

刘彻决定先从匈奴周边的国家入手，他将目光放在了西域。西汉初年，匈奴凭借自身强大的势力，欺负周边弱小国家。周边国家迫于压力，只能被迫归附于匈奴。刘彻若贸然举兵进攻，很可能会引来当地少数民族的协同对抗。于是汉武帝两次派遣张骞出使西域，希望联合西域各国共同夹击匈奴。张骞第一次出使西域，是为了说服大月氏，达成西汉和月氏的盟约关系，但最后没能成功。然而，张骞此行带回众多西域的重要信息，帮助刘彻进一步了解西域的风土人情和人文地理，为刘彻征服西域提供了前期条件。

刘彻发现仅依靠政治游说远远不够，于是听从张骞的建议，积极开展与西域各国的贸易往来，通过加强他们对西汉经济上的依赖，达到政治上的依附。刘彻将目光落在了乌孙，乌孙是当时除匈奴以外势力最强的部落。因为与匈奴存在矛盾，乌孙想要摆脱匈奴的控制。他们之间的矛盾冲突，也为西汉与乌孙改善关系提供了契机。由此，汉武帝派张骞第二次出使乌孙国，此后又多次派使臣与乌孙联系。在与西汉接触中，乌孙见识到西汉王朝的强大，加之因急于想摆脱匈奴的控制，主动向西汉提亲，献上良马千匹作为聘礼。刘彻欣然同意，将江都王刘建的女儿刘细君作为公主嫁给乌孙国王猎骄靡，汉乌关系得到进一步发展。

后来，西汉与乌孙联手抗击匈奴。匈奴大败后一蹶不振，西汉势力深入西域，当地少数民族纷纷臣服。刘彻充分尊重各少数民族的文化风俗和历史传统，在西域地区实行宽松的管理手段，对他们实行因地制宜、因俗而治的统治方式，不设郡县、不征赋税，减轻西域诸国的经济负担，增强地区活力，促进生产生活发展。刘彻还实施厚往薄来的民族政策，每次西域各国来朝贡时，刘彻会赏赐给他们众多物品。比起匈奴在西域的横征暴敛，各少数民族欣然接受西汉的统治。

为维护西汉和西域诸国之间的友好关系，刘彻还加强西域与中原的经济文化联系，促进了汉族和少数民族间的交流融合。他迁徙汉人到边境地区进行屯田，在发展边境农业的同时，还能为军队筹措粮草。匈奴来犯时，不必因粮草短缺需要中央调配，节省了很多人力物力。汉武帝借助屯田稳定了大后方，巩固了汉朝与西域各国间的关系。而且西域各国的一些人民迁徙到中原地区安家落户，从事农业或者商业。在大一统的西汉王朝版图内，汉族和西域各少数民族更频繁地在一起生产生活。刘彻意识到，想要拓展西汉版图，成就帝王大业，就不能故步自封，必须吸收其他民族优秀的文化成果。因此，刘彻特别注重国与国之间的交流交往。他多次派遣使臣，出使周边国家和地区，足迹几乎遍布中亚、南亚国家，学习和引进其他民族的优秀文明成果，加强西汉与各国之间的贸易往来，此举不仅打开了中国与世界的联系，还促进了各国人民的友好往来，使各民族的睦邻友好关系在西汉时期得到快速发展。

五十余年戎马丹心，曾经的少年天子终于开创了西汉盛世。刘彻拓展了中国的版图，促进民族间更密切的交流融合，丰富了中华民族共同体的内涵，强化了中华民族的认同感，树立起属于这个民族的自信，让中华民族屹立于世界的东方。

边塞路迢迢，他乡逢大义：细君公主

吾家嫁我兮天一方，
远托异国兮乌孙王。
穹庐为室兮旃为墙，
以肉为食兮酪为浆。
居常土思兮心内伤，
愿为黄鹄兮归故乡。

这首诗写尽了一位女子的无奈与苦楚。异乡为客，难以言说的辛酸，以诗寄怀，诉不尽的思乡情。此诗的作者细君公主孤身一人离开故都长安前往大草原，诗文字里行间是对故乡的不舍与异国他乡的无限惆怅。

西汉时期，边疆局势极不稳定，匈奴屡屡侵扰边境，这让汉武帝苦恼不已。为了稳定边疆局势，巩固汉王朝政权，汉武帝派张骞两次出使西域，开辟了汉朝通往西域的道路。张骞第二次从西域归来时，乌孙国王派使者朝觐汉朝，以上千匹良马作为聘礼，请求迎娶汉家女子，汉武帝不假思索便答应了请求。因为两国的联姻对于汉朝而言，具有重大的政治意义。这是西汉历史上首次皇族女子与边疆部族联姻，比昭君出塞早了72年。

汉武帝认真思考选谁去和亲，他想到江都王刘建的女儿刘细君。细君自小在宫中养育，长大后出落得样貌可人、亭亭玉立，琴棋书画、诗词歌赋样样精通，据说她还是琵琶的首创人。在命运的安排下，西汉元封六年（公元前105年），正值妙龄的细君公主踏上了和亲的征途，以自己纤弱的肩膀承担起维护汉乌友好关系的重任。远嫁乌孙的政治和亲成了刘细君一生的宿命。和亲当天，汉武帝给了她最高的礼遇，送亲队伍浩浩荡荡地从她的老家江都出发，路两边站满了前来送行的文武百官及家眷侍女。人们对这位远嫁的汉家女子怀着深深的同情和崇高的敬意。到达长安后，长乐宫内张灯结彩，热闹非凡，欢快的乐曲一直蔓延到宫外。送嫁的官员、乐队、侍女、杂役达数百人，车骑上的金银珠宝、绫罗绸缎不计其数，场面空前隆重。在朝廷委派官员的护送下，细君公主踏上了前往乌孙的道路。

出发的日子终于到来，细君公主不时地回头张望，想再看看故都长安的繁盛模样，直至队伍走远，长安的轮廓慢慢模糊，细君公主才停止了回眸。无论出嫁时排场多么风光，都掩盖不住目的地乌孙的荒凉。一路上，他们途经敦煌、楼兰、轮台等地，又翻过茫茫天山，才看见乌孙国的领地赤谷城，遥远的路途花费了一年多的时间，这段漫长的行程早已让细君公主疲惫不堪。休整数天后，细君公主开始慢慢了解乌孙这个国家，乌孙国地处苦寒之地，降水少、风沙大。当地人不像汉朝那样耕田细作，而是过着游牧生活，与中原汉地的生产生活迥然不同。

一到乌孙国，细君公主就受到当地人民的热烈欢迎，他们见细君公主生得温柔恬静、肤色白净，便亲切地称她为"柯木孜公主"（意为肤色白净美丽，像马奶酒一样的公主），乌孙国王猎骄靡怕细君公主不适应这边的生活,就专门为她修建了汉朝样式的宫室,饮食方面也十分注意,不时地吩咐侍女为她制作汉朝的美食。汉朝皇帝每隔一年都会派使者前来探视慰问,十分关心她在乌孙国的生活,这让细君公主心里多了一丝安慰。

细君公主因政治和亲走进了很多汉人不能靠近的伊犁大草原,用短暂的生命演绎了别样多彩的一生,向世人证明其存在的战略价值。不比西域女子对塞外生活的适应,自幼长在江都的细君公主一开始还是不适应这种逐水草而居的草原游牧生活,但她知道自己肩负着促进汉乌友好的使命,于是努力适应了下来。细君公主陪伴乌孙国王猎骄靡一步步进入乌孙国的政治生活。她和丈夫设宴款待乌孙国的上层贵族和朝中大臣,疏通各级关系,借此让他们知晓西汉与乌孙交好的诚意,为汉乌结盟做了大量前期工作。除了斡旋汉朝与乌孙国之间的关系,细君公主还积极传播汉文化,当时陪伴细君公主出嫁的还有众多汉朝的侍女、杂工和乐师,他们跟随细君公主进入乌孙后,为积极推动汉文化在乌孙国的传播发挥了积极作用。

细君公主通晓音律,深谙诗词,她常常弹奏琵琶消解思乡之苦。琵琶声感染了整个赤谷城,吸引很多当地人慕名倾听。细君公主利用自己的闲暇时间,搭建两国文化交流的桥梁,组织当地女子学习音律,为她们传授琵琶技艺。她还自己写诗作赋,其中的一篇《黄鹄歌》流传至今。这是她唯一在伊犁大草原留下的边塞诗,从她的诗中似乎可以看到细君公主坐在草原上俯首弹奏琵琶时,不经意间流淌出的思乡之情。

这首诗辗转流传到汉武帝的耳边,他想到在陌生的国度,细君公主一个女子,为民族之间和睦相处奔走周旋,感动不已。汉武帝也常派使者去乌孙国慰问细君公主，一同带去诸多锦绣绸缎、钱财珍宝和汉朝稀有的物品，减轻细君公主的思乡之苦。这些珍贵的物品，时常被细君公主转赠乌孙国的达官显贵，进一步加深了汉朝与乌孙国之间的友好关系。汉武帝勉励细君公主安心在边塞生活，要为汉朝与乌孙国结好多用心，在乌孙国的一言一行都代表着汉王朝的形象，切记要谨慎行事，和乌孙人民亲切友爱地相处，为了汉乌结盟坚守下去。

细君公主到乌孙国5年后就去世了。作为第一个远嫁西域和亲的公主，她的生命定格在特克斯河流域的大草原上。她心怀民族大义，远赴北地，为促进汉乌民族友好发展作出了积极贡献。时代的洪流让她踏出了中原与边疆和亲的第一步，留给古都长安一位勇敢女子的历史背影。

红颜多担当，边地护和平：解忧公主

马车驶出阳关古道，沿着丝绸之路径直向北行去。车中女子望着眼前茫茫无边的戈壁滩，连日的舟车劳顿已让她身心疲惫，前方漫漫长路，又让她迟迟看不到自己的归处，女子悠悠叹息了一声，便沉沉睡去。马车还在蜿蜒前行，漫漫和亲之路到底还要走多久，她此刻不敢去想。

这位女子便是西汉历史上著名的解忧公主。她是楚王刘戊的孙女，西汉太初四年（公元前101年），她被选为和亲公主，踏上了去往乌孙的和亲之路。远离故乡都城长安的解忧公主，在茫茫的戈壁滩连走数日，终于抵达乌孙国，以右夫人的身份嫁给了乌孙国王军须靡。

西汉时期，匈奴势力强大，西域诸国大多在匈奴的统治之下。乌孙国与匈奴交恶，又在西域诸国中处于十分重要的战略地位。因此，汉武帝想要联合乌孙国形成夹攻之势，牵制匈奴的势力，汉武帝除了多次派使臣出使乌孙国外，还通过和亲的手段来维持与乌孙国的结盟，这一次，命运的转盘选择了解忧公主。

到达乌孙国后，严峻的局势并没有给解忧公主太多感怀身世的机会。她身上肩负着维护汉乌友好的使命，自然不能懈怠，而且她如何在乌孙国立足也是一大难题。此后，她积极参与乌孙国的政治活动。由于边疆地带自然环境恶劣，乌孙国常常遭到风沙侵袭的危害，草原上的牧民生活窘迫、苦不堪言。在了解情况后，解忧公主与丈夫军须靡一起帮助牧民抵御自然灾害。解忧公主明白，一时的帮助并不能根本解决难题。于是，她鼓励牧民植树造林，抵御风沙侵袭。她还效仿汉朝在边疆地区发展农业，让当地人民安居乐业。除了帮助当地牧民发展农业，她还拓展乌孙国的外贸业务，支持商人和周边国家的贸易往来，从而使乌孙国的经济得到迅速发展。

为了进一步加强西汉与乌孙的友好关系，解忧公主还让自己的子女回到长安，学习中原文化。汉朝使者也常派使者出使乌孙国，双方往来频繁，互通有无。西汉地节元年（公元前69年），解忧公主让她的长女弟史来长安学习鼓琴文化。学有所成后，汉朝还专门派侍郎乐奉送弟史返回乌孙国。侍郎乐奉受到解忧公主等人的热情款待。不久后，解忧公主又把她的儿子送到长安，接受汉文化的熏陶，学习汉朝的礼乐制度。西汉与乌孙之间的友好往来，对密切两国关系具有重要意义。除此之外，乌孙国还向汉朝学习冶炼技术。乌孙国原有冶炼技术水平不高，铸造的兵器和弓箭质量参差不齐，后来专门派人去西汉学习，使得乌孙的冶炼技术有所改进。

解忧公主常常教育子女和汉朝交好，她的女儿嫁给龟兹国王绛宾后，继续延续母亲与西汉交好的关系。汉宣帝在位时，夫妻多次去往西汉朝贺，看到汉朝的服饰和宫廷建筑后非常喜欢。为了表达两国交好之意，汉宣帝为他们举办盛大的欢送仪式，赏赐给二人很多刺绣珍宝。把数十个宫廷乐师一并赐给他们，此举使得汉朝音乐在西域慢慢流传开来。回国后，夫妻二人大力学习推崇西汉的礼仪制度，仿照西汉皇宫，在宫内划分禁军，派禁卫军巡逻，还用钟鼓来传递信息。汉乌之间开展的一系列友好交往，都离不开解忧公主及其后人的不懈努力。

解忧公主通过一步步努力，在乌孙国赢得了崇高的地位与威望。解忧公主嫁给乌孙国王后，使乌孙国与匈奴间的关系更加恶化。匈奴不满乌孙国与汉朝交好，觉得自己在西域的统治地位受到了威胁，于是决定发兵攻打乌孙国。要求乌孙国交出解忧公主，断绝与汉朝的一切来往。解忧公主立即上书汉朝，请求出兵，共同抗击匈奴。汉乌联军协同奋战，重创了匈奴。此时，长期受匈奴压迫的西域各国纷纷起来反抗，在西域长期称霸的匈奴一蹶不振。经此一战，西汉在西域的势力逐渐强大，得到西域各国的更多认同，西汉在西域乌垒城设立西域都护府。西域各国见识到汉王朝的强大，纷纷归附西汉。这一时期，西汉与西域诸国的商业贸易得到了空前发展，各个民族的交往也日益密切，北方边境重回安定祥和的繁荣局面。

解忧公主在乌孙国 50 余年，沥尽心血，用自己的满腔热情实践着促进民族团结、维护祖国和平统一的远大理想。她不仅在乌孙国进行了积极的活动，还派她的侍者冯嫽在其他西域诸国进行活动，为促进西域与汉朝的友好关系作出了贡献。通过她们的不懈努力，解忧公主赢得了西域诸国贵族和人民的尊敬和爱戴，为汉王朝在西域开疆拓土创造了前提条件。

初到乌孙国时，解忧公主还是一个不谙世事的少女。岁月的磨炼、命运的千回百转，解忧公主始终不忘自己的使命，几次身处险境，却仍把汉乌关系的发展放在首位。解忧公主在乌孙国乃至整个西域，都树立了极高的威信。在漫长的岁月中，解忧公主为促进民族友好的伟大事业作出了巨大贡献。

茫茫戈壁滩，浓浓汉家情：冯嫽

历史的风将人像蒲公英一样不知吹向哪里，冯嫽这样一个本该在中原终老的女子，却在遥远的边疆书写了自己的传奇。西汉时期，西域部落繁杂，社会秩序混乱，各小国之间经常剑拔弩张、互相攻伐。为了边疆的稳定，西汉决定采取怀柔策略，将汉家女子嫁入西域具有战略价值的国家，以和亲的方式结成盟友，共同抵御匈奴的侵扰。而这些汉家女子注定要为政治利益牺牲个人幸福。

和亲队伍从都城长安浩浩荡荡地走向茫茫戈壁，车中的解忧公主苦闷不已，侍女冯嫽在旁不断地安慰她。二人虽是主仆关系，却亲如姐妹。为了同乌孙国联盟，汉武帝将解忧公主嫁给了乌孙国王，冯嫽作为侍女，也陪伴解忧公主抵达乌孙国。远离故土，来到西域大漠，一切都显得那么陌生。茫茫的戈壁滩，凛凛的刺骨风，两人相看无语，但心里都明白，彼此是对方唯一能推心置腹的人。解忧公主待冯嫽如亲姐妹，冯嫽视解忧公主为依靠。后来，冯嫽嫁给了乌孙国位高权重的右将军，与解忧公主彼此支持，在乌孙国内部形成一股亲近西汉的力量。

冯嫽向大漠深处走去，有失落，又有无奈，可和亲的机遇也为她搭建了一个施展才华的平台，使她成为中国历史上第一位女外交家。一开始，冯嫽并不喜欢乌孙国右将军。虽然冯嫽是解忧公主的侍女，但她聪颖美丽，学识广博，有勇有谋，若不是和亲来到乌孙国，或许她有更好的归宿。命运将冯嫽留在了乌孙国，可她心系故国，将一生都献给西汉与乌孙国关系的发展。

带着缔结汉乌联盟的使命，冯嫽随解忧公主刚到乌孙国，便洞察时势。当时，匈奴势力几乎遍布整个西域地区，除乌孙国外，其余各国都在匈奴的控制之下。西汉在西域地区兵力薄弱、影响力较小，形势不容乐观。这一切都被冯嫽迅速洞察，她和解忧公主在乌孙国稳定下来后，便以公主使者的名义巡行西域诸国，所到之处皆慷慨行赐，毫不吝惜，以此彰显西汉的大国风范。冯嫽的巡行活动，壮大了西汉在西域的影响，削弱了匈奴对西域的控制。

本以为一切尘埃落定，在乌孙国的日子可以安稳度过。不料天有不测风云，乌孙国爆发内乱。肥王翁归靡在世时，立解忧公主所生的长子元贵靡为王储。但肥王病逝后，元贵靡尚且年轻，乌孙国贵族恐其不能担此大任，便拥戴了岑陬（乌孙官号）与匈奴妻的儿子泥靡即位，号为狂王。这场宫廷政变，让西汉一时手忙脚乱，也让解忧公主和冯嫽陷入了孤立无助的境地。本来匈奴就不满西汉和乌孙国关系过于密切，狂王与解忧公主向来不和，对西汉的态度十分不友好。这样下去，只会让西汉与乌孙国的关系进一步恶化。为了稳固汉乌联盟，解忧公主和冯嫽二人谋划刺杀新王，但没有成功，反被围困在赤谷城数月，后来依靠西汉都护郑吉联合诸国军队才得以解围。解忧公主与狂王之间的这场政治争斗，让整个乌孙国的局势陷入一片混乱。

鹬蚌相争，渔翁得利。就在解忧公主与狂王对峙之际。翁归靡与匈奴妻所生的儿子乌就屠在匈奴的支持下趁乱夺取了王位，导致汉乌之间的关系愈发紧张。乌就屠起初便与匈奴来往密切，又在匈奴的帮助下取得王位，如果西汉不采取有力措施应对，乌孙国极有可能抛弃汉乌联盟，重新投向匈奴的怀抱。西汉长期对西域的苦心经营，便会毁于一旦。为了挽救被动的局面，冯嫽临危受难，肩负着汉乌两国人民的前途和希望，冒着生命危险，来到乌就屠大营进行谈判。她晓之以理，将其中利害与乌就屠进行深入分析。最终，乌就屠听从了她的劝告，答应让出王位，并继续维持汉乌联盟。

危机解除后，冯嫽踏上了回乡之路，与故都长安一别竟有40余年之久，不禁让冯嫽心生感慨。从随嫁乌孙国到汉宣帝征召回朝的这段时间里，冯嫽经历了太多。她一路风尘仆仆，自伊犁河畔出发，沿天山南麓，东入玉门，终于抵达长安。觐见汉宣帝时，冯嫽将这些年在乌孙国的经历细细道来，表明了愿为汉乌联盟尽心尽力的坚定决心。汉宣帝十分赏识冯嫽的胆识和才干，册封她为乌孙国的正式使者。

思乡之情还未释怀，冯嫽就急忙返回乌孙国稳定局势。抵达乌孙国后，冯嫽手持汉节，以汉朝皇帝的名义，召集乌孙国众人，正式册立解忧公主之子元贵靡为大昆靡（国王），乌就屠为小昆靡。冯嫽凭借着过人胆识，让西汉不费一兵一卒就平息了这场动荡，重新巩固了汉乌之间几乎崩溃的联盟。

此后，乌孙国局势逐渐稳定下来。解忧公主的子孙后代担任乌孙国的大昆靡，为汉乌之间世代友好奠定了坚实的基础。冯嫽秉持着国家统一的信念，一生都在汉朝和乌孙国之间周旋。晚年的她本该尽享天伦之乐，可得知乌孙国政局出现动荡的消息后，再一次请命出使西域，不顾自身安危，跋山涉水，不辞辛劳，为汉乌缔结联盟尽心竭力，使乌孙国局势重回安宁祥和。

《西江月·冯嫽》吟赞道：

多少须眉无语，偏劳婢作夫人。西域安危系一身，何问天涯远近。几度龙堆驰骋，几问城郭归存。将军管钥玉门深，输尔从容一哂。

年仅十六七岁的冯嫽，本该过着无忧无虑的生活，没想到自己会投入西域变幻莫测的政治旋涡中，但她冷静果敢，用自己的努力挽狂澜于既倒，在西域纷乱的政局中，展现出自己杰出的外交才华，为各民族间交往交流交融增添了浓墨重彩的一笔。

一身归朔漠，数代靖兵戎：王昭君

"群山万壑赴荆门，生长明妃尚有村。"秭归的白云山脚下，潺潺的香溪河畔，14岁的王嫱以良家子的身份被选入宫中，此时的她还不叫昭君，也不知道自己的命运被画师的一张画像所改变。汉元帝时期，每年朝廷会从地方选拔众多女子入宫，但皇帝根本看不过来，只能命画师画出这些女子的肖像。为了能得到皇帝的宠幸，这些入宫的女子纷纷私下贿赂画师，年少的王嫱不屑于这种潜规则，导致她的画像被画丑。本以为自此沉寂在宫中的王嫱没有想到，匈奴呼韩邪单于的到来，让她走上了一条曲折而又精彩的道路。她承担起汉匈友好的使命，远赴边疆，用女性的温柔筑起一道边境的安全屏障。

西汉竟宁元年（公元前33年），匈奴单于呼韩邪归附汉朝，入汉朝贡时，他主动提出要做汉家的女婿，以示汉匈交好之意。汉元帝为了边疆的安宁，同意了呼韩邪的请求，立即下旨在后宫挑选适嫁之女。后宫女子听到这个消息，纷纷祈祷自己不要被选中。比起繁华都城长安，塞外是偏远的苦寒之地，离开自己的家乡去往一个陌生的地方，那里的生活习惯、风土人情又迥异于长安，自是没有人想去。面对这样的情况，汉元帝心里十分着急。正当他一筹莫展之际，王嫱主动报名，愿意前往匈奴和亲。于是汉元帝将王嫱嫁给呼韩邪单于，赐名昭君，意为西汉王朝的光芒照到了匈奴。呼韩邪单于向汉元帝承诺绝对不会兴起战事，愿意守护边疆地区的安定祥和。和亲之事既成，昭君带着维持汉匈友好的使命跟随呼韩邪单于踏上去往塞外大漠的路。一程山水一程愁，昭君的命运从此与匈奴人紧紧地连在了一起。

20岁的昭君抵达匈奴驻地后，被封为"宁胡阏氏"，象征将为匈奴带来安宁、和平和兴旺。这是一场游牧文明和农耕文明之间的交融，从小接受中原礼乐文化的昭君，面对塞外的生活起初并不适应，最突出的是极不适应匈奴人的生活习惯，他们在衣食住行上吃牛肉、喝羊奶、睡毡帐、骑烈马，这与中原地区的生活习俗完全不同。即使生活习惯和风俗习惯千差万别，但王昭君真心实意地陪伴呼韩邪单于生活，一点一滴学习当地礼仪，熟习匈奴语言，消除生活的种种障碍，慢慢地融入了匈奴人的生活。

王昭君积极融入匈奴人的生产生活，努力经营自己的婚姻。呼韩邪单于也潜移默化地感受着汉文化的影响。他特别允准王昭君在当地传授汉文化。在这远嫁的几十年里，昭君身体力行将中原文明传播到北方草原。她常常率先垂范，亲手教当地百姓种植桑麻，教妇女织布纺纱，将中原的种植技术和纺纱技术带到草原，丰富了草原人民的生产生活方式。

昭君还规劝呼韩邪单于减少杀戮、实行仁政，用法律来约束人们的行为，而不是靠以往野蛮的方式。在治理国家上，她建议丈夫任用德才兼备的人才，规避匈奴贵族的权力垄断。看到匈奴内部常常发生战争，当地人民深受其害，昭君痛心不已，劝说丈夫结束匈奴内部的纷争。呼韩邪单于听从了昭君的建议，带领匈奴人一步步通向和平安定的道路。在王昭君的努力下，中原文明更好地融入匈奴人的生活，使边疆逐渐安定下来，汉匈两族人民形成了六七十年和平稳定的局面，昭君功勋显著。王昭君的高尚情怀也深深影响着她的后代，在她去世以后，她的女儿、女婿一直秉持着"华夏一统，胡汉一家"的信念，为维持汉匈两族关系作出积极努力。

  王昭君的伟大之处在于她努力克服民族差异，主动入乡随俗，一生致力于维护汉匈和平，希冀国泰民安、人民幸福。出塞后，昭君以她的乐观和豁达在无边的大漠上撒下了和平的种子。在维护民族团结上，王昭君有勇有谋、胆识过人，致力于汉匈友好关系的长足发展，促进了民族间的和解和谐。"满面胡沙满鬓风，眉销残黛脸销红。"在历史的长河中，昭君的魅力散发着迷人的光芒。昭君出塞的故事一直流传，即使在今天仍然为民族交往交流交融贡献着特有的历史养分。

民族团结代表，祖国统一典范：呼韩邪单于

  提起大草原，人们脑海里总会出现"天苍苍，野茫茫，风吹草低见牛羊"的美好景象，但西汉后期的北方草原并没那么美好。当时，大漠草原上的匈奴部族因政治利益不同经常发生战争，给匈奴部民带来了极大的灾难。但是，在一位杰出的匈奴首领的努力下，北方边境和平安宁的局面持续了半个多世纪。他就是呼韩邪单于，名稽侯珊，虚闾权渠单于之子，是第一个到中原来朝见的匈奴单于，因迎娶中国古代四大美女之一的王昭君而广为人所知。

  西汉后期，漠北地区的匈奴部危机四伏、内乱纷起，在政治上出现了匈奴五单于并立的局面。五大单于为了稳固自己的地位，经常通过暴力的方式迫使其他势力臣服，大大小小的战争不断发生，加之连年自然灾害的侵袭，广大匈奴部民迫切希望有一个和平安稳的生活环境，不再有饥肠辘辘，也不再有战乱发生。呼韩邪单于属于五大单于中的一支。在父亲死后，他因是庶出，未能继位。又因在本部落无法立足，逃到岳父乌禅幕处，获得乌禅幕及左地贵人等的支持和拥护。汉宣帝神爵四年（公元前58年），呼韩邪单于被拥立为匈奴单于。势力壮大后，便对其他匈奴势力发起攻势，先后击败握衍朐鞮单于和右地屠耆单于。

  西汉五凤二年（公元前56年）夏，呼韩邪单于被兄长郅支单于

击败，局势十分危险。迫于形势，呼韩邪单于向汉朝表达了愿意称臣归附的请求，希望朝廷可以帮助他稳固地位，结束战乱局面，稳定边疆局势，还边疆人民一个安定的生活环境。为了表达诚意，呼韩邪单于遣子入汉，将部众南迁至长城外的光禄塞下，对汉称臣，希望能够留在光禄塞下保卫西汉的边疆。汉宣帝亲自到长安郊外迎接他，还为他准备了盛大的欢迎宴会，赏赐呼韩邪单于丰厚的物品。觐见汉宣帝后，呼韩邪单于在长安长住一个多月才返回草原。当时其兄郅支单于西迁，对呼韩邪单于已然构不成危险，而且在汉朝的支持下，他的势力逐渐强大起来，于是决定率部重归漠北。竟宁元年（公元前33年）正月，呼韩邪单于再次来到长安。除了接受汉朝的封赏外，他请求汉元帝准许他做汉家女婿，使他有缘亲近汉朝。汉元帝应允后，把后宫遴选出的良家子王嫱，别名王昭君，嫁给呼韩邪单于。传说王昭君"丰容靓饰，光明汉宫，顾影徘徊，竦动左右"。除了和亲，汉元帝还赏赐给呼韩邪单于许多贵重物品。呼韩邪单于带着王昭君满心欢喜回到草原，为感恩西汉王朝的礼遇，封王昭君为宁胡阏氏，寓意为汉匈和平、安宁、兴旺。

　　在呼韩邪单于返回驻地之前，曾上书汉元帝，提出愿世代为汉朝保护边塞等要地，汉朝不用再设置防务和守塞的官员。随后，汉元帝就此事与朝中大臣讨论。一派官员认为呼韩邪单于既已归附，且一直忠顺西汉，觉得此事可行。另一派官员认为，撤除边塞军队，如若夷狄来犯，则背后受敌，进退失据。再则虽说现在汉朝的恩德宽阔广大，匈奴人俯首称臣，但还是要有居安思危的意识，天朝小民亦有犯禁的时候，匈奴单于又怎能保证他的部众不违反规定。短期来看，撤除边塞军队确实能暂时减少戍边经费的支出，但从长远考虑，一旦发生突发情况，百余年累积下来的事业，可能毁于一旦。现在匈奴与西汉之间的关系和睦，并不能保证这种状态会一直维持下去，难免双方会出现裂痕。上述种种，都能够说明将军队撤出边塞是不可取的。因此，贸然撤除边塞军队并不是明智之举。

汉元帝觉得后者的意见十分有理，便下诏此事作罢。后派车骑将军许嘉向呼韩邪单于传达口谕，说明其中缘由："单于尊崇礼仪，上书请求我朝撤走北方边塞屯田戍守的军队，愿意子孙世代永远保卫边陲，为朕分忧解难，朕甚是欣慰。然中国四方皆设置关卡、要塞的原因，不全是为了防备来自长城以北的侵扰。如此，有单于镇守戍边，朕绝对放心，但汉朝在边塞屯兵戍边，部分原因也是为了防备汉朝的奸诈之徒趁机为非作歹，祸乱汉朝与匈奴部族之间的关系，造成边塞局势的不稳定，所以在边防设置要塞表明法规，打消人们的歪念，以保我汉朝和平安定。"呼韩邪单于表示："一心只顾为汉朝尽力维护边塞稳定，不曾想到其中还有各种利害关系，实属贸然。天子能委派大臣许嘉向我说明缘由，我心里很是感动，这也说明天子对我尽是优厚啊！"此后，呼韩邪单于对汉朝忠心耿耿，汉朝对其照顾有加。在汉朝的支持下，呼韩邪单于控制了匈奴全境，密切了汉匈两族的关系，促进了中原地区与草原的统一。

呼韩邪单于主动归附，自漠北3次往返汉朝，带走的不只是王昭君，更是与汉朝和平交好的诚意。他用实际行动表达其保卫汉朝边疆，维护双方和平的决心，进一步促进了民族交往交流交融的发展，谱写了各民族和谐相处的新篇章。此后，汉族和匈奴化干戈为玉帛，和睦相处。北边和平安宁的局面长达60余年，呼韩邪单于成为开创汉匈友好局面的重要人物。

一代名臣将，熔铸民族魂：金日磾

牵马胡儿共拥昭，
同功同德不同骄。
麒麟阁上尘埃面，
羞见芬芳七叶貂。

这是南宋诗人陈普所写的一首诗，诗中人物为西汉一代名臣金日磾。他是西汉历史上一位具有远见卓识的政治家，在维护国家统一和社会秩序安定方面作出了重要贡献。金日磾本是匈奴休屠王太子，却因变故被迫离乡。西汉时期，河西走廊聚居着许多匈奴部落，主要首领是西城（今甘肃省山丹县霍城镇）的浑邪王和休屠城（今甘肃省武威市凉州区四坝乡三岔堡）的休屠王，这两大势力成为汉武帝控制河西走廊、打开通往西域道路的阻碍。为扩展西域版图，元狩二年（公元前121年），汉武帝派骠骑将军霍去病率领骑兵一万，远征河西走廊，自陇西出发征讨匈奴。霍去病骁勇善战，几度西征匈奴，诛杀、俘虏匈奴数万部众，使浑邪、休屠二王遭到严重的打击。匈奴单于对二王屡败于汉军不满，欲治二人罪，浑邪王与休屠王为求自保，便相约一起投降汉朝。但休屠王半路反悔，被浑邪王杀死，年仅14岁的金日磾在父亲被杀后，便同母亲阏氏、兄弟

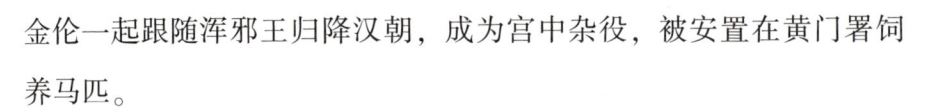

金伦一起跟随浑邪王归降汉朝，成为宫中杂役，被安置在黄门署饲养马匹。

金日䃅原本不姓金，其名字由来还要从他和汉武帝的一次偶遇说起。汉武帝一次在宫廷宴游，突然想起自己养的好马，便让马夫们牵出各自所养马匹，阅马助兴。绝大多数马夫心生胆怯，畏畏缩缩地低着头，只有金日䃅目不斜视、步履方正、气度不凡。汉武帝觉得此人不同凡响，就问起他的情况，当他得知金日䃅为休屠王之子后，便任命他为马监。同时，又以休屠王的祭天金人中的金字作为姓，赐予日䃅，金日䃅的名字便由此而来。被封为马监后，金日䃅工作认真负责，每天按时督促马夫们添加草料，打扫马厩卫生，检查马匹疾病，以正直的人品和熟练的养马技能赢得了汉武帝的认可，不久被升为皇帝的贴身侍卫。任职期间，金日䃅谦虚谨慎，从不越轨行事，汉武帝对他越发器重。此举引起了朝中大臣的不满，纷纷上书，劝汉武帝要警惕匈奴人，但汉武帝不为所动，反而更加重用金日䃅，后封他为驸马都尉、光禄大夫。

金日䃅追随汉武帝 20 多年，逐渐成长为汉武帝时期的朝阁重臣，这与他曾冒着生命危险，让汉武帝逃过刺杀有关。后元一年（公元前 88 年）春，汉武帝外出巡游住在林光宫，金日䃅与马何罗等作为侍臣随驾前往。马何罗密谋造反，派人埋伏在林光宫外，伺机刺杀汉武帝。天亮之际，马何罗见宫内巡逻有所松懈，便将一把锋利的匕首藏在袖中潜入寝宫。因为察觉到马何罗有不轨之心，金日䃅便处处小心，注意他的动向。当他发现马何罗进入寝宫后，来不及通知其他人，便直接尾随马何罗而去。马何罗发现有人跟踪心中慌乱，撞在宫内的一件乐器上，金日䃅趁机抱住马何罗，并大声呼喊："马何罗造反了！马何罗造反了！"汉武帝听到后慌忙从床上翻身起来，侍卫们闻之也纷纷跑进来，与金日䃅一起捉住了马何罗，并将参与叛乱的余党一网打尽。金日䃅不顾自身安危，守住了汉王朝的根基，用实际行动证明了对西汉的忠诚。

后元二年（公元前87年），病势垂危的汉武帝下诏金日䃅和霍光二人共同辅佐年仅8岁的太子刘弗陵（即汉昭帝）。金日䃅不敢接受封赐，拒绝了辅政大臣的任命，言道："我是匈奴人，而且能力不如霍光，如果这样做，会让匈奴产生轻视汉朝之心，未免有些不妥。"金日䃅一心为汉，从不考虑私利，这也是即便身为匈奴人，汉武帝仍器重他的重要原因。汉武帝临终写下遗诏，封金日䃅为秺侯、上官桀为安阳侯，霍光为博陵侯。作为辅助太子的三位大臣之一，金日䃅在汉武帝左右几十年，目光坚定、非礼勿视、恭克勤俭、不敢越矩，即使是亲生骨肉犯错，他也能大义灭亲。金日䃅的长子甚得汉武帝喜欢，常伴其左右。后因长子胡闹，在宫殿里和宫女嬉戏，一日被金日䃅看见，便以扰乱朝廷为由杀了他。汉武帝得知后，怒斥金日䃅怎能对亲儿子痛下杀手。金日䃅叩首告罪，将其中缘由一一说出。金日䃅如此持重谨慎，连汉武帝也尤为惊异，心中也更加欣赏。可惜的是辅政一年后，金日䃅就病逝了，终年49岁。汉昭帝为他举行了隆重的葬礼，赐谥号为敬侯。

金日䃅鞠躬尽瘁，为西汉的兴盛和民族团结作出了重要贡献。他作为匈奴人，战败后被迫做了俘虏。但他忠诚信实、虔诚恭敬，以一己之力改善了汉、匈之间的关系，维护了民族团结。在西汉期间，他对国家君王忠贞不二，即使后来成为托孤大臣，也不敢有所怠慢。金日磾的忠孝之道深刻影响了他的子孙后代，其后代皆以忠孝显名，后来成为西汉的官宦世家、名门望族，历经七世不衰，为巩固西汉政权、维护民族团结作出了重要贡献。

茫茫西域路，家国装满怀：张骞

翻开尘封的历史文献，我们似乎可以看见，苍茫辽阔的西域大漠，数不清多少刀光剑影接连上演。距今2100年前，西域是个险象环生却又充满机遇的神奇之地。

西汉建元三年（公元前138年）的一天，汉武帝刘彻正手握符节，朝廷侍从官张骞站在堂下，等待着从汉武帝手中接过象征授权的符节。想到自己即将离开长安，前往荒芜的西域大漠，张骞内心忐忑却又充满力量，接过符节后，他便率领使团踏上了出使西域的行程。

这一年，张骞年仅27岁。他此次的任务是要找到一个名为大月氏的国家，说服该国与西汉共同对抗匈奴。关于大月氏，张骞知之甚少。大月氏原来是敦煌、祁连山一带强大的游牧部落，被匈奴打败后被迫西迁。汉武帝认为大月氏是可以协助汉朝打败匈奴的帮手，便尝试联合大月氏，东西夹击匈奴。因此，张骞此行的意义无比重大。去往大月氏的路，张骞必须穿过匈奴控制的地区，即使他再小心翼翼，还是被匈奴俘虏了。

张骞被俘后，匈奴想要从张骞的口中获取关于西汉的情报。无论匈奴怎样逼问，张骞始终没有泄露半点秘密。自从踏上行程，他便做好最坏的打算，如今被困于此，更是抱着必死的决心。匈奴人为了套取情报,并没有杀掉张骞,而是将他软禁起来,还将一名匈奴女子许配给他,消磨他的意志,让他归顺于匈奴。即便如此境遇,张骞仍没有忘记自己的使命。在被匈奴软禁的日子里,张骞偷偷观察匈奴人的生活起居和行军备战状况,他牢牢记在心里,希望有朝一日回到汉朝为打败匈奴提供一些情报,可他没有想到,这一等就是十年光景。

十年的时间足以磨灭一个人的雄心壮志,可张骞却没有放弃自己的使命。终于他抓住时机,逃离了匈奴,然而,张骞逃出的第一件事不是回到长安,而是坚持完成自己的任务,尽管路途艰辛异常,但他依然精神抖擞,一路西行来到了大宛国。在大宛国逗留数日后,他努力说服大宛国王与汉朝结成同盟关系,为汉朝又争取了一位盟友。

随后,张骞再次上路。他下定决心要到达大月氏,与其达成盟约。凭借强大的毅力和信念,张骞终于来到了大月氏,向大月氏国王表明来意后,国王并没有给他明确的答复。张骞看出,虽然大月氏人被匈奴占据领地,其族人被迫西迁,但现在没有收复失地的意愿。无论张骞如何向大月氏国王权衡利弊,却仍然无果。无奈之下,张骞只能再度上路返回汉朝,向汉武帝复命。虽然未与大月氏结成盟约,但张骞的脚步已遍布西域多地。他途经大宛、康居、大月氏等西域数国,了解他们的文化风俗和生活习惯,间接地为汉朝打开了通往西域的大门,历史性地开创了汉族与少数民族的联系。

在张骞想要回到心心念念的故国时,命运的魔咒又一次降临了。张骞在途经河西走廊时,再次被匈奴俘获。庆幸的是,匈奴单于并未因逃跑降罪于他。一年后,匈奴部落发生内乱,张骞趁机又逃了出来，踏上东归的路途。

阔别13年，张骞没想到自己还能回到汉朝。这些年里，他和匈奴人一起生活，学会了匈奴语，能和匈奴人顺畅交流。他还熟悉匈奴军队的作战方式，为西汉军队针对性地应敌创造了条件。张骞对西域诸国的地形分布了然于心，还把自己途经河西走廊的路线画了下来。张骞回朝后，立即向汉武帝汇报西域各国的情况，并将描绘的地图献给汉武帝。他力谏汉武帝，河西走廊是中原沟通西域的唯一陆上通道，必须拿下河西走廊，才能加强中原与西域诸国的联系，否则会因地理上的劣势错失战胜匈奴的良机，且控制河西走廊后，中原与西域的贸易往来能够畅通无阻，进而搭建起西汉与西域诸国广泛交流的桥梁。张骞辗转回到汉朝，虽然没能达到最初的目的，但他带回西域自然人文地理等各方面的知识，使西汉能够更全面地了解匈奴、认知西域，也认识到河西走廊的重要性。从英姿勃勃的青年到饱经风霜的中年，张骞历经磨难却从未消沉，他展现出了强大的民族向心力和自信心。

在匈奴居住过十多年的张骞多次被汉武帝召见询问西域诸国的具体情况，他一一应答，并给出中肯建议。张骞提议应该和西域少数民族加强经济和文化上的交流。元狩四年（公元前119年），张骞再次带领300人的使团和众多贵重的礼物出使西域，劝说乌孙等国联合对抗匈奴。因乌孙国内乱，未达成目标。但乌孙派遣使臣朝觐汉朝，为双方最终结盟埋下了种子。此次出使西域，张骞还派遣多路副使拜访其他西域国家，加深了西汉与西域诸国的联系。张骞将中原文明带到西域，让当地民族了解汉族的文化风俗，增强了双方的交往交流。随着交往的进一步扩大，西域诸民族逐渐认识到汉朝的强大和富庶，纷纷与汉朝建立了友好关系。西域的核桃、胡麻、胡萝卜等传入中原，汉朝的凿井、铸铁、纺织等技术也传到了西域，物质文化的交流丰富了人民的生活，为两地人民带来切实的好处。张骞成功开辟了西汉与西域联系的道路，因功被封为博望侯，在西域诸国拥有极大的美誉度，甚至后来西汉使臣打着博望侯的名号，就能更好地进行交流活动。张骞出使西域具有极其重要的历史意义，他让中原与西域的各族人民，在政治、经济、文化、社会等领域都促进了空前的交往交流交融，为推动多民族统一的建立和发展作出了极其重要的贡献。

得百胜将军，捍西域安宁：郑吉

"驼铃古道丝绸路，胡马犹闻唐汉风。"登上边关之巅，遥望大漠深处，千年古迹沉淀展现。阵阵尘沙扬起，苍凉古道似乎在接受某种洗礼，忽然一阵铃声响起，那是一组驼队正在西行，中华民族交往交流交融的画卷在此展开。这离不开一位杰出人物，他就是西域第一都护——郑吉。

《汉书·郑吉传》赞道："汉之号令班西域矣，始自张骞而成于郑吉。"郑吉是中国历史上第一任西域都护使，他在西域边疆镇守20余年，功绩堪比开创丝绸之路的张骞。从汉武帝征服匈奴开始，历朝历代都非常重视与西域地区的联系。张骞出使西域，打通了西汉和西域之间的政治、经济、文化联系，拉开了西汉经营西域的序幕。在汉朝中央政权实现对西域的管辖，并使其与中原地区融为一体的历史进程中，西域都护府的设置意义最为重大。首任西域都护郑吉，便是这一历史进程的亲历者和推动者。

郑吉早年随军征战，多次进入西域，从普通士兵一路升迁，长年的行伍经历，让郑吉十分了解西域诸国的情况，熟悉相关外交事务。西域漫长而险恶的丝路沿线，与其一次次耗费巨大，劳师远征，不如长期驻守，就地取粮。基于这一考虑，西汉试行屯田战略。而郑吉为人勇武有谋、刚毅坚忍，再加上阅历丰富、见多识广，所以他被选为西域驻将，在西域渠犁屯田，镇守西汉王朝的边境。到任渠犁后，郑吉一改过去从关内派兵远征的办法，而是迅速扩大渠犁屯田。屯田战略的实施，不但减轻了中央政府和西域邦国的转运负担，还有效解决了驻扎军队的后勤补给问题，为西汉统辖西域提供了物资保障。

然而，危机始终窥伺着这片暂时宁静的美丽热土。公元前68年秋，一纸诏令送达渠犁屯区，命令郑吉立即召集士兵1500人，连同西域诸国万余兵马直指车师。车师是西汉与匈奴的必争之地，经过一番血战，西汉一举攻破车师国。车师归顺汉朝后，郑吉回到渠犁继续屯田，维护了丝绸之路的畅通。鉴于车师地理位置的重要性，郑吉根据渠犁屯田的经验，在车师国派驻300名吏卒来屯田。但匈奴仍然多次派兵企图争夺车师，为迎击匈奴进攻，郑吉将渠犁屯田的1500名士卒转移到车师，驻扎交河城，但汉军寡不敌众，被围困在车师城中。城内粮草殆尽，战力枯竭。郑吉指挥汉军迁徙城内，大部分居民稳步退回到渠犁。至此，车师国一分为二，由此安定下来。郑吉传授迁徙到渠犁的车师人种植技术，以保障他们能够自给自足，以此稳定民心。车师作为西域重要的战略地，为西汉打通西域、开辟丝绸之路拓宽了道路。

西汉神爵二年（公元前60年），匈奴内部发生权力斗争。日逐王先贤掸迫于内部压力，派遣使者去往渠犁，表示愿意率部落数万人归降汉朝。属下怀疑此事有诈，建议郑吉谨慎防范日逐王。但郑吉力排众议，接受了日逐王的归降，还发动渠犁的所有屯田士卒，和西域属国近5万人一同前去迎接，给予日逐王最高的礼遇。此举既彰显汉王朝皇恩浩荡，又让日逐王消除顾虑安心归降。汉军在迎接途中，还帮助日逐王击退了尾随的追兵。日逐王非常向往中原地区的生活，郑吉就陪同他前往长安。到达长安后，汉宣帝敕封他为归德侯。郑吉的做法，让西汉在匈奴人心中的形象大大提升，进一步促进了汉匈关系的长足发展。

郑吉还帮助平定了乌孙国内乱。西汉五凤四年（公元前54年），乌孙国发生内乱，解忧公主被乌就屠围困在赤谷城。郑吉派兵救出解忧公主，上奏汉宣帝，希望朝廷采取措施稳定乌孙局势。汉宣帝采纳郑吉建议，派解忧公主的侍女冯嫽前去规劝乌就屠。最终，乌就屠同意让出王位，维持汉乌同盟关系。面对乌孙国混乱的形势，郑吉不慌不乱，在他的出谋划策下，乌孙国很快平息了内乱，避免了一场战争。

后来，西汉在轮台设立西域都护府。郑吉凭借在西域的出色表现，被汉宣帝任命为第一任西域都护，负责管理西域地方事务，维护汉朝在西域的统治。在任8年，郑吉大力屯田、兴修水利，共开垦出土地6万多亩，让渠犁和轮台成为汉朝在西域的两大粮仓。两地农田广袤，百姓安居乐业，稳定了西汉的大后方。同时，郑吉组织当地百姓有序生产，发展经济，造福西域各族人民。一直以来，郑吉始终怀着"华夏儿女是一家"的家国情怀，纵横西域三十六国，拉开了西汉统一西域的大幕。在镇守西域20余年的时间里，郑吉驻兵威慑四方，为汉朝统一西域，促进西域地区经济社会发展作出了重要贡献。

人生适意在家山,万里封侯老未还:班超

一位少年俯首书案前,望着窗外不由得心生苦闷。从小受父兄熏陶,博览群书、心怀天下的班超,在朝廷里谋得一份为官府抄写文书的差事,后来他升迁为兰台令使,专门负责档案和史学典籍的工作。在外人看来,班超前途无量,很可能会跟随他父兄的脚步成为一名史学家,但班超心里向往着更宽广的天地。在他看来,大丈夫就应该像傅介子和张骞一样,在西域立下赫赫战功,而不是将一生都耗费在"笔墨纸砚"上。有着这样理想的班超时刻准备着改变自己的命运。

东汉初年,西域地区匈奴猖獗。趁着东汉根基尚未扎稳,匈奴通过武力将西域各国重新掌握在自己手中,并屡屡南下侵袭东汉边境。面对匈奴的猛烈攻势,东汉没有足够的军力抵御匈奴,只能采取消极保守的防御战。汉明帝刘庄在位期间,社会安定,经济繁荣,东汉国力逐渐强盛起来。汉明帝计划把西域从匈奴的手中重新夺回,便任命窦固率军北攻匈奴。班超抓住了这次机会,跟随窦固大军北征匈奴。班超初入军营就显示出杰出的军事才能。当时军队行至蒲类海,汉军遭遇匈奴主力,班超率军获得了巨大胜利。第一次带兵打仗就能有如此成绩,窦固对班超刮目相看,让他出使西域诸国,说服各国国王一同征讨匈奴。班超受此重任,下定决心要尽心尽力

完成任务。

万事开头难，班超满怀信心地带领一队人马来到鄯善国，受到鄯善王的热情款待。当班超表明来意后，鄯善王也是满口答应要和汉朝结盟。可没过多久，鄯善王态度变得冷淡。班超猜想，一定是有人从中作梗。他暗地窥探，发现是北匈奴的使者前来鄯善国游说，企图阻拦汉朝与鄯善国结盟。局势危急，班超果断采取措施，以"不入虎穴，焉得虎子"的原则，鼓励随行人员勇敢面对挑战。他派人深夜斩杀了匈奴使者一干人等，断绝鄯善王"骑墙"的想法。鄯善王得知此事，吓得大惊失色，马上改变了主意，表示愿意向汉朝俯首称臣。

班超一战成名，汉明帝十分高兴，认为班超有雄才大略，便再次派他出使西域，联合更多国家对抗匈奴。这次班超来到于阗国，发现面临类似的问题。于阗国也被匈奴把控着，但班超沉着应对，经过一番周折后，于阗国也归附了汉朝。恰巧此时疏勒国被龟兹国攻破，班超为平定疏勒国内乱，挟持了疏勒国新立的国王龟兹人兜题，并向疏勒国的王公大臣陈清利弊，让他们另立新王。在班超一番苦口婆心的劝说下，疏勒国重新归附汉朝。鄯善、于阗、疏勒三个国家的归顺，为汉朝再次打通了丝绸之路的南线。此后，班超以超人的胆识和智慧，统领西域亲汉诸国的军队，先后攻破了姑墨、龟兹和焉耆等国，让与中原隔绝60余年的西域诸国重归大汉，拓展了汉朝的势力，同时也极大地削弱了匈奴的实力，将西域更加稳固地纳入中国的版图中。

东汉永平十八年（公元75年），汉明帝驾崩，朝内忙于皇帝丧事，一时间无暇顾及西域。匈奴势力蠢蠢欲动，想要趁机动摇东汉在西域的统治。匈奴傀儡焉耆国趁汉朝大丧之际，杀害西域都护陈睦，而龟兹、姑墨等国也发兵进攻疏勒国，班超陷入孤立无援的境地。但他没有自怨自艾，而是一直帮助西域诸国稳定政局，防止当地人民再次陷入匈奴的控制之下。东汉新皇帝登基后，朝廷担心班超势单力薄，在西域难以自立，下令将其召回。可疏勒国的人民听说班超要离开的消息，请求他一定要留下来。正是因为班超对疏勒国的帮助，当地人民才能过上安稳幸福的日子。他们对班超心怀感激，不愿让其离开，甚至有人以生命进行劝阻。看到这般情景，班超也感觉壮志未酬，决定留在疏勒国，继续帮助他们。疏勒国在班超的支持下，军事上抵御了匈奴的进攻，政治上日趋稳定，经济文化也得到迅速发展，班超在当地获得了崇高的声望。

　　班超管理西域期间，还加强了东汉与西域各国的贸易往来。西域的胡麻、豌豆、胡萝卜等农作物和西域盛产的良马、骆驼纷纷运来中原，中原地区的丝绸锦缎、瓷器以及琳琅满目的工艺品纷纷运往西域，极大地丰富了各个民族的物质文化生活。汉语、汉字在西域各国得到进一步传播和广泛应用，汉字逐渐渗透到西域诸国的文书中，汉语也成为当时西域的官方通用语言。同时，汉朝的乐器也被西域人民熟知、弹奏。随着时间的推移，汉朝的礼乐制度、文化经典、生活习惯、风土人情等，也纷纷传到西域。东汉末年，各少数民族纷纷涌入中原，出现了汉族和少数民族杂居的局面，这归功于班超经略西域打下的基础。

　　年近40的班超投笔从戎，纵横捭阖，出使西域30余年，收复西域50多个国家。永元七年（公元95年），班超因收复西域有功，被朝廷封为"定远侯"。班超用一生最美好的年华谱写了一首中华民族大融合的主旋律。

将门虎子,扬威西域:班勇

尽管中原至西域路途遥远,有志之士的勇毅和热血依然在沸腾,甚至扎根在这片土地。元初六年(公元119年),匈奴大举侵入西域,迫使西域诸国臣服。面对突如其来的变故,班勇踏上了前往西域的道路,与其说是子承父业,不如说是他对稳固边疆的执念。在东汉大多数朝臣都要放弃西域的时候,班勇据理力争,守住了东汉边境的安全。西域记录的不仅是一个朝代守卫边疆的征途,更是令人神往的使命感和责任心。在滚滚历史长河中,众多仁人志士为中华民族的统一作出了贡献,班固如此,他的儿子班勇也如此。

班勇,字宜僚,是班超在出使西域时与当地女子所生之子。班勇出生在西域疏勒国,后跟随班超去往天山脚下的龟兹。自神爵二年(公元前60年)西汉首次设置西域都护以来,龟兹、乌垒一带就是西域的政治、经济、军事和交通中心。班勇少时就生活在西域,熟识西域各地的山川地理、风土人情和政治军事形势,成为其日后管理西域、促进当地民族交往交流交融的天然优势。

永元十二年(公元100年),班超请求回朝,不久便病逝。任尚继任西域都护,但他没有治理西域的能力,利用杀伐威胁,致使西域诸国纷纷叛乱。匈奴趁机再次发兵争夺西域,频频侵扰东汉边境。此时,朝中大臣普遍认为应该放弃西域。而班勇认真分析当时的局势,并提出:"自古以来,朝廷大都以匈奴为边患,为抵御匈奴的侵扰,历代君主夙夜忧叹、殚精竭虑,但未有放弃西域的想法。如今汉朝兵马充足,更不应该放弃西域。"有大臣反驳道:"大家都不想放弃西域,可如今谁能担当对抗匈奴的大任?现在也是无奈之举。"班勇回应道:"如果此时放弃西域任其归附匈奴,那么匈奴将会得到西域的租税、兵马等,这不等于养虎为患?他日必定会在边陲捣乱,威胁东汉的存亡。"诸大臣听到班勇的话,心中产生动摇,但质疑班勇是否有通盘的规划。于是班勇提出了自己解决西域问题的方案。第一,恢复敦煌郡统治。班勇认为中央应该恢复旧敦煌郡的营兵,并重新设置西域校尉,驻扎敦煌防护西域。第二,派兵进驻楼兰。楼兰是西域战略要地,政府派遣五百兵士进驻,从西面阻拦焉耆、龟兹的骚扰;在南面增强鄯善、于阗对抗匈奴胆量;在北面可以出兵攻击匈奴;在东面便利沟通连接敦煌。如此安排,西域将被重新纳入中央政府的管理。

班勇杰出的战略规划得到了东汉君臣的一致认可,延光二年(公元123年)夏,朝廷任命班勇为西域长史,率军出征西域。回到阔别多年的西域,班勇先平定了车师国的叛乱,给匈奴以沉重打击。延光三年(公元124年),班勇率兵抵达楼兰,因楼兰鄯善王归附东汉,班勇奏请朝廷赐鄯善王3条绶带,以奖励他的忠诚。然而龟兹王白英游移不定,班勇凭借高超的外交能力,借助恩德和信义进行开导,最终白英也归顺了汉朝。班勇出师大捷,总共俘获匈奴军队5000余人,促使车师前部重新与汉朝建立联系。延光四年(公元125年),班勇统率敦煌、张掖、酒泉等郡6000名骑兵,联合鄯善、疏勒、车师前部军队,共同征讨车师后部,大获全胜。永建元年

(公元126年)十一月,班勇废除车师后部王,任命前任国王的儿子加特奴为王,又派人诛杀叛离东汉的东且弥王,另立新王,使西域六国全部归附于汉朝。平定西域后,班勇没有停下脚步,而是趁此机会驱逐匈奴。永建元年(公元126年)十二月,班勇调集西域属国士兵进攻匈奴呼衍王,经过激烈的战斗,呼衍王逃走,匈奴军队两万余人全都投降。后来呼衍王想要复仇,亲率一万余骑兵攻打车师后国。班勇先派遣假司马曹俊前去救援,令呼衍王被迫退到枯梧河畔游牧。至此,西域所有的城邦国家都已归附汉朝,只有焉耆王元孟尚未投降。永建二年(公元127年),为了将西域统归东汉,班勇上奏朝廷,请求出兵攻打元孟。朝廷下令敦煌太守张朗调动3000名士兵,配合班勇的军事行动,两人分道进军焉耆。次日,班勇从南道走,张朗从北道走,约定日期到焉耆城下会合。但张朗因先前有罪,急于立功赎罪,遂赶在约定日期前抵达爵离关,并派遣司马率军提前进攻,元孟害怕被杀,于是派使者请求投降。张朗便直接进入焉耆城,受降而回。结果,班勇因迟到而被调回京都洛阳,下狱免官。不久,班勇得到赦免,后来老死在家中。

  自古以来,中国就是一个统一的多民族国家。东汉恢复对西域的管理,班勇发挥了极其重要的作用。正是他的积极推动,终使西域重归汉朝的管辖之下。班勇扞抚西域之所以成功,在于他遵循了西域各族人民的根本利益和核心愿望,将各族人民紧紧地团结在一起。

终生无所私，故得众拥戴：轲比能

东汉末年，历史的演进变得扑朔迷离。也许正是这样，才成就了轲比能在历史上的高光时刻。在众多挑战和危险面前，轲比能带领鲜卑部众，从一个小部落的首领走向了对整个漠南地区的统治，奈何"一生倥偬，戛然而止"，轲比能的豪情壮志留在了无边的黄土中，随之消失的还有他一手创立的鲜卑政权。可细细究来，这位勇猛健壮、坚毅刚强的鲜卑首领还是走过了自己不平凡的一生，留下了一段促进民族团结的佳话。

作为继匈奴之后在蒙古高原上崛起的又一游牧部族，鲜卑族在与匈奴、汉族的交流互动中，为中华民族史增添了浓墨重彩的一笔。鲜卑族在接受东汉的册封后，就开始了进攻匈奴的历程。在不断争夺的过程中，鲜卑族占据了匈奴的大部分领地，几十万匈奴人加入鲜卑部落，使其实力剧增。正是在这种血与火交织的熔炉中，促进了中华各民族一次又一次碰撞融合。鲜卑族并非是一直统一的状态，光和四年（公元181年），统一鲜卑部落的首领檀石槐死后，漠南鲜卑分裂成为3个部落，其中一个以轲比能为首。轲比能以"小种鲜卑"（即小弱古朴的一支鲜卑部落）作为基本力量，在曹魏青龙元年（公元233年）统一了漠南，建立起强大的鲜卑族政权。轲比能之所以能统一漠南，还有一个重要的原因是他实施的开明政策。轲比能所统治的部落邻近边塞，当时北方地区社会动乱，塞内、塞外各族民众南来北往的流动成为大势所趋。而轲比能在解决内部纠纷时，往往能"一碗水端平"，每次获得的财物都能公开透明地进行平均分配。如此公正廉明，使得越来越多的民众自发地围绕在其周围，各部落首领也都对其敬畏有加，逃出塞外的中原地区民众也因此被吸引，迁徙至此地生活。轲比能在广泛接纳中原地区民众的同时，也率领部落抓住有利条件，积极学习中原先进的技术和文化，使得鲜卑族在物质生产水平、生活环境等方面都得到极大改善。鲜卑族抓住了向中原文化学习的机会，不仅极大地促进了鲜卑族的进步，也促进了北方民族的交往交流交融。

"贤圣之君，经济之士，必先富其国焉"，轲比能在经济上进行"互市"，极大地促进了鲜卑族的发展。鲜卑族作为一个游牧民族，主要是以畜牧业为主、狩猎业为辅，因而畜牧业经济兴旺发达，马、牛、羊和各种兽皮等是其主要的产品。而生产模式的单一和生产产品的贫乏，直接导致其需要从中原地区进口丰富的农副产品和手工业品。这种经济发展需要使得鲜卑族和中原地区人民的关系具有浓重的经济色彩，二者之间的正常贸易主要有官方组织的"互市"和民间贸易。但受战争、自然灾害等因素影响，"互市"的开放并不稳定，而轲比能动用一切力量，积极地促进"互市"的正常开展。据记载，规模最大的一次"互市"发生在黄初三年（公元222年），轲比能亲自带领"部落大人小子代郡乌丸修武卢等三千余骑，驱牛马七万余"，去与魏人"互市"。此次"互市"规模之大，在汉末、魏晋时期都是极为少见的。

在手工业领域，轲比能采取积极措施，促进边疆与内地手工技术的交流。鲜卑族的手工业主要是游牧和狩猎生产的附属性行业，因此尚不发达。而在这一时期，有不少因为获罪、不堪沉重赋税、战败投降等原因进入漠南草原的汉人，他们带来了中原地区的生产经验、手工制作技术、兵器制作等技术。轲比能因势利导，奖励这些具有特殊技能的人发挥专长。鲜卑人也因此学到了中原地区的手工业技术。尤其是在军事领域，既保持鲜卑族传统的强悍民风，又学会使用中原先进的武器、运用先进的作战方法。在轲比能的领导下，鲜卑族在曹魏初年群雄争霸中，逐渐成长为一支重要的军事力量。

"上善若水，水善利万物而不争"，文化"看似柔弱"但却能以"润物无声"的力量厚积薄发。轲比能极其善待和重用汉人，他让生活在漠南地区的汉人保留原有的生活习俗，对掌握技艺的汉人进行不同程度的选拔任用。据《三国志》记载，轲比能让中原人"教作兵器铠楯，颇学文字"，这说明当时鲜卑对中原人民的任用已较为普遍。特别是轲比能对于中原文字的学习和使用，无疑促进了双方的文化交流，在文化的浸润下，鲜卑社会必然会受到一定的影响。不仅如此，在统治谋略方面，轲比能更是接受了中原人士的建议，多方面吸收了中原先进的管理和组织方式。

总之，轲比能对中原先进的物质文明和精神文明的吸纳，是鲜卑社会进步的重要因素，客观上促进了鲜卑族与中原汉族的积极交往交流交融。在三国时期混乱的时局中，轲比能实施了开明的民族政策，一定程度上促进了民族关系的发展与交融。

混六合为一家，视夷狄为赤子：苻坚

苻坚，氐族，是十六国时期前秦兴盛和衰亡的关键君主，是在那个混乱时代促进民族和解、推动民族和睦相处的先行者。他自幼聪慧过人，7岁时就知道帮助周围的小伙伴。8岁时，苻坚向爷爷苻洪提出延请家庭教师。苻洪十分惊奇，望着孙子说："我们从来只知喝酒吃肉，如今你想求学，实在太好了。"于是，第二天就为他请来了家庭教师。在教师的教导下，苻坚潜心研读儒家经史典籍。在系统的学习中，苻坚的汉文化修养逐渐提高。随着学识不断增长，苻坚立下了"经世济民、统一天下"的远大志向。不仅如此，他还积极结交当世豪杰，很快成为朝野享有盛誉的佼佼者。

永嘉之乱和石虎、冉闵之乱后，各民族之间的矛盾愈发尖锐。北方各国的征伐导致华夏大地残破不堪。从小便立下"混六合为一家，视夷狄为赤子"决心的苻坚，发誓要消除各民族的仇恨，无论是汉人还是胡人，都要让他们过上安稳的生活。正是怀有这样的抱负，苻坚继承了帝位，开始了他短暂而辉煌的一生。

永和七年（公元351年），刚刚即位的苻坚，面对的是一片混乱的前秦。前秦人民生活的地区相当于今天的甘肃省东南部、山西省西南部、四川省西北部，各民族杂居相处。生活在这里的人们长期从事农业生产，很早就与汉人杂居，"俗能织布，善田种，蓄养豕牛马驴骡"。当地羌族虽然有着自己的语言、风俗和习惯,但"多知中国语",社会结构、文化与汉族大同小异。而这正是前秦能迅速在关陇地区站稳脚跟的独特优势。但由于前秦在战乱中建国,法律制度不健全。前秦皇帝苻生统治残暴,再加上水旱灾害,致使当地百姓苦不堪言。苻坚即位后,决心整顿吏治、惩处不法豪强、平息内乱,实行与民休养生息的政策,开创清明的政治局面。

苻坚深知"明政无大小,须以人为本"的道理,先从调整最高领导机构入手,果断地处置了帮助苻生作恶的佞臣董荣、赵韶等20余人,恢复被苻生冤杀的雷弱儿、鱼遵、毛贵、王堕、梁楞、梁安、辛牢等忠良的名誉。同时,广纳各族贤才。苻坚提拔重用了一批德才兼备的汉族士人参与朝政,其中最有影响的就是出身寒门的王猛。在那个空前乱世,苻坚与王猛——这两个来自不同民族的君臣,却以肝胆相照的感情,打造了千年一见的模范君臣关系。这很大程度是因为二人价值观的一致、文化上的共鸣。自小接受系统汉文化教育的苻坚,对于儒家经典如数家珍,与王猛见面后,两人一见如故、相谈甚欢。从此,王猛便留在苻坚身边,为其出谋划策,成就一番宏大的事业。

随着吏治的整顿,恣意妄为、贪污受贿等腐败现象日趋消除,社会风气和社会治安大为好转。苻坚为扭转氐族迷信武力,轻视文化知识的落后观念,开始大力推广儒家文化。他积极恢复太学和地方各级学校,招聘满腹经纶的学者执教,鼓励士了学习,甚至强制公卿以下的子孙必须入学读书。此外,苻坚每个月到太学一次,考问诸生经义,品评优劣,勉励他们刻苦学习。史载苻坚巡视太学时,与众多大儒讨论五经,他知识渊博、见解深刻,让对方难以接话。

苻坚大力表彰精通儒学、才德双全的学生，亲自挑选品学兼优的学生到各级政府机构任职。由于苻坚的大力倡导，并同官吏的选任相结合，前秦很快就出现了劝业竞学、养廉知耻的风气。不仅培养了大批后备官员，还为提高前秦统治阶层的文化水平，促进民族之间的交往交流作出了重要贡献。

苻坚以雄伟的气魄、宽阔的胸怀、坚定的决心，彻底推行民族和睦政策。他明确提出"黎元应抚，夷狄应和，方将混六合以一家，同有形于赤子"，对于违背这一政策的氐族大员，他也毫不留情地予以惩戒。心怀大志，以结束战乱、统一天下为自己奋斗目标的苻坚，时常感叹："每思天下不一，未尝不临食辍。"在苻坚的带领下，几年后前秦便出现了安定清平、家给人足的新气象，正如百姓口中宣扬的那样——"长安大街，夹树杨槐。下走朱轮，上有鸾栖。英彦云集，诲我萌黎。"

志在统一天下的苻坚，经过20多年的精心治理，基本上统一了中国北方，但由于急于求胜，导致其在淝水之战惨败。虽然苻坚遭受后人的非议，但是作为内迁少数民族统治者中倡导汉化、促进民族融合的先行者之一，苻坚西并龟兹，南包襄阳，北尽沙漠，使西域各国均遣使通好，也使得汉文化的传播更为广泛，他的举措不仅对十六国后期的许多少数民族政权产生巨大的影响，即使在北魏孝文帝改革中，也能见到些许他的影子。可以说，在历代众多封建帝王中，苻坚无疑是一位杰出的人物。一段历史小插曲，可以看到中原百姓对苻坚的爱戴。淝水之战惨败后，苻坚被箭射伤，逃至淮北，逃亡途中非常饥饿。有一位百姓进献了壶盛的汤饭和猪骨头。苻坚饱餐一顿，心情愉悦，准备赐给这位百姓锦缎十匹、棉花十斤。该百姓婉拒说："陛下不愿意享受安乐的生活，自愿身处危难的困局。臣是陛下的儿子，陛下是臣的父亲。儿子给父亲吃饭，怎么能接受父亲的回报呢？"说完头也不回地离开了。苻坚伤感地对妻子说："现在我有何面目再治理天下啊。"说罢，苻坚不禁潸然泪下。作为君主的苻坚与普通百姓之间的关系可见一斑。

淝水之战后的第二年，苻坚便被杀死。在南北朝乱世之中，蕴藏着太多功名是非，纵使千载已逝，包罗万象的历史仍像大海的潮头汹涌而来，迫不及待地揭开其中的厚重和轻浅。在治理前秦这条曲折之路上，侠气与情怀并重的苻坚走过自己灿烂辉煌、百转千回的一生。一朝政变，苻坚接下了当时统治者的烂摊子。从此，他的命运便和国家的前途牢牢地拴在了一起。倡导汉化、促进民族融合，开创前秦辉煌的苻坚，却梦断淝水，给这段历史留下了一个无奈的结局。

红妆定乾坤，转北朝风向：冯太后

南北朝时期，冯太后带领偏居一隅的鲜卑族实现了从"游牧文明"向"农耕文明"的转变，加快了南北朝时期各民族间交往交流交融的步伐。太平真君三年（公元442年），冯氏出生在繁华的长安，出身名门的她，祖父冯弘是十六国时期北燕的最后一代国君，父亲冯朗曾官拜秦州和雍州刺史，家中长辈皆为朝中高官，她的姑姑是北魏太武帝拓跋焘的左昭仪。如此显赫家世，为冯太后走向权力顶峰创造了重要条件。

北燕亡国后，冯氏家道中落，入宫为婢，即使身处人生的低迷期，她也不曾放弃过人生道路上的每一个重要机遇。终于，14岁的她被北魏文成帝立为中宫皇后。冯太后能从纷杂的后宫中脱颖而出，这与她自身的才能与努力密不可分。她与生俱来的智慧和果敢的性格，让她逐渐走向了北魏政坛的高台。

《魏书·文成文明皇后列传》里记载，"太后多智略，猜忍，能行大事。生杀赏罚，决之俄顷"。冯太后生性果断有权谋，又具有对政局强有力的把控能力，赏罚分明，以强大的凝聚力将大批有能力且忠诚的人围绕在自己周围。这才使得她在异常惨烈的北魏政治斗争中顽强生存了下来。最终，冯太后临朝称制、权倾朝野。文成帝的去世让北魏朝廷危机四伏。当时，车骑大将军乙浑把持朝纲，其狼子野心慢慢暴露，他极力培养党羽，矫诏诛杀忠良，权倾朝野，势焰熏天。眼看皇权旁落，冯太后隐忍不乱、多番谋划，果断采取措施，诛杀奸佞，稳定了北魏朝廷的乱局，由此带领鲜卑族走上了变法图强的道路。

冯太后致力于国家发展，她排除干扰，纵横捭阖，大刀阔斧地推动了太和改制。在政治上，过去北魏官员没有俸禄，导致大量官员不得不去贪污公款、鱼肉百姓。冯太后改革鲜卑旧俗，仿效两汉魏晋实行班禄制。规定在原来的户调之外，每户增调三匹、谷二斛九斗，作为发放百官俸禄的来源。朝堂上下，皆以官职高低确定俸禄的等次。俸禄确定之后，如有贪赃满一匹者，下令处死。班禄制引起守旧派的不满，以淮南王拓跋他为代表的鲜卑贵族坚决反对，冯太后力排众议，推行新政。实行班禄制后，冯太后还派使者分巡各地，加强监察。班禄制表面上限制了北魏鲜卑旧族的掠夺和贪赃行为，更深层次的意义在于强制王朝勋贵从部落首领到封建王朝官吏身份的转化。所谓"食君之禄，忠君之命"，通过这样的方式，北魏皇权得到了极大强化。

在经济上，冯太后颁布"均田令"，以政府的名义把无主荒田按照人口、年龄、不同劳动能力分授给农民，使农民既增加了土地，又增加了收入，极大地提高了农民的生产积极性。均田令的颁布实施，标志着北魏统治者开始接受并转向传统中原王朝的统治方式。

在基础政权管理方面，冯太后仿照汉族的什伍里甲制度的形式，实行"三长制"，重建北魏的地方基层机构。以五为单位，规定邻、里、党各设一长，合谓"三长"。任职本乡者，需要能办事、守法、有德望的人。"三长"主要负责户口审查、征收赋役、管理生产、维护治安。"三长制"的施行使北魏建立起了较为完善的地方基层组织，削弱了地方豪强的经济实力，增强了中央政府对地方的控制力。

这场由冯太后主导的"太和改制"取得了巨大成功。通过改革，北魏国力增强，民生安定，社会经济有了长足发展，也推进鲜卑族接受汉文化的全面洗礼。当时鲜卑族本就落后的生产方式早已不适应社会的发展，改革已是众望所归。冯太后凭借自己的努力，带领北魏由鲜卑族落后生产方式向汉族先进的生产方式过渡。在文化教育方面，冯太后大力推崇儒家思想，号召人民了解汉族典章制度、经典文献，加快了鲜卑族的汉化过程，开创了一个全面学习汉人制度的时代，有利于促进民族团结、加快民族融合。冯太后的努力为日后孝文帝改革奠定了坚实的基础。

冯太后克服重重困难，以开阔的胸襟和卓越的才能完成了一场由女性主导的宏伟改革。她乾纲独断，改革北魏朝政原始落后的政治制度，发展社会经济，学习继承发展中原传统文化，加快了北魏政权的转型，促进了各民族的进一步融合发展。

迁都促融合，赓续民族情：北魏孝文帝

山西大同的云冈石窟和河南洛阳的龙门石窟是我国现存的两座比较著名的佛教石窟。如果你去过这两个石窟，就会发现佛像形态不同。云冈石窟的佛像大多是一只胳膊在外，另一只包裹在袖子里；龙门石窟的佛像的两只胳膊都在袖子里，衣袍宽大，整个上身都被衣服罩起。这是因为云冈石窟的佛像风格是按照早期游牧民族的特征建造的，龙门石窟的佛像风格则是当时汉族士大夫的装扮衣着。这两个石窟都建在北魏时期，本不应该在风格上出现这么大的差距。究其缘由，就要从北魏孝文帝拓跋宏说起。孝文帝在位期间，致力于推动汉化改革，反映在佛像上就出现上了从鲜卑风格向汉文化风格的转变。

北魏的汉化改革起始于冯太后。冯太后对孝文帝进行汉化教育，让他系统接受汉文化思想。孝文帝亲政后，延续冯太后改革的步伐，带领北魏进入了一个新的历史阶段。孝文帝的汉化改革首先从迁都开始。为了更好地推行"全盘汉化"改革，孝文帝决定把都城从平城（今山西省大同市）迁至洛阳。自鲜卑族建立北魏以来，平城作为都城已百年有余。鲜卑的旧贵族在这里势力强大，鲜卑文化根深蒂固，难以打破。孝文帝想要推行彻底的改革阻力很大。洛阳地处中原地带，又是历代几朝帝王的都城，汉文化底蕴深厚，对推行汉

化改革大有益处，更可以摆脱守旧势力的阻挠。为了维护自身统治，将改革推向更高阶段，孝文帝坚定了迁都洛阳的决心，他以南征之事为借口，顺利迁都洛阳，顺应了历史发展潮流，实现了北魏政治中心的南移。

北魏太和十八年（公元494年），孝文帝在迁都洛阳后，大刀阔斧地向鲜卑的旧文化习俗发起了挑战。鲜卑文化长期盘踞在北魏，让政治经济领域已经跨进更高社会发展阶段的北魏，在思想文化上仍然拖着落后制度的尾巴。孝文帝在继续推进政治经济改革的同时，将改革的着力点放在文化习俗上。从小接受汉文化教育的孝文帝，熟读汉书典籍，通晓诗词歌赋，文笔功力深厚，诏令策书常常亲手拟写。孝文帝亲政以后，摒弃民族偏见，重用汉族士人，培养了一批忠于自己的肱股之臣，这为他日后全面推行汉化改革奠定了组织基础。

迁都洛阳后的北魏胡风汉俗相互杂糅，成为当时普遍存在的现象。北魏太和十八年（公元494年）冬，孝文帝立即开始全面推行汉化政策。他下诏禁止汉人穿胡服，继续穿本民族的衣服；命令鲜卑人和其他少数民族不许身着胡服，而要同汉人一样，统一改穿汉人服装。孝文帝率身垂范，带头穿戴汉人服饰。朝廷百官只得依从，改穿汉人官吏的朝服觐见孝文帝。在语言上，孝文帝规定汉语言为官方语言，朝堂上下禁止用鲜卑语交流，如有违反规定的士大夫，一律以朝纲之法处置。孝文帝还把鲜卑族的复姓改为汉族单姓，如将拓跋氏改为元氏、拔拔氏改为长孙氏。在改汉姓的基础上，他还根据汉人的士族制度，规定按照门户等级高低选拔与任用官吏，选拔有才能的汉族士人参与改革和国家管理。

改姓易服、推广汉语等一系列汉化措施，在当时遭到了朝廷守旧派的强烈抵制。但孝文帝没有因为反对的声音放弃改革，他以强大的韧劲和耐力成就了中国历史上一次空前的汉化改革。

为了让北魏在中原地区站稳脚跟，孝文帝还大力倡导鲜卑人与汉人通婚，让鲜卑贵族主动与汉族大士族联姻。他带头纳北方名门望族的女儿为妃，还亲自为适婚年龄的皇室兄弟们婚配，王妃们大多来自中原的著名汉族大士族。通过两族联姻的方式，形成共同的利益圈，以此巩固北魏统治。

来自草原的拓跋鲜卑遇上中原的儒家文化，自然需要更多的文化融合因子。这些形式上的改革完成后，孝文帝开始将儒家思想逐渐融入北魏社会。他宣布奉行儒家孝礼，用儒家礼乐思想搭建北魏朝廷的组织架构，建立错落有致的社会秩序。孝文帝通过加强对儒家礼乐的认同，逐步确立北魏在中原地区的正统地位。

孝文帝排除万难，躬亲实践，为国家的统一、发展和民族交往交流交融作出了突出贡献。孝文帝顺应民族融合的时代潮流，抛弃狭隘的民族偏见，移风易俗，用短短十几年时间对北魏社会进行了深刻的变革。孝文帝时期实现了少数民族与汉族的大融合，成为多元一体的中华民族形成过程中的重要一环，也为后世提供了民族交往交流交融的重要历史经验。

文穷南北之胜，词开盛唐之端：庾信

庾信从长长的历史通道中走出，停留在南北朝时期，望向自己孤独且悠长的一生。对庾信而言，尽是故国怀思之苦、家国破碎之忧，消磨着他的任性与肆意。多舛的命运，反而使庾信间接地促进了南北朝各民族文化间的交流与融合。正如杜甫对他的评价："庾信平生最萧瑟，暮年诗赋动江关。"

南北朝时期，中国南、北方分裂。南朝梁是南朝第三个朝代，由雍州刺史萧衍建立。庾信出生时，萧梁国力强盛，出身贵族的他，父亲庾肩吾是当时地位较高的官员，更是有名的文学家，还是太子萧纲的老师。在家庭的熏陶下，庾信具备了深厚的文学根底和学识修养，为他日后的文学创作奠定了良好的基础。15岁时，庾信担任太子所在的东宫讲读，后来又做了东宫抄纂博士，这也让庾信早早就走上了文学之路，《奉和泛江》《奉和山池》等诗作都是他早期的作品。在当时文风盛行的潮流中，庾信的诗很受欢迎，每有新作问世都会被大家争相传诵，极大地激发了庾信的创作热情。这一时期，庾信的创作主要是宫廷文学，这些诗作只在南梁上层圈子里流传，而他后来由南入北的特殊经历，才促使其诗歌创作发生了突破。

侯景之乱给南梁带来了巨大的打击。梁元帝萧绎重新恢复统治后，想要改善与北朝西魏的关系，他想到庾信曾经出使过东魏并促使两国建立了外交关系，便再次派庾信去往西魏缓和关系。公元554年，庾信再次以南梁使臣的身份出使西魏，可未曾料到，此次西魏之行，庾信非但没有完成出使任务，自己反而再也没能回到故乡。在他抵达长安后不久，西魏南下攻克江陵，梁元帝萧绎被杀，南朝梁灭亡。庾信则被西魏皇帝留在了长安，官至车骑大将军、开府仪同三司。

后来西魏政权也走向了末路，成为北周宇文家的天下。当时南朝陈与北周交好，流寓人士允许归乡，本来有希望南归的庾信却再次被迫留在了北周。北朝人偏爱庾信文才，可他知道自己只是统治者用来粉饰太平的工具。历经三朝，庾信受尽帝王礼遇，可他"一生襟抱未曾开"，只能借由诗赋来倾泻一生的无奈。"枯木期填海，青山望断河。"最终庾信南归的愿望，消逝在生命的尽头。"楚歌非取乐之方，鲁酒无忘忧之用。"由南入北，让庾信饱尝大分裂时期特有的人生辛酸，对于南梁败亡的事实，庾信久久不能释怀，他只能将内心的苦痛用笔墨挥洒出来。长期的北方生活，使庾信能够接触到杰出的北方文人和史书典籍，为庾信的文学思想注入了更多鲜活的营养，在岁月的打磨中，庾信的诗文逐渐开始汲取南北文学之长，展现出独特的生机活力。

庾信的前半生在梁朝悠闲度日，深谙南朝诗文的形式和技巧，优厚而又空虚的生活，让庾信的诗歌轻艳华美，缺少内涵和真情，更像是诗文技巧的炫耀。然而命运无常，庾信的后半生在北朝度过，似浮萍般漂泊，故国之悲使他的感情变得悲痛深沉。庾信以南朝深厚的诗文功底，吸收北方苍劲雄浑、注重质朴的文风，加之故国难回、半生温凉,生命的曲折让庾信境界全开。此时他的诗文宽广雄劲、情感真挚深沉,被后世赞颂为"穷南北之胜",开创了唐代以诗入赋的先河。作为集大成者,中华文化的融合在庾信身上得到展现。

一世中华心，不负三朝托：冼夫人

碧海蓝天，海涛翻卷，位于祖国南陲的海南岛美丽宜人。在一千多年前英雄辈出的三国时代，海南岛被一位冼姓女子管理了近几十年。直至今天，琼州海峡两岸的人民为了纪念她，建造了几百座冼夫人庙，她究竟有着怎样的魅力呢？

冼夫人的幼年经历注定她要走一条与寻常女子不同的道路。她在很小的时候就跟着父亲和兄长一起习武，女儿身的她没有待在闺房里学习女红，而是挽弓执刀，学习武艺韬略，而且深谙排兵布阵的要领，俨然一副男儿做派。冼夫人的才能不输男子，年纪轻轻就成为当地俚人部族的统领，排兵布阵游刃有余，深受各部族的器重和信赖。后来，父亲将她许配给高凉郡太守冯宝。冯家政治根基深厚，是当地的汉族名门，嫁入冯家，不仅是两个家族的联姻，更是两个民族、两种文化的融合。汉俚联姻后，作为俚人部落首领的她没有按照汉地的传统冠夫姓，而是保留自己母族的姓氏——冼，世人依其姓习惯尊称为冼夫人。

婚后，冼夫人和丈夫冯宝在当地大力推行儒家的政令礼法。她担心其他俚人部族不会遵从，便先从自己家族做起，带头遵守礼乐制度、穿汉服、讲汉语、写汉字，起到了很好的示范作用。同时，约束俚族人服从教化，命令不许他们犯法扰民，废除了俚人部族流传下来的很多陋习。冼夫人的积极作为使得俚族和汉族逐渐融合，出现了汉俚两个民族友好团结的局面。

  然而，美好的生活没有持续下去。梁太清二年（公元548年），河南王侯景、高州刺史李迁仕先后叛梁。梁朝的军队接连失败，导致叛将侯景顺利渡过长江直取首都建康。不久，建康失守，梁武帝束手无策，被困在台城。首都陷落，军情万分紧急，然而高州刺史李迁仕却想趁机谋反。他假称自己身体抱恙，迟迟不肯出兵援助，又派人传唤高凉太守冯宝。冼夫人怀疑此事有诈，认为李迁仕阴谋已经昭然若揭，劝丈夫不要着急前去应诏，又和丈夫一起精心谋划，以迅雷不及掩耳之势突袭叛军，占领高州城。之后同南梁始兴太守陈霸先一起合作，擒杀了李迁仕，平定了侯景之乱。此时的南梁政权已名存实亡，天下战乱纷起，岭南地区各势力也躁动不安。在这样的乱局中，冼夫人审时度势，凭借非凡的政治威望和人格魅力，团结各部族，凝聚人心，将岭南更牢固地维系在中华民族大家庭中。

  一个朝代的更迭往往就是这么快，公元557年，陈霸先建立陈朝。陈朝在经历武帝、文帝两代强盛，到王位传到陈叔宝手中时，注定了要灭亡的命运。后主陈叔宝荒淫无道，贪图享乐，致使国力不振。最终，陈朝被隋文帝杨坚所灭。

  陈朝灭亡后，隋文帝结束了南北朝对峙的局面，但偏远闭塞的岭南地区仍沿袭旧朝，还没有归附隋朝。为维持地方安宁，岭南各部族齐推冼夫人为地方首领，尊为"圣母"。当时的俚族族群作为岭南的大群体，冼夫人可以拥兵割据。但她站在国家的高度，认同汉、俚各族生活在同一个国家，都是同一个国家的子民，坚决维护国家的统一。特别是南陈的残余势力盘踞在广州，顽强抵抗着隋军的进攻，为减少隋军的损失，统一岭南地区，隋朝便让陈后主陈叔宝给岭南首领冼夫人写了一封信，劝她归顺隋朝。冼夫人收到信后，从民族大义出发，力主和平解决问题。于是，冼夫人派出自己的孙子冯魂迎接隋军入境。

　　一波未平一波又起。开皇十年（公元590年），岭南酋长王仲宣联合其他部落首领发动叛乱，派军队围攻广州。此时的冼夫人年事已高，但她没有置身事外，而是立即派孙子冯暄率兵驰援。不料进军不利，冯暄被俘下狱。冼夫人又派出另一个孙子冯盎出征，冯盎不敢懈怠，和隋军会师，平定了叛乱。冼夫人为稳定战局，亲自出征上阵，作为军队的后应。将士们看见老夫人威仪凛然，瞬时士气振奋，上战场奋勇杀敌，很快平息了战乱。冼夫人再立大功，稳定了岭南地区，巩固了隋朝大一统成果。隋文帝大加赏识，为嘉奖冼夫人的功劳，追赠其丈夫冯宝为广州总管，并追封为"谯国公"，又册封冼夫人为"谯国夫人"，开设幕府，下立官属，执掌印章，将岭南六州兵马全权交给她指挥。还特许她如果出现紧急情况，可以特事特办。与此同时，独孤皇后也十分欣赏冼夫人，亲自前来探望，以表亲和之意。

　　为了进一步加强岭南地区的治理，隋朝改广州为番州，继续倚重冼夫人的政治威望坐镇南疆，又任命赵钠为番州总管，处理番州政务。但赵钠并非善类，在任职期间贪赃枉法，岭南民众一时怨声载道，都不愿意服从赵钠的管制。冼夫人知道后，立即上奏朝廷，要求隋文帝惩处赵钠。隋文帝非常生气，下诏冼夫人妥善处置此事，以平息众怒。此时冼夫人已年过古稀，但为了维护岭南地区的和平稳定，她自称隋朝使者巡视岭南诸州，不动一刀一剑平定叛乱，再次稳定了岭南地区。冼夫人俨然已是岭南的定盘石。此后，岭南在冼夫人的励精图治下，诸州风调雨顺，百姓安居乐业，呈现出历史上少有的安定富庶的局面。

纵观冼夫人的一生，她生活在动荡的乱世中，历经梁、陈、隋三朝，为各朝都立下大功，也历受各朝的恩遇厚赏。她一生坚持促进民族融合，保障地方秩序安定，致力于维护国家统一。作为南疆实力最强的部落首领，冼夫人摒弃私心杂念，超越狭隘的地方主义和家族私利，维护国家和民族的利益，在危难和关键时刻作出有益于国家、民族、百姓的抉择，维护了国家统一，促进了民族团结，建立了不可磨灭的历史功勋。

一代帝王基业，民族融合大局：杨坚

杨坚的父系氏族为汉族，而母系氏族为鲜卑族，民族交融的出身使他具有更为包容的民族心态。杨坚认为，无论是汉族还是少数民族，每个民族都是隋朝不可或缺的组成部分，他身体力行推动各民族之间和睦相处，从制度上保障统一的多民族国家的不断发展。在杨坚身上，我们总能捕捉到太多东西。他开创了一代帝王基业，建立了隋朝，迎来了中国历史上农耕文明的巅峰。

北周纷繁复杂的权力斗争中，宇文泰为了得到鲜卑上层贵族的支持，实施鲜卑化的民族政策。中原地区去鲜卑化自北魏孝文帝时期便开始大力推行，鲜卑胡姓改为汉姓已是历史潮流。但宇文泰、高欢等鲜卑人从边塞入主中原，中原地区开始形成新的胡化。作为汉人的杨坚父子也是有胡姓的，在宇文泰统治时期，杨坚的父亲杨忠因屡建战功被宇文泰赐胡姓为普六茹，杨坚也跟随父亲，起鲜卑名为那罗延。杨坚上台之后，废除宇文泰以来实施的鲜卑化政策，大力推行汉化改革，下令让那些改为鲜卑姓的汉人大臣重新起用汉姓。杨坚从南朝陈寻来正统的汉人语言、礼仪、音乐在隋朝推广。他还继续延续北魏孝文帝推行的汉化措施，规定禁胡语、胡俗以及胡服，将西晋末年中原地区开始的多民族混战厮杀的局面彻底转变。在经历北魏崩溃短暂的曲折后，杨坚顺应历史潮流，进一步推动了孝文帝改革以来民族融合的多项举措。

  为完成统一大业，杨坚对内实现整合后，开始向外谋划。当时隋朝外部势力蠢蠢欲动，危机四伏。杨坚准备先发制人，南下灭掉陈朝，再北上抵御突厥。不料北方突厥抢先进攻，集结了40万大军南下，扰乱隋朝的大后方，侵入隋朝境内，抢夺人畜物资，对当地的经济造成严重损害。杨坚立即调整计划，集中兵力反击突厥的侵扰。他利用突厥内部的分裂，引起突厥内部大乱，导致其无法分身与隋朝对抗。借此机会，杨坚集结军队南下，将早已奢靡无度的陈朝收入囊中。灭掉陈朝后，杨坚专心对付突厥。突厥作为当时北方最强大的势力，实力不可小觑。杨坚认为贸然举兵胜算不高，他听从大臣长孙晟的建议，对突厥采取分化离间之策。当时，突厥三大势力会师共同对付隋朝，杨坚便派太仆元辉前往达头可汗的领地新疆哈密，取得达头可汗的信任，与其结成联盟关系。又派长孙晟前往辽东，争取处罗侯的支持，笼络突厥东部的一些部落。后来，突厥成功退兵，给了隋朝养精蓄锐的机会。而突厥汗国因为各方势力的相互掣肘，分裂成了东突厥汗国和西突厥汗国。不久后，东突厥汗国沙钵略可汗向隋朝投诚乞降，甘愿成为隋朝的藩国。隋朝接受了沙钵略可汗的投降，与其订立了盟约，还赐沙钵略的妻子杨姓，封为大义公主，同时将隋朝安义公主嫁给沙钵略可汗的儿子染干（后称启民可汗）。染干在隋文帝杨坚的支持和帮助下，打败了突厥各部落。各部落纷纷拥戴染干为最高可汗。启民可汗非常感念隋文帝杨坚的帮衬，尊称隋文帝为"圣人可汗"。从此以后，"圣人可汗"的称号在边疆地区流传开来，为杨坚赢得了良好的声誉。隋朝也消除了边患，成为北方边疆实际的统领者。

在隋文帝杨坚的努力下,隋朝成为中国历史上又一个大一统王朝,因战乱分裂400年之久的中国,重新形成了多民族统一共存的局面。

天之所覆，孰非我臣：杨广

谁曾会想到，隋朝仅经过了两位帝王的更替，便被埋没在历史的长河之中。隋炀帝杨广是一位极具传奇色彩的人物，世人都道他"荒淫无度"，让刚站稳脚跟的隋王朝从云端跌落谷底并最终覆灭。可这分寸之间，又有几人能明晰，拒绝守成的杨广，也曾奋发有为。他迁都洛阳，促进了南北融合，为构筑海纳百川的中华文化作出了重要贡献。杨广见证过隋朝的辉煌，也体验了亡国之君的悲哀。最终，他心中念念不忘的"宏图大业"也随着朝代的更迭消失殆尽。

公元604年，完成统一全国伟业的隋文帝杨坚去世，隋炀帝杨广继承大统，登上了帝位。即位的第二年，杨广将年号改为"大业"，寓意想干一番轰轰烈烈的事业。杨广即位后，摆在他面前的并不是社会安定、井然有序的社会环境，反而面临着来自各方的威胁。既要抚平长久以来因南北分裂所造成的国家裂痕，又要警惕北方游牧民族的虎视眈眈，杨广的使命天然地带有维护"大一统"国家的任务。

在"大一统"思想的影响下，杨广积极开疆拓土，广纳四方之民。通过不懈努力，隋朝消弭了南北互不统属、北方游牧民族频繁南下等多种影响国家统一的阻碍因素。杨广在位时期，建成了一个东起大海、西至西域、南抵云南、北接大漠的庞大帝国，不仅超过隋文帝时期的版图，也超过秦汉、唐宋时期王朝的版图。

"天之所覆，孰非我臣"，极具开放的民族思想为杨广的"大一统"之业注入了活力。北方边疆民族的骚动、南方士族态度的摇摆以及东部高句丽存怀的不臣之心，都让隋朝始终担心潜在的威胁。要想营造一个对隋朝发展有利的边疆环境，就必须采取更加合理的政策重视与边疆民族的关系，同时还要注重各方势力的平衡。杨广在沿用"抚育四海，义兼含育"政策的同时，也开始积极探寻合适的民族管理之路。

或许是因为母亲是鲜卑人的缘故，杨广不同于隋文帝的"用夏变夷""使其迁善"的政策，他所认同的民族政策更为宏大，即"无隔华夷""混一戎夏"，他希望"戎"与"夏"融为一家，"华"与"夷"没有隔阂。杨广认为，"自三方未一，四海交争；不惶文教，唯尚武功"，因而只有兴兵镇压，才能彻底改变这种"四海交争"的局面。为了达到这一目的，他震慑已经归降的东突厥汗国启民可汗，联络西迁的西突厥汗国，又安抚在隋、高句丽和突厥中摇摆不定的契丹，举国兴兵征讨有不臣之心的高句丽、吐谷浑，并派遣使者多次到琉球、台湾地区与当地少数民族加强联系。而对外交往更是形势大好，东突厥汗国降隋之后，隋朝与西域国家的交往越来越密切，西域诸国纷纷来隋朝贡。大业十年（公元614年），新罗、靺鞨、突厥等十七国派遣使者来到隋朝，西域九部乐就是在这一时期传入中原的。在与南亚、东亚各国的交往中，除了与林邑、高句丽存在矛盾冲突外，隋朝与其他各国均保持友好关系，这种外交盛况在此前任何朝代都不曾出现过。从这个角度而言，相比于隋文帝"天下"即"四海"的理念，隋炀帝杨广的视野更为开阔，他试图构筑的是一个辐射范围更广的秩序。

此外，隋朝大运河的修筑更是加强了南北之间的联系，保持了国家活力。随着南北政治、经济和文化的日益发展，局部运河已远不能满足社会的需要，沟通南北水道成为社会经济发展的迫切要求。在杨广的主导下，隋朝仅用6年就修筑起一条以洛阳为中心、北达琢郡、南至余杭、横贯中国南北的大运河。隋朝大运河全长2700公里，纵贯在中国最富饶的东南沿海和华北大平原，经过今北京、天津、河北、山东、河南、安徽、江苏、浙江8个省市，沟通海河、黄河、淮河、长江、钱塘江五大水系，是中国古代南北交通的大动脉。这是中国古代劳动人民创造的一项伟大的水利建筑工程。大运河的开通填补了中国南北走向水系的空白，促进南北方各族人民的大流动和南北方全方位、深层次的交流，使国家的统一更为牢固。大运河是隋炀帝"大一统"理念的形象展示。

"兼三才而建极，一六合而为家"的理想是杨广一生的最高追求，这种理想信念驱使他迫切希望自己能在有生之年完成几代君主的共同夙愿，那是倾盛世之国力也难以成就的"大业"。由于操之过急，杨广违背了事物发展的规律，加之劳役太过压迫，最终导致隋朝的崩溃。然而，历史不应该泯灭杨广对中华民族交流凝聚与疆域稳定作出的贡献。无论是思想体系还是具体实践，隋朝的大一统建构都直接影响到唐朝的发展为唐朝成为古代东亚世界凝聚力和辐射力最强的国家奠定了坚实的基础。

多民族之共主，统一整合天下：李世民

唐朝皇宫里热闹非凡，意气风发的唐太宗李世民正同大臣们举杯同庆。此时唐朝解决了头痛多年的分崩离析的问题。李世民不负使命，结束了全国各地混乱的局面，统一了中原。群臣们兴致勃勃，一致要求打开地图一览大唐王朝开拓的疆域。看着大片疆土尽数被纳入大唐版图，大家高兴不已。可此时李世民关注的却是唐朝仍处在一个巨大的包围圈中，北边的突厥、西边的吐蕃、西北的回纥、西南的南诏，这些周边势力不容小觑。一旦这些势力联起手来对抗唐朝，唐朝将会陷入新的困境，因此，李世民不敢有任何懈怠。

李世民决心先从威胁最大的突厥和吐谷浑着手，来震慑周边其他地方政权。公元6世纪，突厥兴起于中国北方草原，建立起辽阔、强大的突厥汗国。历代中原王朝为了稳定边疆局势，除了武力征服外，还多次与其订立盟约，唐朝也不例外。然而，李世民刚即位时，突厥的颉利可汗趁唐朝政局不稳，便撕毁盟约，率大军逼近长安渭水河畔。李世民一边调度大批人马准备应对突厥的强烈攻势，另一边派遣使臣前往突厥驻地，责备其不讲信用、违背盟约。几番周旋后，突厥看唐朝军队装备齐整，气势恢宏，最终撤军了。此后，李世民一心求治，与民休息，推动经济发展。唐朝经济社会迅速得到恢复发展，百姓的生活水平得到改善。而突厥内部矛盾与日俱增，

由于政治利益不同，各派政治势力争斗不止，经济凋敝，百姓生活困苦。李世民察觉时机已到，联合反对突厥统治的各个部族，率兵大举进攻突厥。公元630年，李世民擒获颉利可汗，收服突厥势力，肃清了多年骚扰边疆的势力。

李世民摒弃民族偏见，秉持着"各民族一律平等"的民族政策，为加强管理，他在边疆地区设立都护府，维护地方安定，并允许原突厥部民可以留在当地定居，保留原有的生活方式和风俗习惯。李世民大力开发边疆地区，减免赋役，传播中原先进的农耕技术，发展社会经济，还在当地推行仁礼法度，推动边疆地区的治理。

此外，李世民挑选有才能的少数民族人才授予官职，让他们负责管理民族地区。允许民族地区保留过去的管理机构，给予民族地区一定的自主权。同时，为了推行与边疆地区人员的交流，李世民特地选用一部分少数民族人才在朝廷任职，提供与汉族大臣同等的晋升机会。李世民将有军事才能的少数民族将领收入麾下，例如先后归附的突厥将领阿史那·社尔、执失思力和契苾何力，他们多次率军为唐朝征战沙场，立下赫赫战功。李世民把自己的妹妹衡阳公主、九江公主和宗室女临洮县主，分别许配给他们。

平定突厥势力后，李世民乘胜追击，开始处理地处西部边疆的吐谷浑的问题。当时，吐谷浑趁着隋末战乱，占据了西北地区大片土地。起初，唐朝并不打算出兵征讨吐谷浑，可吐谷浑凭着临近河西走廊贸易通道的便利条件，屡屡侵扰沿边地区，成为威胁唐朝统治的一大势力。为解决西北边境安宁问题，李世民决定西征。经过一年多的时间，吐谷浑战败，归顺唐朝。李世民为稳定边疆安定，册封吐谷浑可汗为河源郡王，还把弘化公主嫁给了他。出嫁当日，李世民派遣淮阳王李道明携带丰厚的嫁妆送到吐谷浑，以此促进唐朝与吐谷浑的友好关系。

唐朝还与吐蕃进行和亲，开创了汉藏两族人民的友好交往史。贞观年间，吐蕃赞普松赞干布派遣使者禄东赞来到长安，希望吐蕃与唐朝通过和亲建立友好关系。李世民同意和亲请求，于贞观十五年（公元641年）正月将文成公主嫁给松赞干布，促使两地关系稳步发展。随着文成公主入藏，双方的经济文化交流频繁，汉文化也潜移默化地影响了当地人的生活方式，推动了西藏地区经济社会的发展。李世民对少数民族的开放政策，加强了中原与少数民族地区的联系，很大程度上提高了唐朝在少数民族地区的政治威望。

在新的历史条件下，李世民顺应时代发展大势，满怀仁民爱国之心，对各民族一视同仁、宽以待之，较好地处理了汉族与少数民族的关系，促进了各民族之间的友好交往，被各少数民族尊称为"天可汗"。唐朝在他的统治下实现了统一的多民族国家的大融合，揭开了中华民族史上辉煌灿烂的一页。李世民死后，各少数民族将领纷纷前来吊唁，悲痛不已，更有阿史那·社尔和契苾何力要为其殉葬。这足以见得，李世民在少数民族人民心中的崇高威望，也证明李世民在边疆民族地区实行民族政策获得了巨大成功。

自从贵主和亲后，一半胡风似汉家：文成公主

神秘的西藏，除了蔚蓝清澈的天空，还有一个跨越千年的美好爱情故事。在1300多年前，少有汉人踏足的西藏，走进了这样一位女子。她十六七岁的年纪，将离欢悲合抛在脑后，毅然决然地和过去的一切告别，踏上了这条可能永远不能归家的路，一去便是几十年。尽管故事的主人公离开我们已然很久，可她的事迹至今仍被后世传颂，她就是文成公主。

文成公主的故事，还要从很遥远的时候说起。唐朝贞观年间，唐太宗李世民平定内乱，拓疆四方，成为天下共主，地处边疆的少数民族政权纷纷派遣使者到长安朝贡。在李世民的统治下，唐朝国力强盛，积累了雄厚的经济和军事实力。为了加强联系，许多少数民族政权多次派使者去往长安请求与唐朝联姻，吐蕃的松赞干布就是其中之一。贞观十四年（公元640年），松赞干布为表示和亲的诚意，特派宰相禄东赞为和亲使者，带着丰厚的聘礼，从吐蕃不远万里来到长安求亲。李世民见吐蕃多次前来，诚意满满，便答应了这门婚事，允诺将唐朝公主嫁给他。这让松赞干布很高兴，因为在此之前他已多次向李世民表达过和亲的意愿，可迟迟得不到回应，这次李世民终于答应了。

文成公主是江夏王李道宗的女儿，从小饱读诗书，识大体、顾

大局，性格温和。出嫁在即，她对远嫁吐蕃这件事并没有多少愁绪，认为既然自己是代表大唐嫁到吐蕃，就应该完成缔结两国友好交流的使命。文成公主不求出嫁时有多么风光，嫁妆有多么丰厚，她只是想把唐朝的文化带去吐蕃，促进吐蕃经济文化的发展。她主动向李世民请求多带些书本典籍、农作物种子和各种药材，还有技艺高超的工匠和精通医术的人才。唐太宗欣然应允，除了为她准备了计划内的物品，还准备了丰厚的金玉财宝、绫罗锦缎。江夏王李道宗亲自将文成公主送到吐蕃。

和亲队伍浩浩荡荡地从长安出发。松赞干布得知消息，亲自带着大臣到河源迎接文成公主。文成公主入藏后，吐蕃人民夹道欢迎，每个人都穿上节日盛装，一路上载歌载舞，共同欢迎这位远道而来的大唐公主。松赞干布依照汉人礼节举行两人的大婚典礼，场面热闹非凡。文成公主受到了最高的吐蕃礼仪，为了让她在吐蕃也能像在长安一样过得舒适安逸，松赞干布还在吐蕃为她修建了一座宏伟辉煌的布达拉宫。

入藏以后，文成公主休整了一段时间，想要到西藏的集市里走走看看，了解吐蕃人民的语言和生活。经过几天的观察，她发现了不少问题，比如妇女的地位低下，被要求"赭面"，就是用一种红褐色的涂料涂满整个脸。这里的人民也没有文字，很多事情都没有被记载下来，只用口头交流。这些让文成公主颇感意外，她决心通过自己的努力来改变当地人落后的生活方式和风俗习惯。松赞干布非常支持她的建议，立即下令废止要求妇女"赭面"的落后习俗，还带头穿唐服、着汉衣。一时间，吐蕃兴起了学习汉文化的风气。在文成公主的倡导下，吐蕃开始兴办教育，教授适龄儿童识文断字，学习唐朝的礼乐文化，还把吐蕃的贵族子弟送到长安学汉字、习礼仪。文成公主主动传授汉地的织布技术，改变吐蕃人以前厚重笨拙的穿着，简化他们的服饰。直到今天，西藏地区还保持着许多唐代汉族的生活方式和习俗，就如同唐代诗人陈陶在《陇西行》中写的"自从贵主和亲后，一半胡风似汉家"一样。

为了解决吐蕃没有纸笔的问题，文成公主还上书唐太宗，请求送些现成的笔墨纸砚过来，包括造纸制墨的工匠和一些制作工具，让吐蕃人自己掌握技术、生产和加工。这个过程相当艰难，由于吐蕃地处高原地带，当地根本找不到麻、藤、楮等在中原常见的造纸原料，而且由于气候和土壤条件的差异，也无法进行栽培。面对困难，文成公主没有放弃，她在当地藏民的协助下，找到了月桂、野茶草、灯台树、瑞香等植物作为替代，采用传统造纸法，将它们浸泡、敲打、淬炼、晾晒，最终制成了独具特色的藏纸。虽然这些纸很粗糙，但厚实坚韧，经过细细研磨可以使用。纸的问题解决后，文成公主又找到可以用来书写的"木头笔"。为了加强与各地之间的贸易往来，文成公主建议松赞干布创造藏文。于是，松赞干布派人去现在的克什米尔地区学习拼音文字，根据藏语的习惯，创造出30个字母的单音缀孤立语拼音文字，这就是今天藏文的由来。此外，文成公主还把音乐带到了吐蕃，发展了藏乐文化。文成公主的一系列举措，极大地推动了吐蕃文化的传播和发展，也为汉藏民族文化的交流交融创造了条件。

文成公主信奉佛教，入藏后她积极参与藏地佛教事业的发展。在吐蕃传播佛教文化。她将带去的汉文佛经翻译成藏文版经书，以供人们翻看诵读。文成公主还协助松赞干布修建了著名的太阳寺和小昭寺，这两座寺庙采用唐代的建筑风格，有力地推动了佛教文化在西藏地区的传播。

文成公主入藏前，吐蕃还在沿袭落后的农奴制，生产模式也以农牧业为主。文成公主亲自传授种植技术，帮助他们种植小麦，让他们懂得小麦怎样酿酒。为了方便农夫灌溉，她还让人在田地边安置水井，制作了方便存放的奶酪和酥油。随着文成公主入藏，很多中原地区的能工巧匠进入吐蕃，带领吐蕃人民学习先进的生产技术。唐朝的造纸、纺织、陶艺、建筑、冶金等技术纷纷在吐蕃落地生根、发展壮大，改变了吐蕃人民的生产生活方式，极大提高了当地人的生活水平。

永徽元年（公元650年），年仅33岁的松赞干布去世。丈夫逝世后，文成公主没有动摇在吐蕃传播汉文化、加强汉藏民族联系的决心，选择继续留在吐蕃，践行着她的使命。她把吐蕃当成自己的第二家乡，让中原文化在吐蕃落地生根、开花结果，促进了汉藏民族的交往交流交融，成为中华民族历史上维护国家统一和民族团结的杰出代表。

解千里之忧，促汉藏友好：金城公主

溯源千年，我们依然忍不住回首观望，那西藏寺庙壁画上唐朝公主的遗韵，那藏戏里久久吟唱的传奇故事。她们千里入藏，成就了一段段为人称颂的人间佳话，将青春和生命融进茫茫的青藏高原，从此故乡无远方，远方即故乡。在远嫁吐蕃的两位唐朝公主中，金城公主虽不及文成公主那样耀眼夺目，但她在促进汉藏友好交往中同样散发着自己独特的光辉。

金城公主，本名李奴奴，是唐邠王李守礼之女。她的祖父是章怀太子李贤，因遭武则天猜忌被废黜，一家人流放巴州，无诏令不得返回长安。直至唐中宗时期，金城公主的父亲才重返京城，恢复皇族身份，金城公主也结束了巴州荒凉的生活。当时的巴州地瘠民穷，加上家族流放的影响，金城公主没能接受良好的教育。回到长安后，金城公主刻苦学习，静心读书，学习宫中礼仪。两三年的时间，她便出落得温良娴静、落落大方，深得唐中宗李显的喜爱，待她与其他公主无异。然而，作为皇族的金城公主身如浮萍，终究逃不过命运的安排。

唐朝前期，唐与吐蕃时和时战，两地人民如何和谐共处是急需解决的问题。契机发生在神龙三年（公元 707 年），吐蕃派遣使者前来长安朝贡，并请求与大唐通婚，献上良马千匹和黄金万两来表示和亲的诚意。武则天审时度势，应允了这门亲事，可这门亲事却因唐朝的政局跌宕耽搁了几年。唐中宗李显即位后，吐蕃又派使者重提和亲之事，金城公主成为了这次汉藏和亲的人选。在唐中宗的安排下，金城公主踏上了和亲之路。唐中宗按照正统皇家公主的礼仪，安排金城公主出嫁，他亲自把金城公主送到始平县，大摆宴席为她送行。宴会进行到高潮，唐中宗令群臣百官吟诗作赋，形容这壮观的送别场面。后来，唐中宗还将始平县改成以金城公主名字命名的"金城县"，免除赋税一年，以此来感念金城公主入藏的壮举。

千里相送，终有一别。13岁的金城公主告别亲人和熟悉的家乡，沿着70年前文成公主入藏的路线，走进陌生的雪域高原，与同样年幼的丈夫赤德祖赞完婚。年少的他们少了些天真无邪，他们深知维系汉藏交好的重要性，沉重的责任落在了他们肩上。

金城公主不辱使命，积极促进汉藏友好交往。在吐蕃的30多年，她为汉藏交好耗尽心血。金城公主坚持物尽其用、人尽其才，将带去的陪嫁物品和技艺人才进行合理配置。她安排当地人学习唐朝的冶金、建筑、酿酒、造纸等技术发展吐蕃的经济。她还积极推动互市贸易，将赤岭作为双方互市的贸易地。吐蕃的马匹、骆驼、金银玉器纷纷流入唐朝；中原地区的茶叶、瓷器、丝绸等也受到了吐蕃人民的热烈欢迎。

金城公主嫁入吐蕃是为了延续汉藏交好，无奈两国之间利益纠葛纷繁复杂，一时间仍有矛盾发生。当时赤岭属于唐朝和吐蕃的边境地区，因为边界不明，双方时常爆发冲突，这对当地的农牧业造成了严重的破坏。金城公主为了调和双方矛盾，上书唐玄宗请求在赤岭立碑，划清边界线。唐玄宗同意了金城公主的请求，赤岭地区的人民也重新回归安定祥和的生活。

在文化上，金城公主把自己带来的一些医书、历书、诗书、佛经等传入吐蕃，这些文史资料对吐蕃文化水平的提高起到积极作用。金城公主上书唐玄宗，请求赠送《诗经》《礼记》《左传》《文选》等文学典籍到吐蕃，目的是让汉文化在吐蕃进一步兴盛起来。金城公主的这一举措遭到了唐朝大臣的极力反对。他们认为，这些典籍都是历朝历代流传下来的文学经典，如若传到吐蕃，有心之人就会运用这些典籍来攻击唐朝。深明大义的唐玄宗明白这是金城公主为促进汉藏友好交往所作出的努力，也深知她孤身一人在吐蕃的不易，于是力排众议，将这些书籍各誊抄一份，送到了吐蕃。

唐朝的大力支持增强了金城公主在吐蕃传播汉文化的信心。后来，吐蕃学习中原的史学传统，建立了修史制度，出现了第一批官修史书。史书的修订也为后人留下研究西藏历史的丰富资料。与此同时，吐蕃文化也逐渐传入唐朝，长安的商铺集市出现了众多吐蕃的工艺品。这些工艺品受到广大人民的喜爱。金城公主的努力使得汉藏两地的经济文化交往愈发密切，极大地促进了两地经济文化的发展。

金城公主有着不平凡的一生，她努力践行着自己的使命，在雪域高原上撒下汉藏两地友好交往的种子。她以和亲公主的身份入藏，却以文化交流使者的身份流传千古，在汉藏两族人民之间搭起了友谊的桥梁。正如她所言："奴奴降蕃，事缘和好。"金城公主用一生的心血维护两地和平，实现社会安定，竭力促进汉藏两族人民友好交往，谱写了民族交往交流交融的历史诗篇。

所用皆鹰腾,破敌过箭疾:回纥葛勒可汗

铿锵的马蹄叩击着塞北的旷野,大风中的胡马奔驰着、咆哮着,在这片让人热血沸腾的土地上,葛勒可汗展现出傲人的一面。他坚韧包容,不拘泥于眼前的功过,而是在心中驰骋着更广阔的天地。他奏响了唐朝与回纥之间的奏鸣曲,守护着回纥的记忆,也记录了唐朝与回纥的荣耀时刻,更见证了中华民族的韧性与团结。

唐朝与回纥的关系十分交好,到葛勒可汗这一代也一直维系着友好交往的关系。葛勒可汗是回纥的第二任可汗,也是历史上出色的军事家。天宝十四年(公元755年),安史之乱爆发。年老力衰的唐玄宗逃到成都避难,把平定叛乱的艰巨任务交给了儿子唐肃宗。为平定叛乱,唐肃宗寻求外援。回纥是唐朝忠实的盟友,于是唐肃宗便向葛勒可汗提出援助的请求。葛勒可汗立即出兵,于至德二年(公元757年)帮助唐军收复了长安和洛阳地区,沉重打击了叛军。回纥军队英勇善战,斗志昂扬,令叛军极度惊慌。回纥的叶护太子率军与郭子仪汇合时,拒绝了宴请,说道:"国家有难,远来相助,何暇食为。"体现了回纥兵众一心为唐朝平叛的决心。

葛勒可汗援助唐朝平定了叛乱,还获得了与李唐皇室联姻的机会。唐肃宗把亲生女儿宁国公主嫁给了葛勒可汗,葛勒可汗也把自己的妻妹嫁到李唐宗室。两国的联姻不仅提高了回纥汗国的地位,

也在一定程度上促进了民族的交流融合。乾元二年（公元759年），葛勒可汗再次出兵，帮助唐军进攻盘踞在相州的叛军，然而这次进攻却遭遇失败。不久后，葛勒可汗去世，其子牟羽可汗继位。

　　由于与中原地区的频繁接触，回纥的一部分游牧民转为农耕民，开启了定居的生活模式。葛勒可汗曾在仙娥河（今色楞格河）的河畔建起富贵城，在城中筑起宫室。随着社会经济的发展，回纥在中原文化的影响下，已向半定居的生活转化。纵观葛勒可汗的一生，南征北战，披肝沥胆，为国家的稳定统一、民族的交往交流交融都作出巨大贡献。

忠魂烈骨卫家国，不屈身姿显赤忱：浑瑊

鹫翎金仆姑，

燕尾绣蝥弧。

独立扬新令，

千营共一呼。

这是唐代著名诗人卢纶写的边塞诗中的几句。诗中描述的威风凛凛的将军，就是本文的主人公浑瑊。辉煌的唐朝，海纳百川、从容自信，对于各族人民兼容并包，大批优秀的少数民族人才在盛唐的政治舞台上施展才华。浑瑊被称为唐朝的金日磾，他的一生见证了大唐王朝从繁荣到衰落再到战乱四起的历程。塞北大漠上的烈烈忠魂，足以抵过千百年来吹过的萧萧风声，胡人出身的浑瑊从朔北走来，几经战乱沉浮，依然矗立于唐朝名将的行列。

浑瑊出生在皋兰州（今宁夏回族自治区青铜峡市），是塞北九姓铁勒部族之后。早在唐太宗时，该部族大部分已归顺唐朝，一直驻扎在塞北，世代为唐朝防卫边疆。浑氏家族在铁勒部族中声望较高，其家族先后有很多人在皋兰州担任军中要职。受家族影响，浑瑊从小期望能够成为一名将领，守卫国土，建功立业。11岁时，浑瑊便到朔方参军，就此踏上了保家卫国的道路，为唐朝立下了赫赫功勋。

他多次临危受难，带领朔方军挽救唐朝于水火之中，成为唐德宗最信任的军事将领之一。

浑瑊初上战场是直面突厥犯境，他跟随朔方军攻破石堡城，收复龙驹岛。浑瑊并不惧怕血与火的战场，反而表现得沉着冷静，一路奋勇杀敌，让军中众多将士对他刮目相看。后来，浑瑊跟随朔方军参与各种战斗，凭着机敏勇敢，获得朔方节度使安思顺的赏识。当时突厥阿布思部趁机叛乱，安思顺便命浑瑊为主将，要求他深入敌军，平息叛乱。浑瑊一马当先，带领偏师大破阿布思部，取得了首次大捷。这一战让浑瑊在军营中立下威望，他像一只猎豹蓄势待发，等待更多时机建功立业。

公元755年，安史之乱爆发，整个大唐王朝局势骤变。这一年，浑瑊19岁，尚且年少的他先后跟随李光弼、郭子仪、仆固怀恩等大唐名将南征北战。他跟随李光弼征战河北，在九门之战中一箭命中敌军主将李立节，为唐军抢占先机。后又辅佐郭子仪收复长安、洛阳两地，在新乡与安庆绪血战。在浑瑊的军旅生涯中，郭子仪对他的影响最大。郭子仪军事才能超凡，用兵如神。浑瑊向郭子仪学习了丰富的兵法韬略，得到迅速成长。为平定安史之乱，浑瑊先后参与了大大小小数十场战斗，他在战争前线出生入死，在那些艰苦奋战的日子里熠熠生辉。

安史之乱被平定后，浑瑊逐渐成长为唐德宗信任、依靠的军事将领之一。此时的唐朝内部朋党相争、地方藩镇林立，各种势力明争暗斗。浑瑊忠心耿耿，将家国命运摆在首位。建中三年（公元782年），淮宁节度使李希烈叛乱。为了削弱唐军力量，他使用反间计，伪造与浑瑊秘密通信妄图栽赃陷害。唐德宗非但不相信，还额外赐给浑瑊锦缎以示信任。泾原兵变后，唐德宗惊慌失措地逃往奉天。孤立无援时，浑瑊率领家族部众搏命护驾，将来势汹汹的敌军挡于城外。此时的奉天城像是一座死城，城内的唐德宗惊慌失措，城门每撞击一下，他的心便下沉一分，而城墙上的浑瑊还在沉着指挥，激励将士们要守住这座被敌军围困的奉天城。即使浑瑊身受重伤，他仍然坚持站在奉天城墙的最高处，俯视着整个战局。敌军频频逼近城头，崩溃就在顷刻之间，即便守城的浑瑊使出浑身解数，结局似乎已然注定。生死关头，唐德宗给予浑瑊空前的信赖，赐给他千百张空白委任状，特许他可以根据官兵功劳大小，当场填写官职和赏赐。如果委任状不够，直接写在将士的后背也可以，若战争胜利，朝廷一律兑现承诺任官。临别之时，唐德宗亲抚浑瑊的后背，勉励他奋勇杀敌。两人都认为此去便是永别，相对痛哭流涕。浑瑊返回战场后，立即指挥作战。叛军箭如雨下，浑瑊身中数箭，可他忍痛拔出箭头，浑身是血却仍旧指挥作战。这样大无畏的勇气，激励了将士们拼死抵抗的决心，终于撑到了援军到来。这背后是浑瑊战之不屈的英雄豪气和保家卫国的赤胆忠心。

经过多番历练，浑瑊成长为独当一面的将军。永泰年间，吐蕃十万大军攻唐。当时戍守奉天的浑瑊趁吐蕃不备，率 200 余名骑兵直捣敌军大营。敌军一时间惊慌逃散，溃不成军。浑瑊生擒敌军将领一人，赢得先机。在浑瑊的指挥下，唐军士气高涨，阻止了吐蕃的军事行动。贞元二年（公元 786 年），吐蕃首领尚结赞进攻中原，遭到唐军的奋勇抵抗，战争进入焦灼状态。尚结赞认为要想取得胜利，就必须清除浑瑊。贞元三年（公元 787 年），尚结赞上奏唐德宗希望双方可以签署和平条约，结成新的同盟关系。唐德宗指派浑瑊全权负责结盟事宜,双方约定会盟地点在平凉川。会盟前夕,浑瑊与尚结赞约定双方各派400人,不准携带武器、佩戴盔甲。但这次会盟只是尚结赞的一个阴谋,他在暗地里埋伏几万士兵包围会盟地点,想要擒杀浑瑊。浑瑊十分机警,抢夺一匹马逃回驻地,而副使及属下被吐蕃杀害或俘虏。对于此次事件,浑瑊上书请罪,唐德宗宽恕了他。经过奉天守城之战,君臣双方已经建立了空前的信任。泾原兵变后,各地将领经常向朝廷提出各种要求,唐德宗经常全部同意。只有浑瑊提出的要求,唐德宗不时驳回。当属下官员感到不理解时,浑瑊却欣慰地说:"这说明皇上在心里信任我。"

贞元十五年(公元799年),浑瑊病逝。唐德宗大哭不止,辍朝五日。浑瑊被授予"忠武"谥号。灵柩抵达长安时,唐德宗辍朝哀悼。次年2月下葬时,唐德宗再次进行赏赐,浑瑊备极哀荣。

> 九庙无尘八马回,奉天城垒长春苔。
> 咸阳原上英雄骨,半向君家养马来。

这是唐代诗人李商隐所作《浑河中》,道出了浑瑊的一生功勋,也诉尽了浑瑊的英雄忠骨。作为一位少数民族将领,浑瑊能在这乱世中葆有一颗赤诚之心,为国征战疆场,并为之战斗一生,实属不易,他用不屈的身姿为唐朝筑起了一道钢铁长城,诠释了自己伟岸的一生。浑瑊与唐德宗深厚的君臣感情,超乎寻常的彼此信赖,创造了历史上汉族与少数民族君臣关系的典范。

沉毅有筹略，将帅中第一：李光弼

间关百战佐中兴，
料敌行师妙若神。
可惜雁谗终恨死，
伤心不见白头亲。

宋代诗人徐钧用笔墨写出了唐代契丹族将领李光弼的一生，他的一生有过巅峰，但如此落寞收场实在令人扼腕。李光弼选择了自己的人生，他在国家危亡的生死关头，舍生忘死，奋力拼杀，平定了安史之乱。往后的岁月，李光弼以刚正不阿、清正廉明的姿态成为唐朝一颗璀璨的明星。可人生百味，李光弼却以悲壮的方式走完了他的一生，成为时代的悲歌。

"九天阊阖开宫殿，万国衣冠拜冕旒。"唐朝在经历了唐太宗的"贞观之治"、唐高宗的"永徽之治"、武则天的"贞观遗风"以及唐玄宗的"开元盛世"后，成为了一个国富民强的国家。开放且包容、庄严且雄浑的唐朝引得各族人民纷纷前来，想要一睹盛世风采，其中就有一个契丹人，给危难中的唐朝一针强心剂，此人就是李光弼。李光弼的父亲李楷洛本是契丹族的首领，武则天时期归顺了唐朝，立下了汗马功劳。在父亲的影响下，李光弼从小习武，熟读兵法，学习汉书，年少时就投身军中。经过几年军营生活的历练，李光弼到大唐名将王忠嗣的麾下效力，屡立战功，王忠嗣曾评价他说："他日得我兵者，光弼也。"

一场灾难突然出现，瞬间将唐朝从巅峰带入黑暗的深渊。天宝十四年（公元755年），大唐内部矛盾层出不穷，三镇节度使安禄山打着讨伐奸臣杨国忠的借口在范阳起兵，率领15万大军一路向长安杀来。洛阳沦陷后，唐朝统治危如累卵。危急时刻，李光弼出现了。

李光弼临危受命，却丝毫不畏惧，他的第一个目标就是攻打安禄山的老巢所在地——幽州，收复了被叛军攻占的战略要地常山郡，又配合郭子仪"大破贼党，斩首万计，生擒四千。"但长安沦陷后，李光弼的大军不得不退守。此时，唐肃宗命令李光弼守住太原。因为一旦太原被攻占，唐朝面临的处境会非常不利。不久后，史思明等人率领十万大军进攻太原，但李光弼只有不到一万人的老弱残兵。在敌强我弱的情况下，李光弼坚守不出，他们先在城外凿壕，又用挖出的土加固城垒。当敌军攻城时，就用投石机发射巨石猛击，并暗中挖掘地道攻陷敌人，不断袭击叛军，使他们不敢接近城墙。乘着史思明北返，李光弼出击歼灭敌军七余万，既守住了太原，又稳固了大唐的局势。在此战中表现突出的李光弼却遭到唐肃宗的忌惮，再次出兵时，唐肃宗派不懂军事的宦官鱼朝恩总揽诸军，直接导致了两场战争的失败。朝廷不得不重新重用李光弼，在接下来与叛军的战斗中，他始终出现在战场的第一线。终于在广德元年（公元763年），这场为期8年的安史之乱才宣告结束，李光弼也因此被称为中兴功臣。

在平定安史之乱中功勋显著的李光弼，却遭到宦官鱼朝恩等人

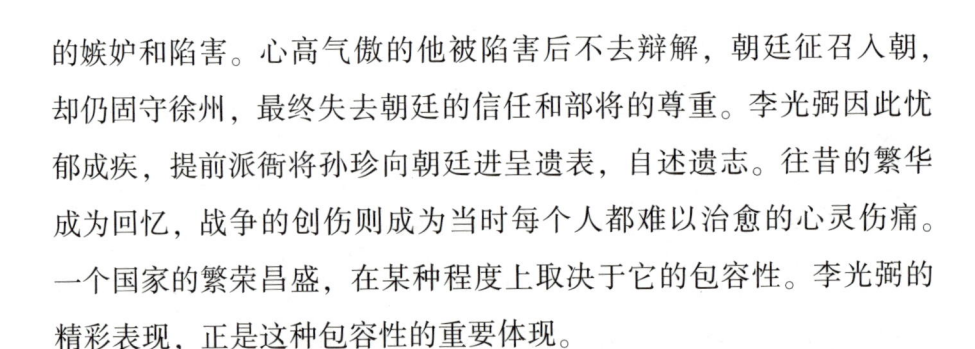

的嫉妒和陷害。心高气傲的他被陷害后不去辩解，朝廷征召入朝，却仍固守徐州，最终失去朝廷的信任和部将的尊重。李光弼因此忧郁成疾，提前派衙将孙珍向朝廷进呈遗表，自述遗志。往昔的繁华成为回忆，战争的创伤则成为当时每个人都难以治愈的心灵伤痛。一个国家的繁荣昌盛，在某种程度上取决于它的包容性。李光弼的精彩表现，正是这种包容性的重要体现。

从一而终，忠诚执着：契苾何力

历史与现实的碰撞，让回忆与追思附着了切实的寄托。史卷上那些泛黄的文字，让契苾何力在若干年后的今天有了血性与风骨。这位追随大唐东征西讨的少数民族将才，用一生诠释着对唐朝的忠诚与情义，任凭后来者在史书上如何描摹，都无法捕捉到当时契苾何力的英姿飒爽与博大胸襟。契苾何力的身上洋溢着为唐朝建功立业、守护边疆的激情与梦想，猎猎东风吹不散他骨子里的英雄气节，也抹不掉他始终忠于大唐王朝的坚定与执着。

岚浮翠涌、奇石参差的九嵕山，埋葬着一代雄才——唐太宗李世民，唐代的文臣武将，无不以能陪葬而为荣。正如唐太宗所说："自古皆贵中华，贱夷狄，朕独爱之如一，故其种落皆依朕如父母。"在众多陪冢中，有一位出生在草原上的西域名将，这位大唐将军在一次回乡探亲中被自己部族的人挟持，要求他反叛唐朝，但他坚决不肯投降，甚至还割下自己的一只耳朵以表心意。当他反叛唐朝的虚假消息传到唐太宗那里时，唐太宗李世民坚决不肯相信，而且宁可将自己的女儿嫁给薛延陀部落的可汗，也要换回这位将军。这位让唐太宗做到如此地步的少数民族将领就是契苾何力。

"敕勒川，阴山下。天似穹庐，笼盖四野。"这首家喻户晓的民谣是契苾何力的民族——铁勒族在南北朝时期传唱的一首民谣。作为一个草原游牧民族，铁勒族之下还分布着包括突厥、薛延陀、契苾在内的诸多部落。契苾何力中的"契苾"就是他所属部落的名称，"何力"是他的名字。契苾何力9岁那年父亲去世，他与母亲率领本部1000余众迁入内地。迁徙前，母亲曾征求小契苾何力的意见，小小年纪的他回答道："实有诚心，若至中华，死而不恨。"唐太宗李世民将他们安置在甘州、凉州一带，给契苾何力和他的母亲、弟弟都封了官。契苾何力的母亲和弟弟留在凉州，而契苾何力则在唐太宗身边效力。不久后，契苾何力便表现出优秀的品质和过人的才能。

贞观九年（公元635年），唐太宗派契苾何力与薛万均兄弟等人率军征讨割据青海的吐谷浑部族。薛万钧兄弟率军冒进，突入敌人阵地，结果被吐谷浑包围，士兵死伤过半，连他们自己也落马受伤。危难之中，契苾何力率军奋力苦战，打退敌军，才救出薛氏兄弟，使此战转败为胜。得知吐谷浑可汗退往突沦川（今塔克拉玛干沙漠）时，契苾何力主张乘胜追击，可惊魂未定的薛氏兄弟却畏葸不前，劝说契苾何力不要去。契苾何力当机立断，带领千余名骑兵袭入突沦川，薛氏兄弟也率军配合作战，吐谷浑军最终被击败，不久后归顺唐朝。然而，当唐太宗派人犒劳并庆功时，薛氏兄弟却想独揽大功，捏造事实诋毁契苾何力，刚直的契苾何力一时激愤，拔刀想要杀了薛万均，在众将的劝解下才算罢休。唐太宗了解这一情况后非常生气，决定剥夺薛万均的官职而授予契苾何力，契苾何力此时表现得非常大度，不愿计较前嫌。他急忙向唐太宗说："因为我而解除薛万均的官职，会使人说陛下是重夷轻汉，这样一来，诬告的事情会越来越多；有人不知道真相，会认为汉族将领都是懦弱且诬陷之人，这对国家发展不利。"契苾何力这番话用心良苦，对于维护国家安定和各民族将领之间的团结颇有见地。契苾何力的格局得到唐太宗的赞许。不久后，他被任命为玄武门宿卫官。唐太宗不但把皇城最重要的门户交给契苾何力看守，还把临洮公主嫁给了他。

久在长安的契苾何力，被唐太宗准许回家省亲。与此同时，他还有另外一个任务，就是安抚部族人心。当时，铁勒族的另一个分支薛延陀部落势力逐渐强大，契苾何力的部族认为自己和薛延陀是同族，于是想归附薛延陀，并胁迫契苾何力的母亲和弟弟一同归附。契苾何力极力劝阻，众人非但不听，反而将他绑到薛延陀部落，于是就出现了文章开头的那一幕。经过一条列博弈得知唐朝要将公主嫁过来的薛延陀可汗这才将契苾何力放回唐朝。返回长安后，契苾何力向李世民谏言，提出"要薛延陀亲自来长安迎亲"的建议。唐太宗采纳了契苾何力的建议。薛延陀可汗因害怕被软禁在长安不敢前来，最终解除了婚约。经过此次事件，唐太宗对契苾何力更加信任。契苾何力也对唐太宗更加忠诚。此后30余年，契苾何力先后率军讨伐吐谷浑，平灭高昌，击败龟兹、薛延陀、西突厥，安抚九姓铁勒，大败高句丽，为维护唐朝统一立下了汗马功劳。

百鸟在林间歌唱，苍鹰在峰顶翱翔，飞瀑流泉，众山环绕，衬托九嵕山的主峰更加孤耸回绕。契苾何力为国家统一和边疆安宁驰骋作战40余载，战功赫赫，他死后被葬在唐太宗的陵墓——昭陵旁边，永远陪伴在李世民左右，这对相互信任的君臣羁绊也时常被后人所传颂。

华夷两樽合，醉笑一欢同：苏轼

"华夷两樽合，醉笑一欢同。"家国情怀是中国古代许多知识分子所具有的，苏轼亦是如此，无论是身处清风朗月的坦途，还是置身凄风冷雨的逆境，苏轼始终不忘自己内心的那份执着。"何当请长缨，一战河湟复。"宋朝被公认为是中国历史发展进程中的一个重要转折点，这个转折在民族关系方面表现得尤为突出。北宋因实施"守内虚外、强干弱枝"的政策，导致在处理民族问题上一直处于混乱状态，使得宋朝在民族关系方面呈现出两个特点：一是民族大融合；二是民族政权并立。但两种情况在客观上都促进了各民族交往交流交融。

"何足争强弱，吾民尽玉颜。""中华民族是一个整体"的观念在苏轼的心中已经萌芽。他认为各民族无论大小、无论强弱，都是中华民族的组成部分，各民族应当互不侵犯、和平相处、共生共荣。苏轼力主"为国不可以生事"。但是，如果遭遇侵害时，苏轼则主张积极战守、与敌抗衡，表达出"亲射虎，看孙郎"的强烈愿望。苏轼的弟弟苏辙奉命出使契丹时，苏轼作了一首诗送给弟弟，诗中写道："胡羊代马得安眠，穷发之南共一天。又见子卿持汉节，遥知遗老泣山前。"各民族虽然在地域上可能有所区别，但毕竟都是"共一天"。苏轼一方面希望弟弟能像苏武那样不辱使命，为大宋带来和平；另一方面，他也希望胡汉两族能够和平稳定地发展。

民族平等的思想也反映在苏轼的实际行动中。苏轼一生因朝廷党争连连遭殃，晚年更被一贬再贬，最终来到海南黎族的居住地——儋州。儋州在当时素有"鬼门关"的称号，因为当时的人们认为当地百姓"性亦犷横，不问亲疏，一语不合，即持刀弓相间。"面对这样"野性不驯"的民族，苏轼不仅能与他们和平相处，而且还结下了深厚情谊。虽然人们传当地人"野犷"，但实际上很淳朴，苏轼一直秉持着"天下一家、民族平等、友善共处"的民族思想，以平和的心态与当地人相处。在艰苦的日子里，当地百姓给了苏轼淳朴无私的帮助。看到岛上黎民的困苦生活，苏轼积极帮助他们摆脱贫困。他主动向当地人传播先进文化，从各个地方寻求药剂散发给他们，教他们开凿井泉、介绍农耕技术。苏轼虚心学习当地的语言和文化，他学唱"黎歌"，将中原文化和黎族文化融合在诗歌里，洒向琼州各地。当地人民争相模仿苏东坡的诗歌。而他亲手培养出来的学生姜唐佐、黎子云、符确等人后来都成为饱学鸿儒，在当地发展教育，授业解惑，大大提高了当地的文化水平。苏轼以诗书礼乐教化人民移风易俗，使得当地书声琅琅、弦歌四起，赢得了黎民的普遍好感与敬仰。离开儋州时，苏轼情不自禁地感叹："空余鲁叟乘桴意，粗识轩辕奏乐声。九死南荒吾不恨，兹游奇绝冠平生。"

虽然苏轼只在儋州短短居住3年，但是他身体力行推广自己的民族理念，为当地的文化教育发展作出难以估量的贡献。苏轼的民族平等思想，符合各民族人民的共同愿望，对于促进民族融合、推动各民族共同发展都有着重要的历史意义。

用汉礼以改蕃俗，求儒经以慕华化：李谅祚

在那个激荡的时代，在大国夹缝中生存的西夏闯出了一片天地，演绎着一个政权的傲然和张力。李谅祚短暂的一生注定不是历史的匆匆过客，而是民族交往交流交融的推动者。李谅祚幼时即位，在懵懂中被动接受了所有安排，在他的世界里，充满了克制和隐忍，可这位少年天子身后终究藏着帝王的不甘。李谅祚果敢而勇毅，终于在14岁时迎来了自己的高光时刻，可惜历史没有给他更多时间，其心中期许的西夏文化大业也随着自己的离开戛然而止。

在中华民族五千多年的历史中，西北地区的党项族建立起来的西夏是一个独特的存在。西夏开国皇帝李元昊在位时改用党项姓，创立西夏文，颁布秃发令，更新官制，仿照宋朝建立各种军政制度，在分别击败来势汹汹的宋、辽两国大军后，一举奠定了宋、辽、西夏三国鼎立的格局。但李元昊死后，继位的李谅祚还只是一个襁褓中的婴儿，国家的朝政大权自然就掌握在其母亲和舅舅没藏氏兄妹手中。12岁时，李谅祚开始参与朝政，由于其母去世，此时大权独揽在他的舅舅没藏讹庞的手中。对于没藏家族的横行霸道、专权擅政，李谅祚早已耿耿于怀，被逼强娶没藏讹庞的女儿后，这种感觉更为强烈。终于，李谅祚在亲信大臣的支持下清洗了没藏家族，结束了外戚专权的局面。李谅祚把政权牢牢掌握在自己手中，开始遵

循自己的意愿治理国家。

在西夏的统治区域内生活着大量汉族百姓，而凉州、甘州、兴州、灵州一带原本就是农耕文明较为发达的地区，这里有着悠久的历史和深厚的汉文化底蕴。这意味着西夏想要巩固和发展政权，就必须正确对待汉文化。李谅祚充分认识到这一点，他锐意改革，大兴汉礼，改穿汉族衣冠，恢复了唐朝曾赐予党项贵族的"李"姓。为向宋朝表达对于中原礼仪文化的仰慕，李谅祚请求从第二年起改用中原礼仪制度迎接宋朝使者，得到了宋朝的赞同。

李谅祚还从宋朝引进工匠、伶人（乐人、乐官），以便进一步学习中原礼仪，并向宋朝求赐经史书籍，特别是儒家经典，这在西夏历史上还是第一次，足以表明李谅祚对汉文化的崇尚与向往。此外，李谅祚还在李元昊所设官制的基础上，仿照宋朝官制进行了一些补充，完善了西夏的官制。对于有才华的汉人，李谅祚委以重任，比如景询、苏立，这二人都曾是宋朝的儒士。李谅祚还请求宋朝恢复榷场贸易，但遗憾的是，宋朝没有答应。尽管如此，李谅祚在短短几年内，全面推行中原的礼乐制度、服饰习俗、官制设置和思想观念等，与周边的宋、辽、吐蕃在大多数时间里都保持着友好关系，对西夏的社会发展和各民族之间的和睦相处起到了重要的促进作用。

《西夏书事》记载，李谅祚"遵大汉礼仪以更蕃俗，求中朝典册用仰华风，皆元昊数十年草创经营所未能及者。"公元1068年，李谅祚病逝，时年21岁。虽然李谅祚在位仅仅几年，但他对于中原汉文化的推崇不仅促进了西夏的发展，也体现出各民族交往交流交融这一历史潮流巨大的影响力。

以儒治国，中兴之主：李仁孝

千年前的西夏在历史的风尘里如烟飘逝，在这里，有塞上江南的绿荫、贺兰山脉的雄峻以及大漠千里的孤烟，这里见证了一个王朝的起落与兴衰。横亘在南宋和金朝之间顽强生存的西夏，存在了200多年的历史，而中兴者李仁孝是西夏王朝最强的传承人。16岁的他初登政治舞台，以一种雄浑豪纵、不屈不挠的帝王气势成就了一个强盛的西夏王朝，为后世留下了一个不屈的身影。

"北方之有中夏者，必行汉法，乃可长久。"谁能想到这样的治国之策居然出自偏安一隅的西夏。党项羌从四川松潘高原起家，平定了黄巢农民起义，后来臣服于唐、宋。公元1038年，李元昊正式称帝建立西夏，形成了与宋、辽三足鼎立的局面。但是，西夏的发展之路并不顺利，开国皇帝李元昊被太子李宁令哥刺杀，夏毅宗李谅祚年少早逝，夏惠宗李秉常受外戚压制郁郁寡欢，直到夏崇宗李乾顺执政才慢慢开始转变，西夏终于有了中兴的气象。公元1139年，夏仁宗李仁孝即位，他积极推崇儒家文化，设立学校推广教育，实行科举选拔人才。在实施了长达半个世纪的仁政后，无论是国力还是版图，西夏都达到了历史上的巅峰。在跌宕起伏的西夏历史里，李仁孝无疑扮演着重要的角色。

李仁孝在朝气蓬勃的年纪登上皇位，但他面对的形势远比想象中的严峻。为了获得一个安稳的环境，李仁孝注重维持与金、宋的友好关系。李仁孝承认金朝的宗主国地位，每年都会派许多使者前去朝贡。此外，他还派遣使者向宋朝贡奉珠玉、金带、绫罗、纱布、马匹等物品，恢复了同宋朝中断了近 20 年的聘使往来。在获得较为和平的发展环境后，李仁孝对内推进汉文化，积极进行社会变革。

从青铜器到造纸术、地动仪，从百家争鸣到独尊儒术，从六经到汉赋，从开疆拓土到丝绸之路……汉文化的历史悠久、博大精深、开放包容深深吸引着李仁孝。李仁孝继位的第二年就立聪慧知书、爱行汉礼的罔氏为皇后。他尊孔子为"文宣帝"，下令西夏各州县建立孔庙和学校，并在高层设立太学等培养儒家人才。各州、县学校进学的子弟增至 3000 人，比夏崇宗时期的人数增加了十倍。在皇宫内设立的学校，7 岁至 15 岁的宗室子弟都可以入学，李仁孝和罔氏也经常前往教导。同时，他还参照中原乐书，结合西夏现行制度，重新修订国家乐律；设立科举制度选拔人才；编制西夏文、汉文对照词典；等等。李仁孝在学习汉文化方面的政策不断推进并取得了较好的成果。

在提倡以儒治国的同时，李仁孝还十分注重法律制度的建设。李仁孝刚继位时，西夏没有一部完善的法律文献。当百姓违法犯罪时，要怎么处理？大臣们触犯法律又要怎么判罚？皇亲贵胄违法乱纪又要怎么追究？国无法不立，夏仁宗励精图治，专门组织人员编纂了一套完备的法典——《天盛年改定新律令》。这是一部参照唐、宋律令，结合西夏实情，包括民法、行政法、刑法、诉讼法、经济法、军事法，甚至还包括婚姻法这种较为超前的综合性法典。虽然与《永乐大典》《四库全书》相比，《天盛年改定新律令》的名气不大，但在历史上具有极其重要的历史和法律价值。

在夏仁宗李仁孝统治时期的西夏，百姓安居乐业，国家富足安定，成为最强盛的一段时期。他以儒治国政策的实施和灵活的外交政策，更是促进了各民族之间的交往交流交融和中华文化的融会贯通。李仁孝是当之无愧的西夏中兴之主。

翠条更结同心，宛然汉家天子：完颜璟

一段完整清晰的历史图景往往交织着真相与批判，在金朝历经70多年后，金章宗完颜璟迎来了自己人生的高光时刻。在金章宗的过往岁月里，似乎少了些皇室争位的腥风血雨，他从小便被当作接班人精心培养，即位成了顺理成章的事。这位皇室的宠儿，见证了金朝巅峰后的盛赞与衰落时的窘迫。他在文化上的建树，千百年来影响深远。

崛起于白山黑水之间的金朝是由女真族建立起来的多民族政权，包含汉族、渤海族、契丹族、奚族等诸多民族。严苛的自然环境造就了渔猎民族生猛的习性，他们称霸北方，与宋朝分庭抗礼。女真人南下中原、加速汉化，让金朝国力达到巅峰，而这都归功于金朝的第六代统治者——金章宗完颜璟。

完颜璟的祖父金世宗完颜雍就是一个十分喜爱汉文化的皇帝，而完颜璟的父亲完颜允恭对汉文化更是极力推崇。完颜允恭喜欢画画，特别善于画人物和骏马，他以北宋著名画家李公麟为样板，习得一手好画。因为左右侍从都是汉人，完颜允恭的女真语说得不好，遭到金人的非议，希望他将身边侍从换成女真人，但完颜允恭断然拒绝。

受家庭的影响，金章宗从小便对汉文化产生浓厚的兴趣，并逐

渐成长为历代金朝皇帝中汉文化水平最高的一位。民间传言，金章宗出生当晚，其祖父金世宗梦见了北宋末代皇帝宋徽宗，便称金章宗是宋徽宗转世。南宋周密的《癸辛杂识》记载，金章宗的母亲是宋徽宗的女儿。而《金史》记载，金章宗的母亲不是北宋的公主，而是徒单氏（女真族姓氏），这位女真族女子喜欢《诗》《书》，还喜欢老、庄之学，日常行为以《礼记》作为规范。坊间传言自不可信，但也不完全是空穴来风。金章宗本人酷似宋徽宗，他的书法临摹宋徽宗的瘦金体模仿得惟妙惟肖。直到今天，功底深厚的专家都很难辨别他们的墨宝。今天大英博物馆所藏《女史箴图》的唐摹本，其中用瘦金书书写的《女史箴文》，曾经被认为是宋徽宗所作，实际出自金章宗完颜璟的笔墨。

金章宗的汉文诗词也文笔极佳。其《宫中绝句》"五云金碧拱朝霞，楼阁峥嵘帝子家。三十六宫帘尽卷，东风无处不扬花。"构思精巧且情真意切。《归潜志》作者刘祁称赞为"真帝王诗"。完颜璟以北魏孝文帝为榜样，大力推进金朝汉化改革的步伐。他"正礼乐、修刑法、定官制"以正"中国"君主之名。在政治上，完颜璟以法律形式确认废除奴隶制度；限制女真贵族特权，改变女真圈占猎地习武的习惯，将行宫禁地和围猎场所作为民众耕种的土地；准许屯田军户与驻地居民通婚，加速与汉族的融合；吸纳各民族人才，巩固了以女真族为主的多民族政权和谐稳定。在经济上，由于金朝的铜较少，铜钱无法取代纸币作为主要流通货币，所以纸币作为永久流通货币被大量发行，加上货币屡屡更改，人民对此颇有不满，金代币制开始陷入极度混乱之中，严重阻碍经济发展。于是金章宗决定铸造银锭，从一两至十两共分五等，将银锭作为金朝的法定货币，却对后世产生深远影响。在文化上，金章宗尊崇孔子，完善科举制度，健全礼制，修备法典。随着汉化改革的推进，女真人的生产方式、语言、衣装以及风俗等各方面都不断地向着汉人的生产生活方式转变。

"金殿珠帘闲永昼，一握清风，暂喜怀中透。忽听传宣颁急奏，轻轻褪入香罗袖。"这首《蝶恋花·聚骨扇》是完颜璟对自己怡然生活的生动描述。完颜璟对汉文化的推崇使金朝形成了政治上人才济济、经济上蓬勃发展、文化上兼容并蓄的局面。虽然金朝在第八位皇帝金宣宗完颜珣在位时期国力由盛转衰，但金朝通过推行一系列汉化政策使得各民族之间的交流日益频繁，界限逐渐弱化，汉族和少数民族的关系逐渐缓和，各民族交往交流交融的进程不断加快。而这些都离不开以完颜璟为代表的金朝统治者的努力。

故国常怀思，矢志为一统：元好问

几百年的时光流转，藏着每个历史遗留下来的温热，冲刷着岁月的河床。在历史尘烟里慢慢消逝的那些故事，终究会以另一种方式让我们看见世间存在的无奈和苦楚。元好问几经沉浮，却仍能在家国消亡面前，有着常人无法匹及的豁达和"中州一体"的大情怀。

元好问是北魏皇族之后，在他幼年时，父母就寻遍名师教他读书。元好问在醇厚的儒家文化教导中成长，8岁能作诗，16岁参加科举考试，被冠以"神童"之称，小小年纪就在诗词创作上颇有造诣。这个生活优渥、不知愁思的少年，在路上偶然听闻两只大雁的爱情故事就足以让他悲伤，写下了千古名篇《摸鱼儿·雁丘词》："问世间，情是何物，直教生死相许？天南地北双飞客，老翅几回寒暑。欢乐趣，离别苦，就中更有痴儿女。君应有语：渺万里层云，千山暮雪，只影向谁去？"有如此大才的元好问，在科举之路上却异常艰辛，32岁才高中进士，本想大展宏图，建功立业，可此时的金朝已是岌岌可危。天兴元年（公元617年），蒙古大军南下攻入汴京。元好问被俘，一夜之间失去了所有依靠，他只能将心中的愤懑寄予在诗词中，残酷的现实让他发出了"兴亡谁识天公意，留著青城阅古今"的感叹。国仇家恨面前，元好问已不是那个为大雁的爱情故事感伤的闲情少年，而是成为了一个忧国忧民、心系家国的爱国诗人。

在他成为阶下囚的第三年，金朝还是灭亡了。从此，元好问成为这一方天地间无所依托的浮萍。他明白金朝大势已去，这是自己必须接受的事实，可他不忍看着中原54名秀士的才华就此被埋没。于是，元好问冒死上书当时的蒙古丞相耶律楚材，请求他一定要保护和重用他们，不可因朝代的更迭而失去这些难得的人才。同样惜才的耶律楚材答应了他。此时元好问仍是囚犯，却能够脱离家国破碎之悲和个人境遇之苦，摒弃民族偏见，为天下爱惜人才，这种做法实属难得。

故国犹存已是恍如隔世。元好问忠于金朝，可他却能写下"哀其不幸，怒其不争"的诗句来抨击当时金朝政权的弊端。可见，他的忠并不是"愚忠"，特别是看到社会逐步恢复安定和谐、百姓安居乐业的景象，元好问内心的愁思也逐渐消退，可他仍然坚决拒绝了耶律楚材要求他再入仕途的请求，那是元好问对故国保留最后的忠诚。

可他终究释怀了，于是款款写下了"四海于今正一家，生民何处不桑麻"，将四海为一家的大情怀向世人娓娓道来。毋庸置疑，元好问是爱国的，可他绝不是狭隘的民族主义者，他把自己的爱国情感升华在"大一统"的高度上。在民族大义前，他敢于直抒胸臆。晚年的元好问大胆觐见忽必烈，向他谏言要尊崇儒学、重用儒士。即使他作为前朝遗民，仍然推动元朝统治者积极学习汉文化的态度，足以看出他的一腔赤诚。当元好问看到元朝上下重武轻文的现象，他勇敢发声，请求元朝统治者推行汉法，为新生政权注入新的营养，促进汉族与少数民族交流融合发展。

元好问的民族观与其生活环境息息相关。他生活的金朝原本就是一个多民族交融的国家。在金朝境内，除了女真族，还有汉族、契丹族、奚族等诸多民族。各民族人民长期生活在一起，他们彼此认同、彼此接纳，同为兄弟同胞。在此氛围下成长的元好问自然没有民族偏见，而是秉持各民族亲如一家的民族观念。作为当时盛极一时的文学大家，元好问少不了诗酒唱酬。在与众多各民族名士的往来中，他积极与他们进行友好交流并吸纳其他民族优秀的文化。值得一提的是元好问与耶律楚材的交往。他们分别是鲜卑人和契丹人的后裔，二人抛开民族、政治上的隔阂，真诚交流，平等相处。元好问甚至为耶律楚材的父母作祭文、碑文。这种跨民族的友好交往代表着元好问本人对平等和睦的民族关系的向往和追求。

　　花落水空流，古今几度愁。元好问一生起起落落，却也活得豁达，国仇家恨面前，他有着世人皆醉我独醒的豁达，他敢于打破传统民族思想的桎梏，承认元朝的正统性，形成了"中州一体"的新型民族观念，将平等团结的民族关系视为至高追求。元好问以一腔赤诚，谱写了一曲多民族融合发展的时代颂歌，直至今日仍值得我们去探索发掘。

秉持一统志，华夷一家亲：耶律楚材

在元朝的历史上有一位契丹人，他以博大的胸襟和民族情怀熔铸了民族共存的精神标识，为元朝的建立和各民族融合发展创造了重要条件。此人便是耶律楚材。耶律楚材出身契丹贵族，是辽太祖耶律阿保机的九世孙、金朝尚书右丞耶律履之子。耶律履以学问高深、品行端正被金世宗完颜雍拜为尚书右丞，身居相位，地位显赫。耶律楚材出生时，耶律履已年近花甲。老来得子，耶律履自然喜不自胜，特意从《春秋左氏传》中的"虽楚有材，晋实用之"的典故中取字，为儿子起名"楚材"，字晋卿。

自耶律楚材的祖父起，其家族世代仕于金朝，常居燕京。当时的燕京汉文化基础深厚，这使得耶律氏世代受到汉文化极深的熏陶。耶律楚材也秉承家族传统，自幼学习汉籍，精通汉文。耶律楚材长到3岁时，父亲耶律履去世，母亲杨夫人便带着他离开燕京，定居老家义州。在母亲杨夫人的悉心教导下，短短数年，耶律楚材在学问上大有长进，不但对四书五经、诗词歌赋尽然熟知，而且对天文地理、律历术数、医学占卜、释老学说都有较为深入的学习。这段刻苦学习的日子使耶律楚材博学通览，为其日后立下傲人功绩打下了坚实基础。

耶律楚材学有所成后，便选择步入仕途。按照金朝制度，宰相之子可以免试直接出任省掾（中枢各省佐治官员），但好强的耶律楚材并没有接受这份余荫。他选择参加考试，因表现出色，名正言顺地被任命为省掾。不久后，又因业绩突出被提拔为开州同知（通判）。然而，此时的金国局势已危若累卵。面对蒙古人的步步紧逼，金宣宗迫于无奈将都城迁往汴京。耶律楚材和丞相完颜承晖一起留守中都燕京，但最终未能守住。燕京城破，耶律楚材无路可走，遂拜在报恩寺万松老人门下研习佛法，自名湛然居士，耶律楚材的文集《湛然居士集》也由此而来。

成吉思汗得知耶律楚材才华横溢、满腹经纶，便将他召来。看到耶律楚材身长八尺，美髯宏声，成吉思汗甚是喜爱，一心想将他留在自己身边，并为他取蒙古名"吾图撒合里"，意为长胡子，任命其为辅臣。至此，耶律楚材伴于成吉思汗左右。

在征服各国时，蒙古铁骑所向披靡，给当地人民生产生活和文化带来了巨大的破坏。对此，耶律楚材内心十分痛苦，决心劝说成吉思汗改变统治方式。作为在草原生活的游牧民族，蒙古人过惯了幕天席地、逐水草而居的游牧生活。他们认为广阔的大草原给蒙古人带来了活力，而且大草原非常便于蒙古骑兵作战，所以想把征服的土地都变成牧场，用于放羊放牛，准备行军粮食。而对生活在此处的汉人曾有"亦无所用，不若尽去之"的想法。幸得耶律楚材以其智慧与能力，反对改汉地为牧场，主张在汉地收集物资、钱粮以充军用，建立赋税制度，在燕京等处设置十路征收课税所，谏止州郡官吏擅自征发杀戮。在耶律楚材试行收税后不久，便收集到五十万两白银、八万匹布帛、四十万石粟米。成吉思汗大喜，大力称赞耶律楚材，并拜他为中书令。此外，耶律楚材每至一处，便收集文物典籍，为保护中华文明乃至世界文明作出了巨大贡献。

蒙古大军攻克金朝都城汴梁时，有人建议屠城，耶律楚材据理力争，才使得全城百姓幸免于难。在蒙古灭金、吐蕃、大理和征伐南宋时，许多名士如元好问、赵复、窦默、王磐等人都被耶律楚材保护并重用，这对于北方学风的存续兴盛具有重大影响。在耶律楚材看来，"华夷一统、太平盛世"才是最终理想，而他也通过自身的学识和才干，一步步践行着自己的政治理想。

此后，耶律楚材以儒家思想为本，提出和制定了各种施政方略。他积极恢复文治，逐步实施"以儒治国"的方案；在农业方面实行完善的赋税制度；改革政治体制，主张用孔孟之道作为治国治民的理念，还任用儒士担任各级官吏；反对涂炭生命，以保护百姓为天命；禁止掠民为驱，实行编户制度，以民定户；反对扑买课税，行课税之法，禁止以权谋私；整顿吏治，废除苛政；整理传统经典，劝导元朝统治者逐步接受汉文化思想。在他的努力下，新兴的蒙古贵族转变思想，开始采用以儒学为中心的传统思想和制度治理中原。战争不断的乱世转为安定和平的治世，中原农业文明得以保存和继续发展，民族友好交往和民族文化交融也在这一时期不断推进。

耶律楚材是一位传奇人物，他作为辽代皇族后裔，曾仕于金，又受到成吉思汗的信任与重用。在位期间，耶律楚材践行以儒治国之道，忧国恤民，抑恶扬善，以仁民爱物之心投入到为国为民的事业中。他有着"华夷一统，共享太平"的鸿鹄之志，能够摒弃狭隘的民族之见，以天下为重，尽心尽力投入到为国为民的事业中。耶律楚材始终坚守正道，深知面对时代变革，顺应历史潮流才是正确的道路。他推行以儒家思想为基础的文化和法令制度，建议元朝重视农业，使元朝在适应中原文明的道路上前进了一大步，为元朝的发展作出了重要贡献。

一生盛德乾坤重，万古英名日月高：真金

迂回曲折的古老足迹，向人们诉说着那些残留在历史中的辉煌与迭代。曾经那个致力于建立汉制的推崇者和躬行者，在用另一种方式诉说着他的故事。真金怀揣着包容广博的远大理想，在一片斑驳中开辟出自己要走的道路。然而，真金没有等到能够施展才华的广阔舞台，随着他逝去的还有元朝发展的另一种可能。

真金是元世祖忽必烈的嫡长子，当时忽必烈请海云禅师为这个儿子起名。海云禅师认为"世间最尊贵，无越于真金"，所以就给他取名为真金。自此，忽必烈将这个孩子视为掌上明珠，悉心培养。忽必烈搜罗了一大批汉学儒士，作为真金的伴读和老师。汉学儒士常以三纲五常、先哲格言，为学之道以及历代治乱熏陶真金的德行。在老师们苦心孤诣的教育下，真金变得克制有节、儒雅深沉、为人旷达、处世明断，具备了儒臣心目中英明君主的风范。

深受汉学熏陶的真金，政治前途也与汉人紧密地联系在一起。在他的身上，首次体现了元朝汗位继承问题上的重大变革。蒙古传统的汗位继承制是忽里台大会推举，自忽必烈建立元朝后，就有姚枢、张雄飞等汉臣纷纷建议其采用中原传统的嫡长子继承制。忽必烈最终采纳了这项建议，立嫡长子真金为皇太子。这是忽必烈对于蒙古汗位继承制的重大变革，标志着他在推行汉法的道路上前进了

一步。

忽必烈虽然推行了汉法，但又有很大的局限性。当他在推行汉法道路上止步时，真金渐渐成了汉法派的实际领袖。对于中原的仁政思想真金深有体会，他主张轻徭薄赋、与民休息，对主张理财搜刮的阿合马深恶痛绝。当时，江西行省献上一年的赋税时，真金愤怒地说："朝廷令你们安治百姓，百姓安，钱粮何患不足？百姓不安，钱粮虽多，安能自奉乎？"因而全部退还。参与朝政后的真金积极举荐支持汉法的和礼霍孙出任右丞相，又大量起用汉臣为后盾，如何玮、徐琰等。真金谆谆告诫他们说："你们学的孔子之道，现在能够派上用场了。应当竭尽你们平生所学，大力推行。"真金还不断推动汉化政策，他要求蒙古族子弟学习汉文，不赞成只学习蒙古文。但实际上，真金没有左右朝政的权力，大权始终掌握在忽必烈手中。即便如此，如此能文能武的太子只要不出意外必然会继承父亲的基业，可是一封由御史写的奏疏却改变了一切。奏疏请年事已高的忽必烈能禅位于皇太子，并请南必皇后不要再干涉朝政。真金知道后，立刻让人把这份奏折偷偷换下来，而这一举动被居心叵测之人利用，将太子扣留奏疏的事情向忽必烈告密。忽必烈不愿在朝廷引起动荡，在真金一番自我请罪后，忽必烈淡化了这场风波。但这次风波让真金承受了空前沉重的心理压力，不久抑郁成疾，43岁就逝世了。

真金作为元朝皇室中受汉文化思想影响较深的一员，为人谦逊、恭俭、真诚、果敢，绝对是仁君标杆，只可惜壮志未酬，英年早逝，直到今天仍然让人感到惋惜。

志存高远，以儒治国：元英宗

元朝至治三年（公元 1323 年）的一个夜晚，幽暗的行帐里，一位年轻的少年时而斜靠在床上挑灯夜读，时而假寐着迷茫的双眼思绪万千。这位年仅 21 岁的少年天子正是元英宗孛儿只斤·硕德八剌。元英宗执掌这个庞大帝国已经 3 年了，他韬光养晦，励精图治，不久前他刚铲除了以铁木迭儿为首的一众奸臣。万事俱备，元英宗正准备大展拳脚，锐意改革，誓将元朝带向盛世。突然，帐外传来一阵嘈杂声，左丞相拜住的怒喝声隐隐传来。元英宗披衣下床，打算出账查看情况，但还没等他出去，两眼通红、一身污血的禁军统领铁失提着钢刀便闯了进来，对着元英宗当胸一刀，躺在血泊中的少年带着痛苦、愤怒、不甘、遗憾，缓缓落下了挣扎的双手。帐外，元英宗的肱股之臣、年仅 28 岁的左丞相拜住也倒在血泊之中。两个胸怀大志、志存高远的少年君臣，就这样惨死在乱刀之下，这就是史上著名的"南坡之变"。掀开历史的画卷，两位少年意气风发、挥斥方遒的身影逐渐出现在我们面前。

大德七年（公元 1303 年），一个婴儿呱呱坠地，他就是孛儿只斤·硕德八剌，也就是日后的元英宗。硕德八剌从小接受儒家文化教育，是元朝第一个熟练掌握汉语，深谙儒家文化的皇帝。硕德八剌的父亲元仁宗曾经和他的长兄元武宗约定"兄终弟及，叔侄相传"。因此，硕德八剌作为元仁宗的嫡子本来不应该继承大统。但元仁宗违背了当初的誓言，将自己的长子硕德八剌立为皇太子。成为皇太子的硕德八剌十分惶恐，对中书省的大臣们说："父皇把天下的事务交给我，我日夜战战兢兢，唯恐哪里做得不好。你们一定不要有所顾忌，要恪尽职守，不要有任何懈怠的地方，以免达不到为君父解忧的效果。"元仁宗去世后，17岁的硕德八剌在太皇太后弘吉剌·答己和右丞相铁木迭儿等人的扶持下，于大都大明殿登基称帝。此时，国家大权实际上掌握在答己和铁木迭儿的手中。铁木迭儿骄横跋扈，垄断朝政的局面，元英宗在他面前也十分无奈。此时，他结识了年仅22岁的拜住，二人志同道合，很快就成了亲密无间的伙伴。自此，元英宗也开始有了自己的团队。但是他并未急于从铁木迭儿的手中夺权，而是韬光养晦，静候时机。

终于，铁木迭儿和答己相继去世，摆脱束缚的元英宗开始大刀阔斧地锐意改革。元英宗亲政后的第一件事情就是任命拜住为右丞相，又提拔了一大批汉人儒臣，其中有不少是在铁木迭儿掌权时期被罢免职务的人。在拜住和儒臣们的辅佐下，元英宗井然有序地开始变革。他推行"以儒治国"的策略，将大量汉族官员和士人召入朝廷，加固元朝的统治基础。元英宗重视民生，致力于减轻百姓负担。他推行"津助赋役法"，减轻了民众的沉重徭役，让广大农民从中受益。元英宗还重建了法制，制定颁行了88卷的《大元通制》，填补了元朝众多法律的空白。作为具有法典性质和权威的官方政书，《大元通制》对于统一元朝的政制和法程起到积极的作用，成为了元朝最重要的法典。

"英"代表着出类拔萃、聪明智慧，元英宗无愧于这个名号。他实施的各项改革，在历史上被称为"至治新政"，这次新政对元朝的复兴起到重要的推动作用，社会经济生活逐渐呈现新的面貌。然而，元英宗的改革影响了守旧权贵的利益，激起他们的强烈不满。终于，这一切都在"南坡之变"的那个血腥之夜戛然而止。年轻的元英宗成为元朝改革的牺牲者，但他的精神仍然在推动这项宏大的事业继续前行。

民族交往交流交融历史人物掠影

为国家发展变革，为民族交融尽心：拜住

在拜住的从政岁月里，他始终紧随着元英宗一荣俱荣、一损俱损。这个壮志满怀的年轻人忠诚不渝地与元英宗共同成长，他看到了这个朝代的风云变幻，将一生的忠诚献给了元朝，在岁月流光里践行自己的价值。

木华黎是成吉思汗手下著名的"四杰"之一，他身高体壮、武艺超群，是游牧民族中的精英。蒙古高原曾流传着这样一句话："没有木华黎驯不服的马，没有木华黎射不下的鹰。"彪悍勇猛的木华黎可能永远想不到，自己的六世孙拜住竟然成为文质彬彬的儒臣，更想不到拜住为了推行文治新政，成为元朝最早为改革而赴死的牺牲者。

拜住的祖父安童，在蒙古贵臣中最亲近儒生。拜住5岁时丧父，由祖母抚养长大。因为是蒙古贵戚之后，按照元朝恩荫的传统，拜住的仕途十分顺利。延祐五年（公元1318年）就升任金紫光禄大夫。每次与其他官员商讨军国大事时，拜住必然会问："合典故吗？"同僚中有不同意见的人曾问："国家大事只能合乎典故吗？"拜住微笑着说："您可以说说，国家哪件事情不是遵循典故呢？"质疑的人便不能回答。闲暇时间，拜住必然邀请儒士讨论从古至今中原的礼乐行政、治乱得失。他经常说："作为一个朝廷官员，认真学习传统

文化的本意是要致力于国家的稳定发展，这是儒学的特长，也是宰相的基本素质。"

元英宗做太子时，周围近臣都说拜住贤能。元英宗便派遣使臣召见他。拜住对使臣说："这种行为会引起嫌疑，作为君子要谨慎。我是负责皇帝守卫工作的，如果与太子私下往来，我必然获罪，太子也会受到影响。"

元英宗继位后，升任拜住为中书左丞相。拜住上任后不徇私情，执法森严。过去，皇帝身边的近臣经常通过各种关系安排升迁，因为人数太多，产生大量冗员，政府工作效率也大大降低。拜住上任后，只按照实际工作好坏进行官员的考核任用，不容忍奸诈之徒尸位素餐，规定凡有贪暴不法者必将严惩。甚至元英宗都警告身边近臣说："你们谨慎点，如果违反了国法，即使我想徇私宽容，拜住也不会饶恕你们的。"

拜住自比唐朝名臣魏征，对皇帝多有规劝。至治元年（公元1321年）正月，元英宗想装饰宫殿，在元宵节张灯结彩大排筵席。当时还是元仁宗的丧期，参议张养浩上疏说此举不符合传统文化中守孝的规范。拜住十分赞同，带着这封奏疏入奏。元英宗纳谏如流，停止了相关活动，同时赏赐张养浩绸锦，以表彰其直言敢谏。不久后，元英宗临幸上都，感觉行宫粗糙简陋，想要重新修建。拜住进谏说："这是个苦寒之地，到夏天才能开始播种，陛下刚刚继位，没有给百姓带来实际好处，却要大兴土木，耽误农时，恐怕会让百姓失望。"元英宗采纳了他的建议。拜住曾对元英宗说："陛下委任臣重要的职位，臣有三个畏惧，畏惧辱没了祖宗；畏惧天下的事情多，我的见识不能涵盖解决；畏惧自己年纪轻，能力不足以承担应负的责任，不能报答圣上的恩情。"

至元十四年（公元1277年），朝廷在大都兴建太庙，此后40年却没有皇帝进行相关祭祀活动。拜住上奏说："古人说，礼乐在建国百年后会兴起，现在祭祀太庙正当其时。"元英宗欣然同意，下旨相关机构策划筹办，要求设计皇帝祭祀的各种礼节完全尊重中国传统典故，不能擅自增加或者减少。至治二年（公元1322年）正月，元英宗备好法驾，设黄麾大仗，身穿通天冠、绛纱袍，自崇天门出，拜住兼任太尉跟随。元英宗见到羽卫文物之美，回头对拜住说："朕用爱卿言举行大礼，也是和你一起欢喜啊。"拜住回答道："陛下以帝王之道化成天下，不是臣自己的幸运，是四海苍生共同的幸运。"元英宗事先认真进行了练习，按照次序尊行致斋，行酌献礼，举手投足准确无误。这场儒家色彩浓郁的完美祭祀，让太庙内外的官员肃然起敬。第二天回宫时，鼓乐齐鸣，众多百姓围观，已经被废弃长达百年的中原传统庆典再次出现，让围观的众多百姓感动落泪。

拜住率领百官在大明殿恭贺这次仪式的成功，又上奏修建太庙前殿，议行祫禘配享等礼。元英宗对拜住说："朕想天下太大了，不是朕一个人所能考虑周全的。你是朕的股肱之臣，不要忘了规谏朕，以辅助朕思虑不周的地方。"拜住叩头感谢说："古代尧、舜为国君时，每件事询问众人，有好的建议便放弃自己的意见，尊重大家的意见，为后世所敬仰。桀、纣为国君时，拒绝别人的建议，以为自己都是正确的，喜欢别人都听从自己的，喜欢亲近奸佞小人，结果身死国灭，直到今天人民都称作无道昏君。臣因为陛下的洪恩，怎敢不竭尽忠诚进行报答。然而说得容易，做则很难。只希望陛下能够身体力行，如果臣等不说话，就是我们的罪过。"元英宗高兴地采纳了他的建议。

拜住认为学校是修明政治、教化百姓的根源所在，表面见效慢，实际亟需推进。然而负责相关工作的一众官员并不尽心，导致学校废弛。拜住下令严惩从中央到地方不尽职教育的官员。有人说佛教可以治理国家，元英宗询问拜住，拜住回答说："佛教清净寂灭，管理自己还可以，如果用来治理天下，舍去了仁义道德，则纲常紊乱。"元英宗经常对拜住说："今天有像唐朝魏征那样干预进谏的大臣吗？"拜住说："盘圆则盘里的水是圆的，盂方则盂里的水便是方的。只有存在唐太宗那样能够采纳进谏的国君，才能有像魏征这样直言敢谏的臣子。"元英宗深以为然。不久，拜住升任右丞相，监修国史。元英宗想按照三公的爵位授予他，拜住坚决推辞，于是不设立左丞相，拜住独自担任丞相。此后，拜住首先推荐张珪为平章政事，选用已经退休的贤达老臣，给予优厚的待遇，以备顾问。每天以选用有贤能之人，屏退不肖之徒为重要事务。大量儒臣也因此得以加入朝廷，多民族一体共治的王朝初见端倪。

元英宗临幸五台山，拜住上奏说："自古帝王得到天下是因为得到民心，失去民心则失去天下。钱财、谷物都是民脂民膏，政府榨取太多则人民穷困国家危亡，轻徭薄赋则人民富足国家安全。"元英宗说："爱卿的话太好了，朕认为，人民是重要的，国君是轻微的，国家没有人民的支持，怎么能成为国君呢？当下管理人民的事情，爱卿应该深思熟虑、谨言慎行。"

元英宗的近臣铁木迭儿平日作恶多端，拜住将他的罪过都上奏元英宗。元英宗撤掉了他的官职，惩戒了他的奴仆。铁木迭儿一众奸党十分恐惧。元英宗在上都总做噩梦，下令作佛事。拜住以国家财政困难进谏阻止。有人引诱众僧说道:"国家将有坏事发生,不做佛事不能够免除灾祸。"拜住呵斥道:"你们这群人不过是想获得金钱和锦帛罢了,能免除什么灾难?"奸党听拜住这么说更加害怕,于是萌生了阴谋。铁木迭儿派人去联络镇守北疆的晋王也孙帖木儿,准备逆谋元英宗,事后推举晋王为帝。晋王囚禁了铁木迭儿的使者,派人奔赴上都禀报他们的计划,还没有赶到,元英宗车驾南还,到达南坡。入夜,铁木迭儿与也孙帖木儿率领卫兵杀死拜住,又弑元英宗于行幄。晋王即位后,下诏司备仪卫,百官耆宿为前导,运送拜住的画像至海云寺,大作佛事,上万围观者无不叹息流泪。

元仁宗末年,自然灾害频发,民不聊生。拜住在元英宗的支持下,励精图治、整顿朝纲,裁撤不必要的财政支出,杜绝奸佞之官,发展经济,休养生息。当时,社会稳定发展,国富民足,声名远播。拜住刚毅清正,努力推动元朝积极向中原王朝转变,然而改革却触动了守旧派的利益,最终造成自身的悲剧结局。元英宗和拜住死后,他们竭力推动的新政也被迫夭折,各民族之间的融合发展遭遇了新的曲折。拜住的后人以拜为姓,起初聚居在河北涿州。明朝初年,拜笃麟降明,奉命由涿州迁居陕西大荔沙苑。拜家世代与汉族通婚,这些拜姓人士于 20 世纪 50 年代被划归为汉族。各民族之间的交往交流交融,在拜住的后代子孙身上得以实现。

长江千万里，此处是侬乡：丁鹤年

一个朝代的兴衰，往往决定了一个人的际遇，治世或乱世，不过是一场思想上的修行。诗人丁鹤年的一生，可以说是万里风霜一路跌宕，那些敲打在他生命上的激荡洪流，最终给了他另外一条成功之路，成就了一位杰出的文人。

早在元世祖忽必烈西征时，丁鹤年的家族就立下了汗马功劳。他的曾祖阿老丁、曾叔祖乌马儿兄弟二人，靠经商在西域发家，积攒下庞大的家业，为忽必烈的西征军捐助了大量的钱财物力，还亲自参加军队，开始从经商走上从政的道路。忽必烈西征成功后，以功授官，丁鹤年的曾祖阿老丁被授予官职。到了父亲职马禄丁这一代，受祖上之荫，官至武昌县达鲁花赤，在武昌任职数年，深受百姓爱戴，卸任后就此定居武昌，取名字中最后一个字"丁"作为姓氏。这是丁鹤年姓氏的缘由，也足以窥见其家族长期受中原文化的影响。虽然丁鹤年祖上是西域色目人，可他身上却充满儒家文化的气息。自幼生长在武昌的他，师从当时的儒学大家周怀孝，酷爱阅读儒学经典。在系统教育和过人天赋的影响下，少年丁鹤年具备了相当高的文化素养，这为他的汉文创作打下了深厚的基础。

漫漫尘路，些许是多了些愁苦。父亲离世、国家离乱让这个少年从此马不停蹄地奔走在他乡的路上。父亲职马禄丁去世时，丁鹤年只有12岁，在那个似懂非懂的年纪，丁鹤年对于悲痛的感受还不是很真切，可儒家思想已经在他的心里根深蒂固了，更是直接影响了他的行为。按照色目人的丧葬习俗，后代是不得为死去的人穿戴孝服祭奠的，但丁鹤年认为应遵循儒家的丧葬礼俗传统。因此，丁鹤年穿戴孝服为其父守孝3年，且8年未饮酒。

不久后，战争的磨难接踵而至，丁鹤年陷入了对国家、民族和个人前途命运的担忧。此后，无论是他的个人生活还是文学生涯，都一直笼罩在战争的阴影下，令他无力抗争。在家国面前，他遭遇只是那个时代的一个缩影。曾经盛极一时的元朝已经日薄西山，阶级矛盾空前激化，统治阶级腐败，人民苦不堪言。丁鹤年写下了许多脍炙人口的诗篇，表达着他的无奈、失落和愤懑，也写满了他对各民族融合发展的渴望。

丁鹤年将自己的家国情怀写进诗里，国家动荡、民生凋敝是他最不愿看到的，只好怀着"志国怀乡一寸心"的情感，在这乱世里回望悠悠故土。丁鹤年的初心始终未变，他的心中没有民族卑贱或高贵之别。半世流离，许得后来安宁。辗转他乡间，丁鹤年走到了一处恬静之地，这个地方与世隔绝，颇有丁鹤年追求的隐逸生活的感觉，可这个地方文化落后、交通闭塞，医疗资源甚是匮乏，但他还是毅然决然地留在这里。丁鹤年一边教书，一边学习医术，尝试为当地各族人民治病。在这个过程中，他还结识了不少医术高明的汉族医生，并向他们请教学习，他的医术也突飞猛进。

受儒家文化的影响，"忠孝"二字在丁鹤年心中一刻也未曾忘却。国家罹难之际，18岁的丁鹤年带着母亲逃离战乱，对母亲悉心照料。母亲去世时，丁鹤年已经73岁了，但他仍然迈着蹒跚的步伐，历尽波折，将父母合葬在一起，并守孝了17年直至离世。如此至情至性，丁鹤年被赞誉为"明初十大孝子"之一。

　　穿过时间的洪流，记忆着众多美好。丁鹤年在乱世中蜕变，国家、民族危亡之际，他颠沛流离却能不失本心，用诗词构建起民族融合发展的友好桥梁。他一生未涉仕途，归隐于山水之间，却始终身体力行，践行儒家传统，丰富中华文化，书写了一段各民族交往交流交融的历史佳话。

一朝弃武从文，半世儒道相伴：贯云石

读懂历史，我们才能走进文学大家的内心世界，我们眼中的悠悠诗词，绝不是纯粹风花雪月的吟咏，也不是满腹附庸风雅的叹诵，而是要见证中华文化兼容并蓄、融合发展的魅力所在。在元曲大家贯云石的人生轨迹里，从"入世"到"出世"的转变，从"尚武"到"崇文"的颠覆，道尽了他这一生的跌宕起伏，也给了我们无尽绵延的遐想。

贯云石是元代时期的畏兀儿人，中国古代著名文学家、书法家。他出生于元朝世袭的武官家族，自幼习武，然后又从武转文，凭着天资聪慧，所作文章文采斐然。贯云石作为一位少数民族诗人能在中华文化舞台上熠熠生辉与他的家族有直接关系。受父母的影响，贯云石从小便接受了良好的中华传统教育。父母的言传身教，让他在根本上认同"中华民族大家庭"的理念。他的母亲廉氏精通汉文化，家中所藏汉书甚多。他的父亲常与汉族士人诗酒唱酬。在父母亲生活方式的影响下，成就了贯云石深厚的汉文化素养，这也为他后来的文学创作打下了坚实的基础。

正所谓春风得意马蹄疾，贯云石在20岁时便承袭了父亲的官职，就任两淮万户府达鲁花赤，镇守永州。此时的贯云石斗志满满，在军务治理上没有一丝懈怠，做事井井有条，对官兵们宽严并济，

恩威并施。尽管他年纪轻轻便身居高位，可他过得并不快乐，最后他决定弃武从文，全面深入地学习儒家文化。"弃微名去，来心快哉"也许是贯云石当时内心最真实的写照。他将官职让给弟弟，随即投到大名士姚燧的门下，心无旁骛地研究儒家文化。在那里，贯云石结识了很多同道中人，大家一起吟诗作赋、把酒言欢。那段闲适的生活成就了别具一格的贯云石，他释放自我，在诗词中挥洒万丈豪情，诉说人生百态。

不久后，贯云石来到大都，此时的大都人才云集，给了贯云石更多机会去结识文坛才俊。凭着母亲廉氏这一层关系，贯云石参加了当时由廉希宪第六子廉博主持的廉园文化活动。那里汇集了众多如赵孟頫、袁桷、姚燧等文坛精英。大家坐在一起交流文学、互相唱和。如此氛围更加激发了贯云石的创作热情，所作诗文迅速名动京师。由此，贯云石再次被朝廷任官，成为畏兀儿人的第一个翰林学士。此次入仕，贯云石有更大的抱负，要为元朝营造更好的氛围传承儒家文化。他跟随自己的师友姚燧向元仁宗提出恢复科举制度，依据儒家文化制定政策，结果遭到元朝守旧官员的强烈抨击，最终被迫再次辞官。从此贯云石心无牵绊，将全部精力投身于文学创作中。

贯云石的文学作品里，深藏着对中华优秀传统文化的内在认同，他从"入世"到"出世"的转变，实则是受到了儒家文化的影响。步入官场的贯云石，关心民间疾苦，为他们遭受的苦难而叹息，也同样感受着他们的喜悦。良好的儒家文化教育让他将社会生活的安宁稳定寄托在儒家的礼制文化上，期望构建各民族团结和谐的社会生活。各种文化紧密交织在贯云石的思想里，指引他文学创作的方向。贯云石将不同民族的优秀文化融会在一起，写出各类精彩篇章，表达中华文化之美善。无论是在朝廷为官还是埋头于文学创作，贯云石始终保持内外一致，将中华优秀传统文化的精髓纳入自己的文学创作中，在作品里积极传播各民族和谐共处、相互交融的思想。

衣被天下，布业始祖：黄道婆

在高远青空之上，承载着不同时空人物的命运，交织出历史的经纬。黄道婆的故事深藏在历史深处，却从不曾湮没。她用不屈和抗争活成了一个时代的标杆。看似弱小的她，如同乱世的一粒微尘，承受着命运的考验，可她没有屈服，而是选择在天涯海角书写传奇。从青丝到白发，从不屈命运的摆布到自我意识的觉醒。黄道婆敢于打破封建时代的枷锁，用永不停歇的脚步绽放出更加旺盛的活力。

传说黄道婆出生在南宋时期的长江之滨。世道混乱导致亲人早早离她而去，小小年纪的黄道婆不得不自己讨生活。小黄道婆刚一接触纺织，就喜欢上了它，从此她的一生便与纺织紧密联系在一起。十二三岁的时候，黄道婆为生活所逼沦为童养媳。这段日子异常辛苦，小黄道婆经常受到公婆、丈夫的非人虐待。沉重的苦难摧残着她，也磨炼了她。终于有一天，忍无可忍的黄道婆决定出逃。历经艰难险阻，黄道婆来到了海南岛南端的崖州（今海南省三亚市）。在封建社会，一个从未出过远门的年轻妇女只身一人流落异乡，无依无靠，面临的困难可想而知。但是淳朴热情的黎族同胞同情黄道婆的不幸遭遇，接纳了她，为她提供了一处安身之所。当时黎族人民生产的黎单、黎饰、鞍塔闻名内外，棉纺织技术比较先进。黄道婆聪明勤奋，虚心向黎族同胞学习纺织技术。就这样，她们一起种棉、摘棉、轧棉、纺纱、染色、织布，共同研究改进纺织技术……在共同的劳动生活中，黎族姐妹把她们的纺织技术毫无保留地传授给她。在融合黎汉两族人民纺织技术长处的过程中，黄道婆逐渐成为一个出色的纺织能手，他织出的布在当地大受欢迎。更可贵的是，黄道婆在和黎族人民共同工作和生活中结下了深厚的情谊。惊风飘白日，光景西驰流。黄道婆在崖州一住就是30年，从孤苦伶仃的小姑娘变成了鬓发斑白的老婆婆。

  黄道婆心中始终牵挂着家乡。元朝元贞年间，黄道婆踏上了回乡的道路。黄道婆重返故乡时，植棉业已经在长江流域大大普及，但纺织技术仍然很落后。回到乌泥泾镇的黄道婆致力于改革家乡落后的棉纺织生产技术，毫无保留地把自己精湛的织造技术传授给身边的人，掀起了一场"棉花革命"，推动了江南乃至全国棉纺织业的发展。黄道婆一边教黄母祠家乡妇女学会黎族的棉纺织技术，一边又着手改革出一套"擀、弹、纺、织"的工具——去籽搅车、弹棉椎弓和三锭脚踏纺纱车。"去籽搅车"的推广，使得脱棉籽的功效大为提高，比元代王祯《农书》中需两人手摇的轧花机有了明显的进步，更比美国人惠特尼发明的轧棉机早了500多年；"弹棉椎弓"就是用大弓、檀木做成的椎（褪）子来弹松棉花，这样不仅提高了效率，弹出的棉花也均匀细致，提高了纱和布的质量；"三锭脚踏纺纱车"又称黄道婆纺车，这种纺车轻巧省力，功效倍增，是黄道婆在纺织工具上最具代表性的发明。

  除了在改革棉纺织工具方面作出重要贡献外，黄道婆还吸取借鉴海南当地人织造"崖州被"的经验和方法，把从黎族人那里学来的织造技术与中原民间固有的传统工艺相结合，再加上自己的实践经验，总结成一套较为先进的"错纱、配色、综线、絜花"等织造技术、热心向人们传授。当时乌泥泾镇出产的被褥质量最佳，在全国大受欢迎。"乌泥泾被"不胫而走，附近苏州、太仓等地竞相仿效。这些纺织品远销各地，很快淞江一带就成为全国的棉织业中心。16世纪初，当地人民织出的布，一天就有上万匹。18世纪乃至19世纪，淞江布远销欧美，获得了很高的赞誉。当时人们称淞江布匹"衣被天下"，这伟大的成就中凝聚了黎族人民优秀的技艺和黄道婆的大量心血。

　　崖州布被五色缫，组雾䌷云粲花草。

　　片帆鲸海得风口，千轴乌径夺天造。

黄道婆是民族文化交流交融的代表，她不仅改善了乌泥泾镇和邻近地区人民的生活，而且对明清两代江南城镇和农村的经济繁荣产生了深远影响。伟大的人总是让人铭记，黄道婆去世后，当地人民感恩泣泪，建祠祭祀，有识之士还为她树碑立传，尊奉她为"织女星""先棉神"。

两代帝师，心怀天下：李孟

李孟少有大志，眼界宽阔，在政治局势暗潮涌动的朝野仍能不改初心，做到不离不弃，在元朝疆域图上留下了自己的忠义。沧海沉浮，日月新替。李孟深植为民情怀，秉持民族大义，用实际行动诠释了他的坚守与担当。

李孟，字道复，潞州上党（今山西省长治市）人。李孟从小天赋异禀，7岁便能出口成章、博闻强识、通贯经史，喜欢议论古今治乱得失。元成宗想邀请大儒辅导自己的侄子海山、寿山，这二人便是此后的元武宗和元仁宗。有人推荐李孟，称他"布衣李孟有宰相的才能，应该作为皇子的师傅"。不久后，元武宗去北方边境镇守，元仁宗留在宫中。李孟每日向元仁宗讲授儒家文化思想，使元仁宗取得很大进步。

元仁宗陪伴母亲在怀州居住，李孟经常单人独骑跟随。在怀州的4年里，李孟忠诚不渝，以他深厚的儒学功底、高尚的道德水平，春风化雨般影响着周围人。元仁宗及身边的近侍，都被浸染了儒雅之风。一有时间，李孟便向元仁宗传授古代帝王兴衰成败的经验，以及君臣之间、父子之间如何相处的道理。李孟善于分析问题，忠君爱国之情诚恳，善于讲道理却并不枯燥，深入浅出地为元仁宗阐释治理国家的深奥道理。元仁宗与群臣讲话时，经常握着拳恳切地说："我坚定的儒学信仰，能维持国家的纲常秩序，这是国泰民安的思想基础。"元仁宗的理念有着大量的儒家思想痕迹，主要是受李孟的影响。

元成宗驾崩后，安西王阿难答趁虚而入，谋划继承皇位，当时的丞相、枢密使都表示赞同。中书右丞相哈剌哈孙派遣密使通知元仁宗。元仁宗心存疑虑没有行动。李孟说："旁支的庶子不能继位，这是元世祖的遗训。现在皇帝病逝，大太子远在万里之外，宗庙社稷危在旦夕，殿下应该陪同母亲赶快还宫，制止阴谋，稳固人心。不然国家安危，将毁于一旦。"元仁宗仍然犹豫不决，李孟进一步说："如果奸邪之徒的计谋得逞，一纸诏书便可以召回你们，殿下母子都不能自保，更有诛灭宗族的祸患。"元仁宗恍然大悟，回答道："先生的话，是宗庙社稷之福。"于是陪同太后回到京城。此时，安西王即位已有一段时间，李孟建议元仁宗援引庶子不能继位的祖训，前往皇宫，号令群臣。终于，元仁宗鼓起勇气，骑马进宫，李孟率领随从步行跟随。在哈剌哈孙的协助下，元仁宗抓获了此次政变的首谋及同伙，并奉上御玺，北迎元武宗，使国家秩序得以稳定。

在元仁宗监国期间，李孟被任命为参知政事。李孟长期在民间生活，洞悉政务中的各种弊端，他竭力匡正，切中厉害，远近之人无不心悦诚服。然而，李孟的举措也得罪了许多奸佞之徒，但李孟并没有因此调整自己的行事风格，等处理政务告一段落后，李孟对元仁宗说："执政大臣这样重要的职位，应该由皇帝亲自任用，我不敢担当这样的重任。"他坚决请辞，元仁宗不同意。于是李孟不辞而别，不知所踪。元武宗继位后，有人对他说："内乱刚刚平定时，李孟曾经劝说你皇弟自己继承皇位，如果皇弟听了他的话，你还有今天吗？"元武宗认为这是诬告，没有听信。可因这件事，元仁宗也不敢再提起李孟。

至大二年（公元1309年），元仁宗被封为皇太子，一次陪同皇帝与太后宴席，酒至半酣，仁宗突然陷入深思，面露忧伤之色。元武宗问："你今天为什么不开心，在思虑什么呢？"元仁宗从容起身回答道："凭借天地祖宗神灵，皇位得以正确传承，终于促成今日母子兄弟欢聚的时刻。而这一切李孟的功劳最多。刚刚想到这件事，不自知的脸色变了。"元武宗被元仁宗的一席话所感动，便下令寻访李孟，得知他在许昌陉山，便派遣使者将他召回京城。李孟在玉德殿觐见元武宗。元武宗指着李孟对丞相说："这是皇祖选派给朕的老师，应该迅速任用。"由此李孟被授予荣禄大夫、中书平章政事、集贤大学士、同知徽政院事等职。元仁宗继位后，李孟拜中书平章政事，进阶光禄大夫，推恩其三世，且下旨："爱卿是朕的恩师，要尽心辅佐朕，指出朕的不足之处。"李孟感激元仁宗的知遇之恩，以国事为己任，考核官员，裁汰宫廷守卫的冗员。贵戚近臣既厌恶李孟让自己的私利不能得逞，又佩服他赤心报国、大公无私。因此，李孟官声极好，没有闲言碎语。

李孟虽然做了很多有益于国家的事情，但自认为能力有限，希望辞去官职。他说："臣学习圣人之理，遇到陛下。陛下是像尧舜一样贤明的君主。臣不能让天下成为尧舜统治下的天下，上辜负陛下的信任，下有愧于自己学到的理论，因而请求离开，让更贤能的人代替我。"元仁宗说："朕在皇位，爱卿必然在中书，朕与卿相与始终，从今天开始不要再说这样的话。"之后赐其秦国公爵位，元仁宗亲自授以印章，又为其画像，下令为李孟写赞颂的诗歌。元仁宗御书"秋谷"二字，刻在印玺上赐给他。李孟觐见元仁宗时，仁宗必然赐座。说话时，仁宗为表示尊敬只称其字而不叫其名，对李孟礼敬有加。

皇庆元年（公元1312年）正月，李孟请求回乡归葬父母。元仁宗送行时说："事情办完后，快点回来，不要久留，别辜负朕的盼望。"年底，李孟回朝，仁宗大悦，慰劳优渥。李孟再次辞官，元仁宗坚决不同意。李孟坚持，元仁宗任命他为平章政事议中书省事，承旨翰林。皇庆二年（公元1313年）夏，李孟请求归还秦国公印，三次上奏，仁宗才同意。

李孟一生中的一大功绩是促成了元朝科举制度的实行。元朝是否恢复科举制度，从忽必烈开始就争论不休。科举制度一方面能够为朝廷选拔人才，另一方面可以稳固统治基础，减轻民族矛盾，增强阶层流动，促进社会和谐发展。大量蒙古贵族和部分汉人官僚都希望继续维持世袭的特权，实行科举制度会影响到他们的既得利益。在元仁宗时期，恢复科举制度仍然遭到来自守旧集团的极大阻力。在中书省商讨相关事宜时，大臣们纷纷反对，支持科举制度的只有寥寥数人。其中，李孟就是最主要的支持者。元仁宗每次与李孟谈论用人方法时，李孟都趁机进言："人才的出现，固然不是一个途径，然而汉、唐、宋、金诸朝，科举获得人才众多。现在要招揽天下贤能之人，如果以科举选择，仍然胜于多门而进；同时必须先德行经术而后文辞，才可得到真才实学之人。"元仁宗深以为然，决意施行。皇庆二年（公元1313年）十一月，元仁宗颁布《行科举诏》，确定下一年八月乡试，再下一年二月会试。延祐二年（公元1315年）春，元仁宗任命李孟为监试官，负责元朝第一次科举考试的相关事宜。科举考试在中止几十年后,终于在李孟的努力下重新启动。李孟多年的夙愿终于实现,他十分开心,即兴赋诗《初科知贡举》:

> 百年场屋事初行,一夕文星聚帝京。
> 豹管敢窥天下士,龙头谁占日边名。
> 宽容极口论时事,衣被终身荷圣情。
> 愿得真儒佐明主,白头应不负平生。

元朝恢复科举制度,虽然仍然有诸多民族不平等的烙印,比如不同民族录取人数、考试难度差别很大,但是毕竟让更多汉人有了施展才华的舞台,同时也促进了儒家思想传播。李孟制定了一系列规定,如以四书五经为考试内容,以朱熹注释为标准答案等,为明清两代所遵循,影响深远。

延祐七年(公元 1320 年),元仁宗崩驾崩后,元英宗初立。太师铁木迭儿再次担任丞相,因为李孟不依附自己,便向元英宗进献谗言,请求收回元仁宗的恩赐,贬李孟为集贤侍讲学士、嘉议大夫。他认为这样的羞辱能让李孟愤然辞官,再以此为借口谋害他。没想到李孟欣然任职,铁木迭儿的阴谋落空了。至治元年(公元 1321 年),李孟逝世,御史们纷纷上奏,为他翻案。元英宗追赠上柱国,封魏国公,谥号文忠。李孟才略过人,作为一个汉人,在元朝错综复杂的民族、权力关系中运筹帷幄,获得朝堂上下的尊重。他竭尽全力,抓住了历史时机,为中华民族优秀文化的传承发展、各民族的交往交流交融作出了重要贡献。

文化本无异，同是中华情：萨都剌

牛羊散漫落日下，野草生香乳酪甜。
卷地朔风沙似雪，家家行帐下毡帘。

这是元代著名诗人萨都剌脍炙人口的名作《上京即事》。萨都剌笔下的文字传递的情感，既有个人感情的细微，也藏着家国天下的豪迈。他们习惯用文字"丈量"中国大地，用感情滋养中华文明，以此来证明诗词表征的不只是亲情、友情，还有至深至远的家国之情。诗人萨都剌告诉我们，海纳百川的中华文化是各民族交流、碰撞、融合、发展的产物。

18世纪，各民族经过战乱和大迁徙，形成了多民族杂居的状况，不同民族的文化相互交融、相互渗透。伴随着元世祖忽必烈大力推行汉法，元朝对以儒学为主的传统文化开始重视和提倡，越来越多的色目人加速自身汉化，热衷于学习中华传统文化，甚至能运用汉字创作大量文学作品。众多才华横溢的西域作家，带着自身独特的民族气质和艺术思维，进行卓有成效的文学创作活动。有元一代，诗人众多，据统计各族诗人有数百人。具有代表性的诗人有蒙古族的伯颜、郝天挺；回族的高克恭、马祖常、萨都剌；契丹族的耶律楚材；维吾尔族的贯云石、薛昂夫；等等。其中，萨都剌是少数民族诗人的杰出代表,被称为"有元一代诗人之冠"。

读书常伴墨香味,腹成才华自底色。萨都剌生于雁门,长于雁门,最后成于雁门。萨都剌本是回族人,因祖父思兰不花、父亲阿鲁赤追随元世祖、元英宗常年征战,立下不少战功,被派至西北镇守云、代两郡(今山西省代县附近)。所以,萨都剌便出生在此地。此时已是元代中后期,少年的萨都剌并没有像祖父、父亲那样过着在外征伐的生活,而是想入仕为官。也许是先天秉性,萨都剌从小就展现出对文学的热爱,他勤勉好学,博览群书,这为他后来专注于文学创作打下了坚实的基础。他的绘画功底也十分深厚,至今故宫博物院里还珍藏着他的画作《严陵钓台图》和《梅雀》。不幸的是,元朝很长时间取消了科举制度,萨都剌的仕途梦就这样破碎了,没等来好时机的他只好先搁置了文学创作,选择了经商这条路。奈何家道中落,萨都剌只得为了生计在外奔波。这期间,萨都剌在领略美好风景的同时,也尝遍了世间疾苦,他苦苦挣扎数年,最终还是怅然而归,从此全身心投入到文学创作之中。

好在萨都剌没有等待太久。泰定四年(公元1327年),萨都剌进士及第,他满心欢喜,希望自己的一腔赤诚能够挥洒在这片他热爱的土地上。"明朝走马燕山道,赢得红楼说少年。"是他中进士后立下的豪情壮志,他追求的不过是一世清官、一生清白罢了,可他面对的已经不是那个盛极一时的元朝,而是一个朝廷腐败、民不聊生、横征暴敛的元朝。这个一心思索国家和民族命运的诗人,在游宦生涯里,到过很多地方,经历了很多事情,尝试过别人没尝过的苦楚,见识过别人没有领略过的风景。萨都剌为人正直,勤政爱民,为官期间也是小有政绩。凡是在他任职过的地方,都获得了斐然的官声。可身处在浑浊的社会大熔炉里，单凭一人之力难以改变整个社会，他满腔的报国热情只能化为空影，怅然之间他也只能发出一声叹息。

从另一个角度想，萨都剌能留下不少脍炙人口的作品，与他的种种经历一定是密切相关的。他所作的《萨天锡诗集》《雁门集》等作品，里面饱含着他的报国志、爱国情，严酷的现实让他身心俱疲，文学创作却让他找到了自我。萨都剌游历江南各处，又有深厚的文学素养，他的文风清婉大气、不失铿锵。可见，南北文化滋养孕育了他豪迈的一面，也给了他婉约的另一面。

萨都剌的作品是民族大融合背景下的产物，这位回族诗人的创作是民族大迁徙、大融合的历史见证。社会的整合与互动加深了萨都剌的民族认同和文化认同，他与汉文化在精神上产生契合。简而言之，他热爱汉文化，并乐于和汉族文人交往。从某种深层意义上讲，这是他自愿融入中华民族共同体的结果。汉文化历史悠久、博大精深，萨都剌自少年时代起，就在汉文化的学习上苦下功夫，史书典籍、引经据典驾轻就熟。这与他本身对汉文化的喜爱密不可分。他喜欢李白的俊逸洒脱、苏轼的豪迈大气，并将他们视为榜样，一直追随、敬慕着，在词作上也颇有他们两人的风格，雅致却又不失雄健豪迈。

元朝是一个民族大融合高度发展的时代，但也是一个民族等级分化严重的时代。在那个时代，汉人的地位比较低下。作为回族人的萨都剌在元朝的地位较高。可在萨都剌眼中，没有民族高低之分、地位之别。他成长在多民族融合发展的社会背景下，正是对多民族文化共情共生的认同，才促使萨都剌走上了文学创作的巅峰。萨都刺主动融入、积极创造，最终实现了从情感上融合到文化上契合的转变。萨都剌摒弃民族偏见，与汉族文人展开友好交往，他们以诗会友，彼此唱和，用诗词拉起各民族之间交流交往交融的纽带。在这里，萨都剌没有把自己看作是身处高等民族地位的回族人，而是自觉地把自己融入中华民族大家庭，正是在与这些汉族文人的交往中，让萨都剌置身于汉文化的氛围之中，也许他所追求的至高境界不过是中华民族精神的集体塑造。今天，萨都剌留存下来的优秀汉文诗作，仍然滋养着众多喜爱文学的读者。这是他自身与汉文化高度融合的结果。

岁月流转，萨都剌走过了很多人走过的路，他们一样热爱、真挚，把时代的主题引向中华文明，怀揣共同情怀，持有共同情感，在中华民族共同体里共情共鸣、共融共生。正是有以萨都剌为代表的这类人存在，中华文化才能生生不息，中华民族才能孕育万千。铸牢中华民族共同体意识是这一时代最深沉的呼唤、最伟大的凝聚，这是萨都剌在数百年前就身体力行的方向。他用诗词作引，努力丰富璀璨的中华文明，描绘这本就斑斓的文化底色。

兴滇之心，事滇之子：赛典赤·赡思丁

> 波光潋滟三千顷，莽莽群山抱古城。
> 四季看花花不老，一江春月是昆明。

在昆明这座美丽的城市，有一座石砌而成的长方形高冢，这座墓记录着云南的变化与发展，见证着治水兴滇"第一人"——赛典赤·赡思丁精彩的一生，凝结着云南人对这位昆明建城史上功劳显赫的官员的尊崇。赛典赤出生在布哈拉的一个贵族家庭，成吉思汗西征的时候，赛典赤的父亲带领数千族人投靠成吉思汗。赛典赤身材魁梧、聪慧异常，颇得成吉思汗赏识，于是让他担任自己的帐前侍卫，跟随蒙古军队南征北战。成吉思汗去世后，赛典赤又得到忽必烈的重用，先后派他担任山西的达鲁花赤和川陕平章政事。忽必烈率军攻陷了大理国后，派自己的儿子担任云南王。但是，云南地区较为偏僻，镇守者也都是些武将，因此民族、阶级矛盾逐渐显现。再加上连年征战，水利失修，田园荒芜，人民生活苦不堪言。为了尽快扭转这一局面，忽必烈决定派性情忠厚的大臣赛典赤前去云南建立行省、安抚百姓。此时的赛典赤已是63岁的高龄，"只解沙场为国死，何须马革裹尸还"，接到任命后，这位老人义无反顾地奔向新的"战场"。

"行省紫微怀典赤,陵园宿草荫藤萝。"赛典赤到任后,面对复杂的难题,在广泛征询"利国便民"意见的基础上,进行了一系列"治滇"工作。赛典赤首先做的便是稳定形势,缓和蒙古贵族与云南本地行政官员的紧张关系。随后,他开始逐步集中行政及军事权力。一方面,他将原来大理国的地方民族政权区域改设为云南行中书省,后简称云南行省,使得云南正式成为元朝的 11 个行省之一。另一方面,他在全省实行郡县制,把原来统治全省的军事单位总管府、万户府、千户所改为相应的路、州、县行政区域。同时,还将行政中心由大理迁到中庆(今云南省昆明市),不断清除割据残余,使权力集中,政出一门,大大稳定了云南的形势。赛典赤还积极培养少数民族官员,除省会中庆设流官外,几乎所有的路、府、州、县的官员基本都由原来的民族首领担任。"诸夷闻风翕然款附",社会日益安定。

"荒塍初辟松花坝,惠泽长流金汁河。"盘龙江的水患,即使在今天,昆明人也能在每年夏季感受一二。赛典赤治滇的业绩之一,就是对水患进行整治。滇池的北面、东面以及南面地势平坦,土地肥沃,雨量丰沛,自古以来就是重要的农业经济区域,但这个地方的水灾历来也很严重。昆明的南面、西面都在滇池的影响范围内,东面又受到盘龙江等河道的威胁,再加上元初战火纷飞、政局混乱,盘龙江河道淤塞更为严重。为了改变这一现状,赛典赤经过周密的调查规划后,开始兴修水利。一方面,他让人们沿着河道挖淤泥,加固堤岸,稳固河床。另一方面,他把邵甸坝东北诸山雨季乱跑的洪水,通过引渠导入江中。此外,还兴修了大型水利工程——松华坝,开凿了金汁河和银汁河。3 年的时间,在大家的共同努力下,中庆城郊西北至东北、东南一带，形成了当时在云南历史上规模最大、最完整、最科学，至今仍在发挥作用的系统水利工程。滇池周边地区呈现出一片富饶景象，甚至可以和江南鱼米之乡相媲美。史籍上也记载，这一地区的繁荣达到了牛马成群、狗也吃肉、鱼虾之多可拿来肥田的程度。

赛典赤对于云南昆明地区的文化建设也有开创性贡献，今天昆明的文庙（孔庙）就始建于赛典赤时期。从入滇开始，赛典赤就着手创建了云南历史上第一座孔庙，每年招生大约150名学生，当地人民无论是哪个民族都可以送孩子去上学。此外，他还积极购买书籍，引进四川地区教师，不遗余力地传播先进文化。

"只今六诏思遗爱，岷首千年共不磨。"虽然赛典赤已经去世几百年了，但是云南人民始终没有忘记这位曾经为云南做过众多贡献的"老咸王"。拂去故纸堆上岁月的尘土，才可见赛典赤·赡思丁在元朝历史上的功劳和成就。他将乡愁揉碎在时光中，在帝王开疆拓土的雄心里历经烽烟，却始终保有赤子之心。他经略云南，在这片土地上挥洒热血，让这个远离京都的边陲之地多了几分安宁和静谧。赛典赤·赡思丁一生都在奔走和寻觅，他忠君泽民，扰动了后世人的心绪，也在厚重的史卷上绵延了数百年。

汉家别有遮拦法，贡市年年货币通：俺答汗

在黄土塬随处可见的塞北，处处闪烁着历史的星火，黄土垒起了雄伟的明长城，也见证了中华民族团结、忠诚和包容的优秀品质。当俺答汗跨过悠悠长城，便也一道托起了民族团结一家亲的梦想。也许真正的历史从来不会归于平静，从碰撞到融合，俺答汗在一次又一次的抗争与守望中，选择用热忱的情感浇灌民族团结之花，凝聚为生生不息的力量。

在茫茫的敕勒川上，有一座草原上的都市，无边绿翠凭羊牧，一马飞歌醉"青城"。这座屹立在祖国北方的草原城市既有着"风吹草低见牛羊"的美景，也有着"金戈铁马入梦来"的豪迈。走进这座城市最古老的建筑——大召，首先映入眼帘的是一座高高大大的雕像，在四方的巨大底座上，一位英雄塑像面朝东方端坐，他的目光敏锐，似乎凝视着整座城市，又像是在回味逝去的岁月。他就是这座城市的建造者——俺答汗，是他推动了明代蒙古族经济、文化的迅速发展，是他促成了蒙汉、蒙藏之间持久的和平、和睦，是他实现了蒙汉之间日益促进的交流交融。

在一个动荡不安的年代，俺答汗出生了。那时，蒙古各部之间、各部封建主与明朝的战争已经延续了近一个半世纪。战乱无休无止，人民生活在水深火热之中。俺答汗逐步消除了蒙古各部封建割据的

混战状态，基本上控制了漠南蒙古诸部，又降服了西北蒙古诸部。当时，蒙古诸部需要从中原获取需要的物产物资，而获取的方法既有战争掠夺，也有朝贡和互市，但双方的朝贡和互市时断时续，到了俺答汗时期，由于双方关系日趋紧张，所以，双方的贸易关系基本上处于中断状态。同众多蒙古部落首领一样，俺答汗也采用过战争的手段获取生产生活以及军事战略物资，但不同的是，他更有远见卓识。俺答汗深刻地认识到战争只能缓解一时之急，最重要的是走和平的通贡互市之路，才能维持稳定发展。就这样，他开始走上了那条艰辛而又不平坦的求贡之路。

俺答汗先是主动派遣使者到大同阳和寨，要求与明朝通贡互市，并保证今后"令边民垦田寨中，夷众牧马寨外，永不相犯"。但明朝上下害怕重演当年的"土木之变"，拒绝了这一请求。俺答汗随即举兵南下向明朝发起进攻。在俺答汗大军压境的压力下，明朝终于同意与蒙古进行互市，边疆得到暂时的平静。

但当俺答汗撤兵后，明世宗不久又关闭了边境互市，双方的和平贸易断绝，又开始了长达20多年的战争，但俺答汗的目的始终在于互市上。明穆宗继位后，明朝廷开始重新考虑俺答汗的请求，恰逢俺答汗的嫡孙因为家庭矛盾投奔明朝，给了双方一个良好的谈判契机。双方终于开诚布公、摒弃前嫌，最终停止对抗，达成协议，开放互市，走向合作，明蒙贸易实现了正常化。俺答汗也被明朝隆庆皇帝封为"顺义王"，自此明蒙之间建立了长达70年的和平贸易关系。通贡互市加强了漠南蒙古草原与明朝的经济文化的联系，结束了蒙古与明朝长达200余年的战争局面，使明蒙边界呈现出一派和平繁荣的景象。

在俺答汗的身边，有一批汉族谋士为其出谋划策，而这些汉族谋士在促进民族交往交流交融方面起到重要作用。在他们的建议下，俺答汗大量收留汉人，有的统率军队，有的从事农耕，还有的为其修建"大板升城"，这是俺答汗固定的居住城市。边防危机得到解除后，俺答汗和他的妻子三娘子在旧有的"大板升城"的基础上，重新建立了一个城市，因为周围的山是青色的，而且城墙也是用青色的砖石砌成的，所以就用蒙古语将其命名为"库库和屯"，意为青城，这就是今天内蒙古自治区的省会城市——呼和浩特。

为了进一步促进蒙汉关系的发展，明朝还派遣官员、学者到当时的蒙古各部惠赠书籍、传播文化，深受俺答汗等蒙古贵族的欢迎。俺答汗还多次向明朝请求赐予《金刚经》和派喇嘛传经。元朝灭亡后，蒙藏之间的联系也基本中断。俺答汗重新建立了蒙藏之间的联系，与西藏宗教领袖建立密切关系。俺答汗从西藏请来许多喇嘛翻译佛经，库库和屯也成为喇嘛活动和翻译佛经的中心。格鲁派藏传佛教为当时蒙古带来的诸如天文、历法、藏医、建筑、艺术、宗教哲理等知识，对于丰富和发展蒙古族文化起到了显著作用。

漫步青城，怀古忆昔，仿佛到处都有俺答汗的身影。"最是沧桑起风情"，俺答汗的功绩无疑是我国民族关系史上值得称颂的一页，他为中国的边疆内地一体化、中华民族的团结描绘了美好的画卷。

塞北佳人亦自饶，白题胡舞为谁娇：三娘子

明嘉靖二十九年（公元 1550 年），在蒙古奇喇古特部落里，哲恒阿噶之女出生了，父亲为她起名为钟金哈屯，寓意高贵显赫。她就是历史上有着远见卓识的蒙古族女英雄，世称三娘子。三娘子容貌出众，性格直爽，学识、骑射不输草原男儿，在当地声名鹊起。三娘子年少无忧的日子并不长久，明嘉靖三十七年（公元 1558 年），为加强两个部族之间的利益关系，三娘子被父亲许配给蒙古右翼土默特部首领俺答汗为妻，开始了她维护祖国统一、促成民族团结的政治道路。

三娘子所处的年代，正是明朝与蒙古诸部战争频发的紧张时期。由于双方常年交战，互市问题一直得不到解决。草原地区单一的游牧经济，很多东西都不能自行生产，难以满足社会的生产和生活需求，需要通过互市来解决生活资料短缺的问题。客观的社会需求让俺答汗逐渐转变了想法，尝试通过和平手段，谋求与明朝议和，恢复双方互市。

十多年的时光，三娘子逐渐从 9 岁的幼女成长为 20 岁出头的少女。她天资聪颖，在了解难题后，决心顺应历史潮流，响应民众呼声，萌生了想要改善明朝和蒙古关系的想法。隆庆四年（公元 1570 年）发生的一件事让三娘子初露锋芒。当时，俺答汗家庭内部发生

矛盾，导致孙子叛逃入明。俺答汗正准备发兵进攻明朝。三娘子却看出其中利弊，她认为长期兵戎相见对部族势力消耗极大，并不是明智之举。因此大力劝阻俺答汗，并建议俺答汗可以借此机会，主动向隆庆皇帝示好。俺答汗听后深表认同，遣使请求恢复互市贸易。隆庆帝在朝臣的建议下，归还俺答汗的孙子，同意重开九边的互市，并在同一年迅速开放了 11 处马市。同时册封俺答汗为顺义王，三娘子为忠顺夫人。

三娘子积极促成了明蒙互市协议，互市贸易点呈现出热闹繁盛之景象。蒙古诸部贵族闻讯带着大量马匹与汉人进行贸易，换取他们渴望已久的生活物资，如铁锅、粮食、名贵瓷器、缎匹、丝绢等。而明朝也通过互市贸易换来大批良马，补充壮大了边防的骑兵部队。面对如此热闹的景象，三娘子建议俺答汗向明朝提出进一步扩大贸易范围的要求，让普通平民也能享受到互市的好处。于是蒙古草原一时间贸易繁盛、人丁兴旺，到处都是吆喝叫卖的声音。三娘子经常亲自检查市场的运转情况，明代诗人穆文熙用诗歌记录了当时的场景："少小胡姬学汉妆，满身貂锦压明珰。金鞭娇踏桃花马，共逐单于入市场。"

由于三娘子积极维护和平互市政策，汉蒙两族人民的关系得到进一步巩固和加强，和平互市得以繁荣发展。万历九年（公元 1581 年），俺答汗去世。朝廷担心俺答汗的长子黄台吉袭封顺义王之后，不能继续执行俺答汗互市贸易的政策。三娘子为稳定明蒙之间的关系，立即呈文告知明朝廷，并上贡财物，以表示会继续忠顺，不会突生变故。依照"父死，子妻其母后"的旧俗，俺答汗去世后，三娘子为了继承俺答汗的事业，稳定土默特部的政治局势。她权衡轻重，做了第二代顺义王的夫人。黄台吉继承王位后，对和平互市、蒙汉友好的政策与三娘子经常产生分歧，还埋怨其父亲不该与明朝议和，欲挑起事端，破坏三娘子维系明蒙和平稳定的关系。三娘子相劝说："你不可这样做，朝廷与我部族互通贸易，已是优待，而且我们也可借此获利，为何要打破这种局面呢？"黄台吉听后非常信服，继续维持与明朝和平稳定的局面。

命运总是如此捉弄人，三娘子因第二任丈夫黄台吉的病逝，再次被卷入政治风波中。万历十三年（公元1585年），黄台吉病逝，其长子扯力克自立为王，此时的三娘子感到力不从心，本想隐退安心生活，但明朝廷担心三娘子隐退不利于稳定边塞，于是在众人的劝说下，三娘子为安抚边塞局势，维护蒙汉友好关系，又与扯力克合帐成婚。万历十五年（公元1587年），扯力克正式继承顺义王位，三娘子成为第三代顺义王扯力克的夫人。但扯力克继承王位后，不思进取，常年不理政事，部族里的大小事务大多由三娘子处理，而且向明朝廷呈报的正式公文，必须由顺义王和忠顺夫人共同签署才能生效。扯力克对政事消极怠慢不说，而且徒生事端，万历十九年（公元1591）秋，边塞地区的火落赤部落借机挑起事端，扰乱明朝所属的洮河等地。顺义王扯力克不顾明蒙和平协议，瞒着三娘子出兵帮助火落赤部落。三娘子得知后，立即要求扯力克率兵东归，不可随意挑起事端，引起战乱。迫于三娘子的压力，扯力克就此作罢，但明朝廷因此事下令停止通贡互市两年。三娘子左右周旋，将挑起事端者缉拿后，送交明朝边关将领。明朝体恤三娘子为明蒙和平作出的贡献，下令恢复了中断的通贡互市，洮河之乱就此平息。三娘子作出的种种政绩，让她享有很高的威望。

在边塞50余年的风云变幻中，三娘子为明蒙和平倾尽心血，得到了明蒙双方的高度认可，她极力推崇明蒙交好，维护和平互市，收纳并重用汉人，引进中原地区的农业和手工业，壮大蒙古自身的经济发展，也因此受到了蒙汉人民的爱戴和尊敬。在三娘子统治时期，她经常亲自前往明朝边关军营中走动，与边关将领的关系极其融洽，听闻三娘子非常仰慕中原的风尚，明朝边关将领便将中原地区的稀有物品特地送给三娘子，双方互盟友好。

三娘子为维护明蒙和平、促进民族团结作出了巨大的贡献。在她的努力下，边塞得到50余年的安定。同时，她坚持各民族交往交流交融，推动民族和解，屡次顾全大局，持续执行民族间友好的政治原则，不仅顺应了历史潮流，也符合人民愿望，对蒙古族和汉族人民友好关系的发展具有极其深远的意义。

强力敢任，五使绝域：侯显

土黄色的莽原托起弯弯曲曲的道路，起伏波动的地表描述着高原优美的曲线，密密麻麻低矮的植被间有一座寺庙伫立。庙内香火长相续，引得人来礼拜多。漫步在寺庙中，聆听那深沉而又悠远的钟声，思绪被带到那个盛极一时的年代。

明朝初年，北京城繁华的大街上，有一个落魄的少年在街头游荡，他就是侯显。出生在今甘肃省临潭县的侯显从小就被家里人送到附近的寺院当和尚。临潭县是一个汉、回、藏等多民族聚居的地区，在多元文化的熏陶下，藏族出身的侯显想要去感受更多的文化，体验更不一般的人生。于是他以出游四方为由，别寺离乡，开始了自己独特的人生。一路漂泊，侯显来到了北京城，为了生存，他决定投军。起初，侯显只是一名马夫，因为小时候受过教育，再加上阅历丰富，尤其能吃苦耐劳，使得他逐渐脱颖而出，进入了明成祖朱棣的视野。侯显跟随朱棣参加了靖难之役。朱棣从藩王一跃成为皇帝，侯显也走上了一个属于自己更大的舞台。

永乐元年（公元1403年），朱棣听闻西藏的哈立麻法师造诣高深，为了加强联系，便打算派人去请法师到南京见面。这个任务不是一般人能完成。那么派谁去合适呢？首先，这个人必须是朱棣的心腹，必须对朱棣绝对忠诚。其次，这个人必须阅历丰富，有才学。

最后，这个人要口才出众，能说动哈立麻法师。而侯显恰恰满足所有条件，一方面，侯显是藏族，善于用藏语言谈，熟悉当地的民情风俗，而且他是喇嘛出身，熟悉藏传佛教的术语、礼仪等；另一方面，侯显一路跟着朱棣夺得江山，颇得信任。因此，侯显是最合适的那个人。西藏距离南京7000多里，沿途山高路险、气候变化多端，侯显带领随从，经过4年时间，历经千难万险，终于成功迎请噶玛派高僧哈立麻抵达南京。永乐四年（公元1406年），侯显与哈立麻一行人，在南京受到数万南京群众的热烈欢迎。这使得朱棣"龙颜大悦"，侯显也被擢升为司礼少监。侯显从西藏带回了那塘古写本《甘珠尔》，永乐八年（公元1410年），朱棣下令将此书刻板印行，成为历史上藏传佛教第一部刻印的大藏经。该版《甘珠尔》把内地的雕版印刷术传到了西藏，进而开始了藏区印刷《大藏经》的风潮。

这次出使，侯显的外交才能得到了充分展现，也受到朱棣的更加信任。侯显跟随郑和参与了第二次、第三次下西洋。两次航海经历，不仅扩展了侯显的视野，丰富了他的阅历，还积累了大量航海知识和作战经验，为其今后的独立出使奠定了重要基础。随着国内经济发展，政治局面稳定，为了对海外继续宣扬国威，显示明朝的富强。明成祖朱棣决定加强对外贸易，并争取外国来朝贡。于是，朱棣派侯显出使东南亚诸国，如印度、不丹、锡金、尼泊尔等，在此之后的数十年中，侯显几乎成为明朝出使西南邻国的全权代表，取得了重要成就。永乐十二年（公元1414年），侯显结束出使尼泊尔的任务后，路过西藏，邀请格鲁派高僧释迦也失同行，觐见朱棣。

人老去西风白发，蝶愁来明日黄花。朱棣去世后，其孙明宣宗朱瞻基派已经白发苍苍的侯显再次出使西藏。尽管此时的侯显已经是一个老人，但他没有推脱，而是再次踏上了高原。这次考察历经4年之久，侯显全方位了解调研西藏的地理环境、风土人情、历史沿革。侯显沿途宣谕众多藏地高僧，赏赐绒棉、丝锦等物。侯显的这次出使，进一步加强了西藏地区与中原的政治、经济、文化的联系，对统一的多民族国家的形成，对汉藏人民之间的友好往来具有积极作用。正因为如此，侯显在西藏地区极具影响力。至此，侯显也结束了他一生充满传奇色彩的出使生涯。当侯显垂垂老矣，皇帝问他想要什么，他没有索要金银财帛，只是请求皇帝在他的家乡修建一座佛寺，这就是今甘肃省甘南藏族自治州临潭县的侯家寺。侯家寺建成后，年迈的侯显最后一次远赴西藏到大昭寺求法，回到家乡不久便在侯家寺圆寂。

在一望无际的青藏高原上，明朝使臣侯显带着使命沿着弯弯曲曲的路，向人烟渐渐稀少的高处，向云朵层层浓密的天空，开始了自己的藏地之行。他遍历西藏地区，在那些起伏汹涌之间，感受高原带来的深沉。在西藏，侯显托起汉藏人民友好交往的情谊，以超出想象的韧性向更深处蔓延。四下西洋、五使绝域，侯显为民族的交往交流交融、国家的繁荣发展作出了巨大贡献。

星牵沧海云帆耸，浪迹天涯纽带长：郑和

从 15 世纪"地理大发现"时期开始，人类探索辽阔的海洋，书写了一段波澜壮阔的航海史诗。此时的明朝交织着荣耀与耻辱、抗争与屈服。明永乐三年（公元 1405 年），一艘航船从江苏太仓出发，向遥远而神秘的远方。船上的郑和望着远处茫茫的海洋，眼神充满无畏与坚定。他肩负明成祖的使命，走向了这片蔚蓝深海，创造了中国远洋航海事业一段辉煌的历史。

寻访南京城，静海寺里一片静谧祥和，这座寺庙是明成祖朱棣为彰昭郑和航海功德修建的，它见证了郑和下西洋的伟大功绩，也记录了发生在 600 多年前的壮举。郑和本姓马，是元代色目人的后裔，其家族世代在元朝云南梁王属下做官。明朝平定云南，郑和作为秀童，进入燕王府做太监，从十几岁起便侍奉在朱棣左右，深得信任。为了提高身边仆役的素质，朱棣安排名师教授身边人进行系统学习，并开放府内藏书。郑和受此影响，大大提高了文化水平。靖难之役后，郑和在征战中有勇有谋、屡立战功，被朱棣赐姓"郑"。朱棣十分赏识他的才干，郑和也一直跟随朱棣，看着他一步步带领明朝走向盛世。

随着国家稳定统一，百姓安居乐业，朱棣有了出使海外的想法，想要借此宣扬大明王朝的国威，加强文化交流。可这件差事不是人

人都想去的，大海变化莫测，时而平静如小憩，时而汹涌如猛兽，一路上免不了要遭受风浪的侵袭，一不小心就会丢掉性命。郑和自告奋勇，愿意为国经略海外，宣扬国威。就这样，英姿勃发的郑和带着威服四海、胸怀天下的使命出发了，这一走竟持续了28年。

时光如水，郑和在一来一往中改变了模样。当年那个敢想敢干的少年渐渐生出白发，但他内心依旧坚定沉着，朝气蓬勃。航程中，郑和不畏艰险，带着这支勇敢的舰队一次次穿过辽阔的印度洋，他的足迹踏遍30多个国家和地区，途经南亚、西亚等地区，最远已抵达非洲东海岸和红海沿岸一带，走出了中华民族的磅礴气势，开辟了一条空前的海上丝绸之路。郑和的船队，不仅彰显了大明王朝的巍然，而且将中华文明带到了其他国家。郑和每到一地都会向当地统治者说明来意，将明朝的瓷器、茶叶、丝绸以及各种珍宝赠予对方。一些国家也会回礼，并派出使者随船队一同回到中国，仰慕天朝上国的璀璨辉煌，建立起国家友好的外交关系。郑和在外国带回大量香料、胡椒、珠宝，还带回了狮子、长颈鹿等动物，大量沿海居民沿着郑和开创的海路，开始大规模从事海外贸易以及向东南亚地区移民，极大地促进了中国与东南亚各国的政治、经济、文化的全面交流。

不仅如此，郑和还把一路上的所见所闻一一记录下来，做成航海随笔，为后来者经略海洋和后世的历史研究，留下了宝贵的文字资料。郑和七下西洋，用足迹绘出了中华民族友好交往交流的和谐篇章，用勇敢和无畏走出了中华儿女开拓海上事业的坚实步伐，对当时亚非世界的政治、经济和社会发展均产生了重大影响。在这些和睦平静的背后，也藏着许多无法预判的凶险，在航行过程中，船队因遭遇极端天气导致的危险不计其数，可这支庞大的队伍没有丝毫退缩，而是选择继续前行。这种顽强的探索精神让他们抵达遥远的地方，甚至是非洲东海岸。郑和的后半生几乎都是在海上度过，踏上这条漫长的航海之旅，他毫无怨言。无论是面对他国战乱，还是海盗劫掠，郑和始终保持着沉稳的心态，将使命进行到底。在28年的航海时间里，郑和见过辽阔的海洋，见证了不一样的自己。时空交错间，过往种种都已幻化为最美丽的期待，乘着高扬的船帆随风起舞。

郑和将人生的众多美好献给大海。他七下西洋的壮举，无一不彰显着中华儿女对海洋探索与发现的勇气和果敢。郑和将中国古代航海事业推向了一个绚丽的高潮，被誉为中国古代伟大的航海家。在生命的最后一刻，郑和没能回到祖国，而是病逝在印度西海岸，结束了自己多彩的一生。郑和虽然离去，可他留下的开放包容、锐意进取的中华民族精神泽被后世。

技艺超群，品行高洁：阮安

百川汇海塑造了灿烂辉煌的中华文明，多个民族交融汇聚一体，形成今天的中华民族。而在中华民族形成的过程中，不仅包括今天中国境内的 56 个民族，还包括仰慕中华文化、认同中国模式，愿意在中国安身立命的其他国家人民，阮安就是其中的杰出代表。他在建筑领域天才般的能力，让北京的建筑展现出中华文化融合的强大魅力。阮安将自己的命运托付给这个融合交汇的时代，在大气磅礴、古朴雄浑的建筑里倾诉着无形的文化影响，为中国与世界的交融和互鉴开辟了广阔的天地。

阮安出生于交趾，也就是今天的越南。明朝永乐年间，朝廷曾三次派人赴交趾搜罗各种人才达一万多人。这些人才为明朝的建设作出了重要贡献，阮安就是其中之一。阮安自幼聪慧，才思敏捷，尤其精通数学、建筑学。他不用查阅资料，仅凭观察和思考就能设计出优秀的工程规划，其他工程人员只负责执行就可以了。从永乐初年到正统初期，在数十年的时间里，阮安不断接触并学习繁多的建筑和水利知识。其间参与过一些小型工程的修建，为他先后在永乐、正统两个时期承担整个北京城的规划与建设奠定了坚实的基础。

明初皇城之营建极其重大，尤其是自明成祖有迁都北京之意后，都城的规划与建设便显得愈发迫切。永乐十五年（公元 1417 年），北京城正式开始建造，不到 3 年，就完成了大部分工程。无论是规划设计，还是动工建造，阮安始终是一个全面负责此工程的灵魂人物。当时的重点工程是建造紫禁城和皇城。由阮安参与建造的紫禁城南北长 960 米，东西宽 760 米。其中有前三殿（奉天殿、华盖殿、谨身殿）和后三宫（乾清宫、交泰殿、坤宁宫）。宫门正门是午门，北门是玄武门。紫禁城周围还开凿了护城河，全都用条石砌岸。经过修建的北京城，布局匀称，庄严雄伟。永乐十八年（公元 1420 年），明成祖下诏迁都，北京正式成为明王朝的新都。

正统元年（公元 1436 年），明英宗决定完成城池建设，起初人选是蔡信，然而蔡信提出的建设方案耗资太大，所需人力物力甚多，最后改由阮安负责修建北京城九门城楼。在此之前，北京的城墙上所开九门只有城门洞，没有瓮城、城楼等建筑，有的城门连官军值班所用的铺舍也没有修建。在阮安施工调度中，北京城九门是依次营建的，其施工人员主要取自在京师训练的军卒。选出一万多军卒停止操练，增加月粮，安排班次，每人增加月粮一斗，盐每月一斤。建筑费用和材料不再另外佥派，只使用官府积存的材料，永乐时期营建北京城剩余了大量建筑材料，此次均被派上用场。正统二年（公元 1437 年）正月，西直门和平则门（平则门不久改称阜成门）开始营建，第二年营建的是东直门、朝阳门、德胜门等，最后完成的是正阳门等。整个工程包括门楼、城濠、桥闸三部分，具体为：正阳门正楼一座；月城楼中左右各一座；崇文、宣武、朝阳、阜成、东直、西直、安定、德胜八门各正楼一座；月城楼一座；城墙四角各立角楼一座。所谓正楼就是城门楼，今天仍能见到的如正阳门楼（前门楼）。月城楼就是俗称的箭楼，如幸存的德胜门的箭楼。角楼今天仍能见到的只有内城东南角楼,在今天的北京东站附近。护城壕的整治包括河道疏浚、河岸修整。另外,九门外原来都是木桥,此次全部改为石桥,同时设置了九道水闸。随着整个工程的完工,北京城的面貌发生了重大改变,当时的大学士杨荣、杨溥带领其他翰林学士"登正阳门之楼而纵览",只见"高山长川之环固,平原广甸之衍迤,泰坛清庙之崇严,宫阙楼观之壮丽,官府居民之鳞次,廛市衢道之棋布,朝觐会同之麇至,车骑往来之坌集。絜然明云霞,瀹然含烟雾"。这项工程不仅使城墙愈加坚固,更美化了外观。他们在观赏的同时,不约而同地想到了阮安,对他善于谋划的能力和奉公尽责的精神大加称赞。

阮安还曾多次参与治理河道等工程。正统三年(公元 1438 年),通济河再次决口,明朝廷因此逮捕府尹姜涛,命武进伯朱冕调发兵卒,阮安总负责修治工程。阮安实地勘察后,向皇帝奏报了修治方案。他指出问题主要出在南去通州二百里的杨村驿以北,此处河流向上受白河、汤河、洛河之水、向下联合直沽南来的水一同入海。如此水势过大,必然导致决口,虽然以往屡次筑堤,但仍不能解决问题。因此,修治的办法不能是消极筑堤,而应该顺水势加以引导。阮安经过调查,发现河西务处有经道,大约二里左右,可以改凿,让水能顺流而下。他估算出这个工程需用 15000 名工人,一个月便可以完成,还附上了图纸。阮安的方案详细可行,迅速得到了批准。工程按计划如期竣工后,明英宗很高兴,特命内阁大学士杨士奇撰《通济河碑记》并立碑纪念。

阮安在建筑、水利工程方面技术高超,在为官上品质高洁、清廉如水。他一生主持过明朝许多重大工程,去世时仅留下不足十两银子。阮安的国籍是值得探讨的问题。长久以来，一些学者认为阮安是越南人。笔者却持不同意见。阮安虽然出生在越南，但是不能以出生地确定国籍，更重要的是阮安十几岁便来到中国，终其一生都工作、生活在中国，对于明朝的建筑事业投入了巨大的热情。同时，明朝皇帝也给予阮安足够的信任，并没有因为他的出身另眼相看。甚至明宣宗在临死前，陪伴左右亲密之人中，阮安也赫然在列。在唐朝、明朝等封建王朝都能吸收世界各地的精英人物，加入到促进国家全面发展的伟大事业中。今天，我们更应该拥有兼容并包、海纳百川的胸怀，吸收一切认同中华民族文化，推动中国社会全面发展，促进中华民族伟大复兴的世界各地精英，加入到中华民族的大家庭中。

直事三朝人共避，疏传千古气犹生：海瑞

根深，狂风拔不起；心正，邪恶攻不破。自号"刚峰"的海瑞，一直坚守着自己内心的那份刚正不阿，海瑞罢官、海瑞背纤、上疏指责嘉靖帝等一段段荡气回肠的故事，让他"海青天"的光环至今熠熠生辉。在民族关系方面，海瑞的见解和作为同样具有宝贵的价值。海瑞出生在汉、黎民族杂居的海南岛，又在应天、云南等多民族杂居的地方任过官，因此他对民族地区颇为了解，从而提出众多的远见卓识。

明成祖朱棣即位后，极大地促进了中华民族的统一，推行了很多有关民族平等的政策。但在明朝中后期，皇帝荒淫无能，宦官奸佞横行，朝廷内部许多隐藏的矛盾被激化，对待少数民族地区的政策也失去了往日的耐心。比如对待海南的黎族，明朝就曾3次征战，每次都耗费无数钱财，大军过后也未能采取有效措施进行治理，所以黎地社会并不安定。海瑞早在中举人时，就上书过《平黎疏》，之后又在《上兵部条议七事》《治黎策》等文章中提出了治黎策略。海瑞认为单纯依靠征战，并非"永久谋虑"，地方官吏也只是贪图当前的安稳。因此他主张应加强民族团结，重视和平治理，归化荒蛮，使民族地区长治久安。

"乘众人之智，则无不任也。"海瑞主张实行民族平等团结的政

策，认真选拔任用民族地区的官员。当时，湖南、四川、云南、广西、贵州等地区散居着苗族、瑶族、仡佬族等众多少数民族。针对少数民族的不同特点和社会发展状况的差异，明朝廷采取了不同的管理措施。对于比较进步的地区，明朝廷裁撤原来的土司改设府、州、县，派出流官担任知府、知州、知县。对于落后的地区则采取"土流兼治"的办法：或以流官为主、土官为辅；或以土官为主、流官为辅。明永乐年间还尝试推行废除土官、土酋，改设流官管理的改土归流政策。但是在明朝中后期，赋役日甚，这对贫困落后的少数民族地区人民来说更是雪上加霜。对此，海瑞认为对少数民族所征赋役，要一视同仁，不应该层层剥削。海瑞还主张克服民族偏见，重用少数民族官员，革除弊政，并且要给少数民族地区的官员一定的灵活自主权。

一把镰刀，一把锄头，组成了一支举世无双的方队；一颗种子，一块土壤，展示了一片苍翠葱茏的春晖。中国封建社会在很大程度上是基于自给自足的农耕经济发展起来的，而明代则是中国封建社会经济发生变化的开始。明朝时期，经济结构逐步由单一的粮食生产转向农、工、商并重的多种经营模式。海瑞认为即便如此，民族地区发展经济的重点仍然在于农业，因此应该让农民更多地拥有田地进行耕种。但民族地区大多自然环境恶劣、人烟稀少，所以劳动力的问题亟待解决。海瑞一方面主张要注意民族地区的休养生息，提倡增加民族地区的人口；另一方面主张将一些没有田地的农民迁移过来，与当地人民结为里社，使"田有人耕垦"。此外，海瑞还从"商贾通焉而资天下"的思想出发，积极主张发展民族间的贸易往来。但是贸易往来必须要有便利的交通作为支撑，闭塞的交通恰恰是导致民族地区不能更好发展的重要原因。因此，海瑞主张朝廷在稳定民族地区后，应尽快开通道路，设立县署，增进各民族之间的政治、经济、文化交往交流。

自幼生长在多民族杂居地区的海瑞，对民族平等也有着更真切的认知，他以中华民族团结为出发点，提出了以发展农业为基础、以充分利用土地和人力为条件、以开道立县为重要前提、达成最终教化发展民族地区为目的的民族治理政策，这些都为后人治理民族地区提供了重要的借鉴意义。

心存报国志,甘做先行者:李贽

能够溅起思想水花,必须要足够激荡。李贽是明代著名的思想家、文学家,他的创新思想对当时日趋没落的儒家思想带来新的冲击。而鲜为人知的是,李贽在民族方面也有自己独到的见解,而这与他从小的生长环境是有很大关系的。李贽出生在福建泉州,其家族因经商发家,也因经商没落。唐朝年间,泉州作为东南沿海重要的通商口岸,是经商之人的好去处。李贽的祖先因经商长久定居于此,成为地方上的商贾大户。当时的泉州有大量回族商人定居,李贽祖上也与回族女子通婚。到了李贽祖父这代,原本富甲一方的李氏家族已是大不如前,逐渐变成了贫民。当时正是明太祖朱元璋当政时期,重农抑商政策的推行阻断了李氏家族的经商之路。于是,李贽在26岁考上乡试举人后,便选择入仕。从此,他一心扑在事业上,想凭借自己的努力打拼出一番事业。

万历五年(公元1577年),李贽出任云南姚安知府。当了20多年闲差的李贽终于等来了一个可以展现自我价值的机会。治理姚安并非易事,彝族、白族与汉族杂居,民族矛盾冲突不时发生,这使李贽发出"从故乡而来,两地疮痍同满目;当兵事之后,万家疾苦总关心"的感慨。李贽看到百姓在民族纷争、社会动荡中苦苦挣扎,那种挣扎的痛苦是他身处逆境时经常能感受到的。满眼的凋敝景象使李贽心情沉重，他决心改变这一切。李贽迎难而上，大胆革新，奉行"华夷无间""一视同仁"的民族思想，始终坚持国家统一、民族团结，在对待民族问题上有着自己独到的见解，很好地解决了姚安地区的民族问题。李贽在当地推行"易其俗，顺其性，不拂其能"的民族政策，提倡在民族地区实行仁政，关心百姓疾苦，着力改善民族关系。

姚安的历史里，留有李贽的身影。李贽和他的思想如春风化雨般走进了姚安人民的生活里。在任3年，姚安地区社会安定团结，境内民族和睦共处。"做官无别物，只此一庭明月，两袖清风"是李贽为官的真实写照。看到姚安的惨淡境况，李贽认为很多问题源于思想固化，只有开化思想、启发民智，才能从根本上解决问题。特别是姚安地区民族矛盾突出，人们只有摒弃民族偏见，民族之间的矛盾冲突才有可能彻底解决。李贽主张在姚安办学，他设立书院，通过教育启迪人们的思想，一改姚安以往不重视教育的社会风气。他认为，人人都有受教育的权利，不分民族、性别、贫富，如若一心向学，都可以进入书院学习。

在对待少数民族问题上，李贽采用"优抚"政策，改变了以往姚安地区少数民族被边缘化的问题，而是对他们宽以待之。他从各民族实际出发，正视各民族的差异所在，尊重每个民族的语言、风俗和习惯，在生产生活上给予他们鼓励和支持。李贽认为，各少数民族之所以有分歧，很大程度上在于利益的相互牵扯，所以他创造各种有利条件改善少数民族的经济状况，提高他们的生活水平。社会经济发展，生活安定富足，各少数民族的矛盾自然就会减少，整个姚安也会焕然一新。李贽在传统主流思想与自身价值观念之间的百般较量中，最终选择了后者。在 3 年任期未满的情况下，李贽离开了姚安，可历史见证了他在姚安的政绩，面对少数民族矛盾纷繁复杂的情况，他能够站在维护国家统一、民族团结的高度，带领姚安人民走出了一条安定团结、和谐有序的发展道路，这足以证明他的执政才能。

李贽情牵民生，关心百姓疾苦，始终与人民同心相连，他一心系家国、同心续血脉，将民族平等深深融入思想深处，付诸于实际行动。为官期间，李贽摒弃民族偏见，着力改善少数民族的生活状况和精神面貌，促进了各民族的交往交流交融。

人生无须几回转，一诺西南九驿通：奢香夫人

山高路远的边陲之地——四川古蔺，此地青山如画，小河潺潺，彝族文化为这里增添了一丝神秘感，这就是奢香夫人的出生之地。在古蔺，奢香夫人书写了自己传奇的一生，至今当地的文化广场耸立的八根石柱上，雕刻着英姿飒爽、气质非凡的奢香夫人浮雕，当地人民世代传颂着她为国为民的英雄事迹。

元至正二十一年（公元1361年），古蔺恒部扯勒家族出生了一个女孩，父亲为她取名"舍兹"，后人称作奢香。家世不凡的奢香，自幼受到良好的私塾教育。她敏思好学，聪慧过人，为人处事大方得体。转眼间，奢香长成14岁的少女。她天真灵动，很受父亲喜欢。父亲早早安排了她的婚事，将她嫁给时任贵州宣慰使、水西彝族默部首领陇赞·霭翠。霭翠本人上进可靠，有勇有谋，奢香的父亲对他很满意。婚后的奢香没有安稳地做起宣慰使夫人，而是帮助丈夫处理政务。她饱读诗书，处理政事游刃有余。奢香夫人受到当地彝族人民的爱戴和尊敬，人们纷纷夸赞其贤能。可惜平静美好的生活没能持续太久，霭翠就去世了。奢香夫人一时难以承受失去丈夫的痛苦，可她知道必须要振作起来，还有众多事务在等待她完成。于是她调整心态，将全部重担默默扛在肩上，继续完成着丈夫未竟的事业。因为儿子年幼，奢香夫人被提拔为贵州宣慰使，接替了丈

夫的职务，开始了她的从政之路。任职期间，奢香夫人兢兢业业、恪尽职守，为国家统一和民族团结作出了划时代的贡献。

此时正值明朝初年，虽说明王朝已建立十几年，可元朝残余势力依然盘踞在西南一带，威胁着明朝的统治。在奢香夫人摄政的那年，朱元璋决定南下出征，铲除元朝残余势力。明朝大军浩浩荡荡地经由贵州南下伐敌，浩大的声势引起注意。为了维护水西地区乃至整个贵州各地的社会秩序，奢香通晓民族大义，让明军在自己管辖的水西地区安营扎寨，并主动为明军提供粮草和马匹，还为他们疏通道路，以便大军顺利南下。在贵州，仅仅得到奢香夫人的支持还是不够的，彝族各部势力盘根错节，如若大军公然从各部统辖的地盘上经过，可能会引来各部势力的不满。于是，她以国家统一为重，凭借自己在当地的政治威望，亲自游说各部首领，向他们陈清利弊。最终，在奢香的努力劝导下，首领们同意为明军南下征讨让路，此举帮助明朝大军顺利进入云南，消灭了长期盘踞在云南的割据势力，进一步加快了国家统一的进程。

明洪武十七年（公元1384年），朝廷派马晔驻守贵州。马晔对少数民族持有偏见。到达贵州后，他强征赋税，做事蛮横无理。在他的管理下，当地人民苦不堪言，奢香夫人作为贵州宣慰使多次上书说明情况，可马晔却不以为然。奢香夫人的下属十分气愤，决定率兵起事，为她讨个公道。奢香夫人虽然很生气，但她冷静过后，规劝下属，认为马晔的做法就是为了激起民愤，挑起事端，然后造成是我们不服从朝廷命令，公然与朝廷作对的假象。奢香夫人以国家大局为重，她撇下个人恩怨，思量再三后，决定启程京师，向朱元璋禀明个中缘由。朱元璋获悉震怒，下令将马晔下狱，同时在御花园赐宴，赏赐奢香夫人大量金银和锦缎等物，对其进行安抚。奢香夫人也表示，愿意继续为贵州地区的经济社会发展尽心尽力，助力明王朝早日完成统一大业，让国家繁荣昌盛，各族人民安定团结。奢香夫人此举既避免了战争的发生，又获得了朝廷的信任。

离开京师后，奢香夫人带领各部落开通驿道，打破了贵州以往封闭落后的局面。不仅加快了地区间的贸易往来，改善了贵州经济落后的状况，促进了各民族交往交流交融，稳定了西南地区安定团结的局面。为了改变彝族经济落后的现状，奢香夫人从内地招揽能工巧匠，帮助当地人学习先进的耕种技术，带领他们大力开垦荒地，发展种植业，很大程度上改善了百姓的生活水平，促进了当地经济社会的发展。

奢香夫人明白，只有顺应时代潮流，将自己领导的地区纳入明朝统一的版图，各族人民友好相处，才是最合理的归宿。她以高瞻远瞩的视野在当地积极传播汉文化。在处理政务时，当地人免不了要与汉人交流，可面对语言不通、文字不同，交流起来确实存在障碍，而且奢香所管辖的地区十分闭塞，当地彝族人比较多，所以人们交流还是习惯用本民族语言，这必然存在很大的局限性，特别是驿道的开通让各族人民的交往交流逐步增加，如果能用汉语进行交流，肯定会大幅度降低交流成本。因此，奢香夫人认识到学习汉文化的重要性和必要性。她以身作则，在工作间隙努力学习汉文化，希望自己和汉人交流时，不再需要翻译。经过奢香夫人的艰苦学习，她不仅能用汉语进行交流，还能用汉文写诗作赋。她还将自己的儿子阿期陇弟送去长安的京师太学读书，在京师学习3年后，朱元璋赐其姓为"安"，以此褒奖奢香一家在西南地区的积极作为，并赐给明朝官员的三品朝服以及金带，还有白银 300 两。

奢香夫人在当地传播发展汉文化作出了骄人的成绩。奢香夫人是在西南地区创办汉文学校的第一人，极大地推动了汉文化在西南地区的发展。她创办贵州宣慰司，招揽一些汉族的知识分子来这里教书，规定凡是来这里接受教育者，没有汉夷之分，也没有地位尊卑之别，只要想接受教育，都可以到这里学习。奢香夫人的做法为当地的社会经济发展培养了一批又一批人才，也在潜移默化中淡化了汉族与少数民族之间的民族隔阂，促进了各少数民族文化与中原文化的交流融合发展。在发展汉文化的同时，奢香夫人还推进改革了彝族文字，她打破了彝族文字的神秘色彩，让彝族文字走进人们的日常生活中。为了加强文化交流，她派人将很多汉文典籍翻译成彝文，以便当地人进一步了解和学习汉文化。

在奢香夫人的一生中，我们可以看到很多个层面的她。腹有良谋、见识高远的奢香夫人，面对部族压力，坚定地站在维护国家统一和民族团结的高度上，一心归附明王朝，巩固了西南地区的稳定。识大体、顾大局的奢香夫人，能在遭遇不公时，沉着应对，稳住大局，最终实现了汉族与少数民族的和谐发展。胸怀大志、心有丘壑的奢香夫人，在当地积极发展汉文化，一步步带领族人奋发图强、自力更生，走出了一条各民族和谐发展的康庄大道。

守护祖国边地，挺立民族脊梁：麻贵

走过明长城的截截遗迹，日光渗着层层黄土，白杨挺风而立，向人们诉说着那段久远历史的沧桑和变迁。它像一位战士，无声无息地耸立，背脊却又那般威武，跨越千年，轮廓至今仍清晰可见。它的背后，同样蕴藏着无数挺拔的民族脊梁，明代名将麻贵出生在此地，他一生的轨迹贯穿明长城的整条边防线。

《明史》记载，麻氏家族香火鼎盛，多出将才。明代大同右卫为其原生地，属回族人。明朝中后期，麻氏家族功勋累累，为维护明朝的稳定和统一作出了巨大贡献。据史学家统计，明代大同右卫籍武将共有83名，其中麻氏家族有33人之多，占总数的近40%。而且家族中多有良将，有麻全、麻政、麻禄、麻贵、麻承宗等人，在明代都是一品大员。麻贵当属其中的佼佼者。麻贵出生于嘉靖十七年（公元1538年），父亲麻禄历任大同参将、宣府副总兵，哥哥麻锦为山西总兵官。作为将门之后，麻贵南征北战，从宁夏到朝鲜，从平叛乱到抗倭寇，已到古稀之年的他又重回战地，为国镇守辽东，一生战功累累。

明朝时期，军人职位可以世袭。起初，麻贵凭借父兄在军中的显赫地位，由舍人从军，一步步累功至都指挥佥事、宣府游击将军。麻贵从军比较早，小小年纪就有所作为。除了家族环境熏陶，麻贵在军事上有着杰出的才能。在他19岁时，大批蒙古军队南下侵扰，围困右卫城，麻贵跟随父亲麻禄参加此次保卫战。敌人日益逼近，将右卫城围得水泄不通。双方僵持数天，右卫城中已是粮草尽无，将士们个个面容枯黄，士气大减。麻氏父子意识到，再这样下去，溃败迟早发生。麻氏父子倾尽所有支撑起整个军队，振奋军中士气，抱着必死的信念决心与敌人抗衡到底。敌军本想趁着他们孤立无援之际，彻底摧垮他们。可敌军没想到的是，右卫城的将士们坚守如石，没有半分退缩，眼看久攻不下，敌军只得悻悻而返。麻氏父子守住了右卫，这场保卫战也让19岁的麻贵第一次体会到家国的重要性。右卫作为蒙古南下的一条必经路线，无论对蒙古还是明朝来说，都意义重大。面对蒙古屡屡来犯，右卫城的将士不肯屈服，而是愈挫愈勇，在这一过程中，麻贵也因抗击蒙古有功而受赏，擢升为参将。

清风穿过岁月，麻贵一次次奔赴前线，一次次肩负起保卫国家的伟大使命。在麻贵升任大同新平堡参将后，为防止蒙古来犯，他严密部署防线，只为保护新平堡人民的安全。与麻贵多次交锋后，蒙古损失较大，加上与明王朝在经济上开始贸易往来，蒙古决定与明朝罢战息兵，并提出了要与明朝"通贡互市"的请求。麻贵作为这场交易的直接对接人，皇帝在征求他的意见时，麻贵斩钉截铁地表示赞同。尽管双方交战多年积怨颇深，可麻贵认为，互市贸易对双方都有好处，各民族和平共处才是最重要的。麻贵的意见促成明朝同意蒙古"通贡互市"的请求，双方化干戈为玉帛，开展了一系列友好的交往交流。为保持长城内外通贡互市的有序进行，麻贵严格要求手下官兵维持好贸易秩序，保证各族百姓和平相处、友好交往、公平买卖。在麻贵的治理下,新平堡一带各民族之间交往频繁,商业贸易繁荣发展,形成一派和谐的景象。今天,如果你走过新平堡,映入眼帘的是一排排整齐的商铺,人来人往间,仍能折射出数百年前的繁荣景象。

翻开厚重的历史,抬头继续往前走时,麻贵的使命轨迹渐渐明朗起来。万历年间,曾经鼎盛的大明王朝走向衰败,作为明朝最懈怠的皇帝,万历皇帝20年不曾上朝,这为明朝的灭亡埋下了隐患。明朝的社会秩序开始紊乱,西北地区内外勾结,纷乱四起,让整个地方陷入混乱。暴乱主要集中在宁夏一带,作为明朝九边重镇之一,宁夏的战略地位尤为重要,一旦失守,后果不堪设想。当务之急必须派兵镇压宁夏叛乱。万历皇帝听闻"东李西麻"的说法,山西麻家将平患多年,且麻家军治军严整,战斗力强。在麻贵的带领下,麻家军的将士们个个骁勇善战,抵御边疆骚扰,屡屡获胜,使得敌人不敢轻易来犯,保住一方平安。如今宁夏地区危机重重,万历皇帝反复权衡,决定将驻守在山西的麻贵调往宁夏,授予副将总兵之职,将宁夏平叛的任务交由麻贵负责。身负如此重任,麻贵自然不敢有一丝懈怠。驻防宁夏后,麻贵快速深入宁夏腹地了解情况。他发现由哱拜和刘东旸挑起的这场内乱,实则背后有卜失兔诸部的支持,他们互相勾结,企图扰乱西北地区,称霸一方。麻贵当机立断,摧毁了哱拜和刘东旸的势力。可卜失兔部仍屡屡进犯内地,侵掠当地百姓。麻贵凭借多年的作战经验,亲率大军直捣敌军营帐,一路向前,彻底粉碎了卜失兔部的进攻,并取得了决定性的胜利。大败敌军的消息传到朝廷,万历皇帝大喜,升任麻贵为"进署都督同知",并承诺麻贵子孙世代有做官、读书的特权。麻贵镇守边防数十年，他率领的麻家军威风凛凛，横扫四方，抵御了无数次外来势力的侵扰，战功卓著，他本人也被朝廷誉为"百胜将军"。

　　一座座斑驳陆离的城门，承载了麻贵的整个军旅生涯，他站在最西边眺望祖国，祖国依旧巍然耸立，麻贵把坚守和担当的背影留给国家和人民，把孤独和悲戚留给自己。后来，麻贵受命远赴朝鲜，抗击倭寇，将敌人挡在了家门口。他出任辽东总兵，镇守辽东在边防线上留下了自己决然的身影。60年的戎马生涯，麻贵为国为民的热情始终未减半分，而是充满勇猛和忠义。

勇猛善战，一心为国：瓦氏夫人

华夏民族抵御外侮、捍卫家园的史诗中，总少不了浴血奋战的巾帼豪杰。此身愿化中天月，半照边关半照家。驰骋千里，历时半载，为的是祖国那一方水土，拼的是那份忠肝义胆。那夕阳下坚韧的背影，那缕随风飘动的白发，年迈的战士在刀光剑影中书写了一段传奇。古往今来，斗转星移，往事皆尘封于浩瀚史海，但瓦氏夫人的故事被不断再述、书写，成为那颗最璀璨的明星。

明弘治九年（公元 1496 年），瓦氏夫人出生于广西靖西的一个壮族土司家族，其父是土司岑璋。瓦氏夫人原名岑花，她从小便跟随父兄习读诗书、练习武术，好打抱不平，助人为乐。这样的经历塑造了瓦氏夫人巾帼不让须眉的英雄气概和坚韧品格。长大后的岑花嫁给了广西田州第十三代土司岑猛，改称瓦氏。田州地处祖国西南边陲，田州岑氏土司素有保家卫国的优良传统。田州俍兵大多数是在当地生活的少数民族，他们平时务农，战时则为兵，骁勇善战。从北宋崇宁到明朝嘉靖年间，田州岑氏共有 8 位土司应诏率兵出征，还有的被封为"武略大将军"。瓦氏夫人的丈夫岑猛早逝，此时年仅30 岁的她一面亲自管理州里的事务，另一面精心抚育幼子岑芝。嘉靖三十二年（公元 1553 年），岑芝出征南海，不幸战死，瓦氏又精心抚育幼小的曾孙岑大寿和岑大禄，有条不紊地处理田州政事。如此气魄，瓦氏夫人得到州内外百姓的尊敬。

明朝初年，日本的浪人常常勾结海盗，骚扰我国沿海地区。沿海地区的人民深受其害，苦不堪言，将其称为"倭寇"。嘉靖三十三年（公元1554年），倭寇驾驶着数百艘劫掠船侵扰中国沿海，江浙沿海数千里的地方同时遭到威胁。当时，明朝廷任命原南京兵部尚书张经为总督，前往江浙沿海抗倭。张经曾任总督两广军务，深知广西俍兵勇猛善战，于是决定征调田州土司岑大禄及俍兵出征。此时年近六旬的瓦氏夫人从国家大局出发，审时度势，认为其曾孙大禄年幼尚不能胜任军职，于是力排众议，请求督府允许她亲自带兵出征。张经以前就知道瓦氏夫人精通武术，机智又有胆略，于是同意了她的请求，并授予她"女官参将总兵"的军衔。瓦氏夫人怀着与敌决战、保国卫民的决心，率领广西俍兵6000人开赴江浙抗倭前线。克服一路上的艰难险阻，风餐露宿，瓦氏夫人带兵抵达浙江，在浙江嘉兴面见御倭统帅张经时说："是行也，誓不与贼俱生！"

瓦氏夫人来到抗倭前线时，正值倭寇疯狂侵犯沿海城镇。两万余名倭寇占据柘林川沙洼，以枯木为巢。瓦氏夫人出战心切，向张经请求迅速投入到战斗中。但是张经考虑到广西俍兵刚到，还不熟悉情况，不允许他们轻举妄动，瓦氏夫人只好遵守待命。4月5日，瓦氏夫人奉命到漕泾镇截击倭寇。在这次阻击战中，由于敌我力量过于悬殊，瓦氏夫人带领的军队被倭寇重重围困，伤亡颇重。瓦氏夫人的属下钟富、黄维等14个重要将领先后阵亡，瓦氏夫人极为愤怒，她奋不顾身，披发舞刀，往来冲杀，浴血奋战，终于杀出了一条出路，胜利突围。4月19日，倭寇2000余人突然出现在金山卫，并从独山进犯嘉兴。总兵俞大猷率兵抗击，后又被倭寇反攻，伤亡惨重。形势危急之时，瓦氏夫人率领俍兵在敌后英勇出击，牵制了倭寇兵力。俞大猷军得以脱险，全靠瓦氏夫人的战功。4月21日，倭寇再次进犯金山卫。在战斗中，白波所率领的明军被倭寇重重围困，瓦氏夫人奋身援救，纵马冲杀，破寇重围，取得了反包围的胜利。5月初，倭寇万余人从柘林出巢，窜犯浙东沿海地区，所过掳杀，惨不忍闻。总督张经指挥各路明军，发动了著名的王江泾之战，瓦氏夫人也参加了这次战斗。瓦氏夫人在此战中负责追击倭寇，同时半路截杀，战功显著。此战结束后，当地百姓箪食壶浆犒劳俍兵，赞颂瓦氏夫人为"宝髻将军"。因抗倭战争中的优异表现，明世宗两次犒赏瓦氏夫人，封其为"二品夫人"。瓦氏夫人和戚继光、俞大猷等抗倭名将，在总督张经的统一指挥下联合作战，沉重打击了倭寇势力，使得抗倭战争取得节节胜利。嘉靖三十四年（公元1555年），瓦氏夫人率军回师田州，不久病逝，终年59岁。葬于今广西壮族自治区百色市田阳区那兰村路桥。

八桂大地上，保家卫国的传统从古至今从未中断。如果说"若有战，召必回！"是对当代退役军人拳拳爱国之心的生动诠释，那么"若有战，召必往，敢战能胜"则是对明朝抗倭英雄瓦氏夫人忠贞勇毅、誓死维护国家利益的真实写照，充分表现了广西壮族、瑶族、苗族等各族人民抵御外敌入侵的爱国情怀和英雄气概。瓦氏夫人是我国历史上一位少数民族出身的巾帼英雄，而她在战场上表现出来的爱国情怀和大无畏精神，更是一笔宝贵的精神财富，值得我们代代相传。

国家之栋梁,文武之仪形:鄂尔泰

走过沧桑的历史,每个人物都闪耀着属于其特有的光芒。从鄂尔泰身上,我们看到了一位功臣历经帝王更迭后所经历的成功和没落。鄂尔泰人生有过的高光与辉煌,是他不屈服、不妥协的褒奖。他经略西南,在人声鼎沸处隐匿光芒,顶住来自多方的压力,开拓属于自己的天地。鄂尔泰在那些不甘平庸的日子里经历自己的悲喜人生,也让我们看到了他的定力与傲骨。

在中国的云南、贵州、广西、四川、湖南、湖北等地,居住着苗族、彝族、壮族、白族、瑶族等众多少数民族。为了加强对这些地区的管理,从元朝开始,中央政府便实施了土司制度。明朝时期,土司制度进入高峰。其执行范围不再局限于西南民族地区,而是进一步向包括东北地区在内的全方向少数民族地区发展。在一定时期内,土司制度对稳固中央对西南地区的统治、守护边疆稳定以及协调各土司之间的矛盾发挥了重要作用。但随着明朝后期统治力的下降,西南土司又重新回到拥兵割据的局面。清朝初年,迫于少数民族地区土司的强大实力,清朝廷基本上延续了明朝的土司制度,但是在具体政策执行上,对于土司权力的弱化开始显现,并逐渐占据重要地位。

土司制度赋予了土司极大的权力,一些土司拥兵自重,对朝廷叛服无常，妨碍了国家统一，阻碍了地方经济、文化的进步，给社会带来了极大的不稳定因素。其中一些战乱更是导致民不聊生，给百姓带来了极大的痛苦。权力的过度下放也使得土司鱼肉百姓，各地的大小土司如同部落领主，广大土著居民皆是他们的奴隶。数百年来，朝廷也曾尝试改变政策，但均未成功。

雍正皇帝即位后，西南各省地方官纷纷上奏，要求彻底解决这一重大问题。当时朝中众多大臣认为，解决问题的唯一办法就是"改土归流"，即取消土司制度，改为一律由中央政府派遣流官的制度。于是，雍正皇帝派鄂尔泰为云贵总督，让他去先去调查情况。鄂尔泰带着兵刚到云贵地区，就遭到当地土司的骚扰，兵营房也被烧毁。经过调查，他发现要想稳定地方统治，必须彻底根除土司制度，坚决实施改土归流的政策。次年，鄂尔泰呈上《改土归流疏》。他在奏折中阐述改土归流的原则：以用兵为前锋治其标，以根本改制治其本。对反抗的土司采取"剿抚并用"的措施，坚决剿灭顽抗到底者，但只要肯悔改，即使之前反抗过的土司也一律宽恕。其中，重点策略是促使土司投献，投献者给予安抚，表现好的可任命为政府的流官，尽量减少敌对情绪，减轻改土归流的阻力。鄂尔泰的奏疏使雍正帝下定决心实行改土归流，并委任鄂尔泰全权处理改土归流事务。

获得实权后的鄂尔泰实施了轰轰烈烈的改土归流运动。首先，鄂尔泰以长寨土司作为突破点。当时长寨土司不断向清朝官兵挑衅，于是鄂尔泰选择先摧毁长寨土司，并在此设立了长寨厅（今贵州省长顺县）。清政府派来流官进行管理，这为鄂尔泰顺利进行大规模改土归流开创了良好的开端。长寨的形势安定后，雍正帝破格升任鄂尔泰为云南、贵州、广西三省总督，这三省也是改土归流任务最重要的省份。鄂尔泰上任后，全面了解三省特点和三省土司的情况，进一步制定了改流和用兵的计划。在鄂尔泰的努力下，改土归流大张旗鼓地开展了，更有不少少数民族积极拥护改土归流政策。为了进一步巩固西南数省改土归流的成果，鄂尔泰还进行了一系列相关工作。首先是做好善后工作。改土归流之后，许多矛盾处理不好就会激发新的冲突。而且各民族之间的风俗差别较大，如果短时间改派满汉流官，可能难以适应这里的复杂局面。所以鄂尔泰提议如果之前的土官还能任用的话仍让其担任流官，并对表现突出者予以褒奖。对于那些不习惯做流官，但态度友好的土司，则拨付田产、银两，为其安排好后续生活。对于那些罪大恶极的土司，或者在改土归流过程中一直抵抗或反对者，则严厉打击，从重治罪。鄂尔泰认真挑选有能力、肯吃苦的流官，为安定改土归流地区发挥了积极作用。

此外，为了让人民休养生息，鄂尔泰还实行了地丁钱粮制度。对于那些收成少的地方减轻、减免赋税，甚至给予救济，使这些地区尽快恢复生产生活。他还在改土归流地区重新调配土地，将土司霸占的土地按清单归还给农民，招纳农民耕种荒芜无主的土地，号召农民开垦未开荒的土地。官府发放给农民农具、种子，并规定对于新开垦的土地、水田6年后征税，旱地10年后征税。鄂尔泰还带头号召官员、富户捐助生活困难的土著居民兴修水利，开辟河道，把内地的耕种、纺织、冶铁、烧窑、采矿等生产技术带到改土归流地区，大大促进了当地社会的发展。为了改变改土归流地区落后的风俗习惯，鄂尔泰普遍开设学堂，安排教师，让儿童免费入学。他还执行了雍正皇帝的"割贱为良"政策,解放奴隶,严禁仇杀、破除近亲通婚的陋习。鄂尔泰推行的这些措施让土著居民在改土归流中切实得到了好处,从而更自觉支持、维护这一政策。

改土归流运动是中国历史上的一件大事,这项改革制度不仅改善了部分少数民族地区落后闭塞的面貌,还加强了各民族政治、经济、文化的交流,促进了民族融合,巩固了统一的多民族国家。从关键之时的上书,到制定和实行改土归流具体措施,鄂尔泰历时多年,为边疆安定团结付出了努力。仅此而言,鄂尔泰就称得上是清代最杰出的政治家之一。

所爱隔山海，山海皆可平：渥巴锡

元朝灭亡后，蒙古族四散分离组分成了诸个部落，各部落为了自身的利益纷争不断。作为漠西厄鲁特蒙古的准噶尔部和土尔扈特部之间的矛盾尤为突出。准噶尔部势力日益强大，不断侵占土尔扈特部的草场、掠夺物资，甚至杀害部民。明朝末年，土尔扈特部为了生存，在首领和鄂尔勒克的带领下被迫离开故土向西迁徙，到达伏尔加河下游的额济勒地区，当时那里并未被沙俄占领，他们用勤劳的双手建立了自己的家园，称土尔扈特部，和鄂尔勒克就是渥巴锡的先祖。

土尔扈特人在额济勒生活了 100 多年，但历任首领都知道这里并不是他们真正的家，都认定自己根在东方，族人所使用的语言也是汉语和蒙古语。在他们家园的北边是崛起不久的沙皇俄国，曾多次想要胁迫这支游牧部落归顺，在政治、经济各方面对土尔扈特部实施高压政策，不断迫害土尔扈特人，甚至切断他们与其他蒙古部落的联系，强迫土尔扈特人改变宗教信仰。在沙俄与奥斯曼土耳其帝国战争期间，强行征收数 10 万土尔扈特部士兵，一场接一场的战争给这个民族带来了巨大的灾难。沙俄贪婪的野心永远无法满足，让大量的哥萨克移民向东扩展不断压缩土尔扈特人赖以生存的游牧地带。但这并没有让土尔扈特人屈服，反而激起他们强烈的反抗。

而此时清朝优待蒙古各部落的消息传来，受尽欺压的土尔扈特人愈加思念祖国。历代首领也知晓想要挽救部落的唯一出路就是回归祖国，这也是族人多年来所向往的，但由于路途遥远、旅程艰难等种种原因未能实现。阿玉奇汗时期，土尔扈特部重新与清朝廷建立联系，康熙帝也派遣图里琛出使。阿玉奇汗对图里琛说："我们与俄罗斯衣冠风俗不同，最终会回归中国。"从此，土尔扈特部与祖国的联系从未中断，定期去北京朝觐，哪怕要绕道西伯利亚历经一两年的艰苦路程也并未放弃。最终，在渥巴锡汗的带领下，土尔扈特部终于回到祖国。

渥巴锡自小接受良好的教育，他精通汉语、喜爱诗词，并且亲眼目睹族人所遭受的暴行，他幼小的心灵早就埋下思念故乡、回归祖国的种子。年仅18岁的渥巴锡继承汗位后，为摆脱沙俄的剥削压榨，实现历代首领的遗愿，精心谋划决心率部返回祖国。渥巴锡在组织部落起义、计划东返阶段中表现出杰出的组织才能，在沙俄统治下的土尔扈特部内部早已分化，东归计划一经提出，支持沙俄的扎木杨就写信告知阿斯特拉罕省长别克托夫，而主管土尔扈特部事务的基申斯科夫与别克托夫不和，他狂妄自大不相信渥巴锡会组织全部族人东归。渥巴锡正是利用沙俄官员之间的矛盾，以及他和扎木杨历来不和的事实，巧妙地将东归秘密泄露归罪于扎木杨玩弄权术，为组织起义争取了时间，也断绝了其他人告密的心思。建立谋划团队是顺利东返的必要前提，渥巴锡在叶诺塔耶夫斯克召开秘密会议，确定6名人员负责东归事宜，他们在领导土尔扈特部东归祖国的斗争中发挥了重要作用。

乾隆三十六年（公元1771年），渥巴锡带头烧毁自己的宫殿，其他部民也纷纷烧毁自己的毡房，高喊着："回到东方去，到太阳升起的地方，开启我们新的生活。"十几万土尔扈特人起义，趁敌不备，兵分三路迅速强渡乌拉尔河，义无反顾地踏上归国之路。然而东归之途注定不会一帆风顺，消息传到圣彼得堡时，女皇叶卡特琳娜二世大怒，认为这是对沙俄统治的蔑视与挑衅，立即出兵追击，这给艰苦行军中的土尔扈特人以沉重打击。东归之途遥远而漫长，一路上他们不仅要抵御俄军追击，还要经历严寒与酷暑，走过冰封的乌拉尔河，越过泥泞难行的哈萨克草原，穿过奥琴峡谷……渥巴锡运用他的聪明才智和卓越不凡的军事才能，甩掉了紧追不舍的俄军，让整个部族化险为夷，但自然灾害、长途跋涉、敌军围追堵截等因素导致土尔扈特部人数锐减，当这支队伍克服艰难险阻历经8个月到达边境与清军汇合的时候，所剩人口仅剩原部落人员的三分之一。

乾隆帝在得知土尔扈特部回归祖国的消息后，派御前大臣、亲王等人接待，命令沿途官府供给食物进行赈济。沙俄得知土尔扈特部顺利东归后十分恼火，指责清朝"不当收留"，要求将归清的百余名俄罗斯人归还，清朝义正辞严地拒绝了沙俄的要求，还为历经磨练的他们提供庇护。在承德避暑山庄，乾隆帝热烈接待了渥巴锡的觐见，设宴招待成功东归的全部人员。乾隆帝下旨大力优待土尔扈特部，并让朝臣挑选水草丰茂的地区让他们永久定居下来。渥巴锡将祖传的腰刀进献给乾隆皇帝，这把刀现收藏于故宫博物院，剑鞘的白色皮条上写着满、汉、蒙三种文字，"渥巴锡进"这几个依稀可辨，这是中华民族共同体的历史象征。

回归祖国后，土尔扈特人与当地各族人民和睦相处，共御外敌，为维护我国边疆地区的稳定、促进民族团结作出了重大贡献。为了表彰渥巴锡率部回归祖国，乾隆帝封他为"卓里克图汗"，意为"英勇的汗"。

渥巴锡炽烈的爱国主义精神，在组织、领导史诗般的东归中所表现出的才智，在中华民族发展史上写下了光辉的篇章，为后人所敬仰。当然，能够顺利东归从根本上说是得到了部落人民的支持和拥护，基于他们对沙俄统治的愤恨、对祖国故土的思念之情、对新生活的美好向往，形成巨大的合力。没有族人的大力支持，这一历史功绩是难以取得的。土尔扈特部离开故土百余年，始终在情感和文化上保持与祖国的联系，身处异国他乡仍然不畏艰难险阻，毅然东归，这是中国乃至世界历史上一桩可歌可泣的重大历史事件，彰显了中华民族强大的凝聚力和向心力，正是因为各民族对祖国的强烈情感才能推动中国这个统一的多民族国家不断发展巩固。

万里戍边,保家卫国:锡伯族

锡伯族波澜壮阔的西迁历程,不仅缔造了他们辉煌的民族历史,磨炼了锡伯族人民坚韧的民族意志,还促进了各民族之间的交往交流交融。锡伯族人民具有以爱国主义为核心的团结统一、勤劳勇敢、自强不息、保家卫国的民族特质,胼手胝足、披荆斩棘,为守护祖国边疆的锦绣河山抛头颅、洒热血,为整个中华民族的发展作出了重要贡献。

锡伯族是我国北方地区的少数民族之一,具有悠久的历史文化。锡伯族祖居在今内蒙古自治区呼伦贝尔市海拉尔区东南的扎兰陀罗河流域,后来主要分布在辽河平原、松嫩平原和伊犁河冲积平原一带。人口集中在我国东北的辽宁省和西北的新疆维吾尔自治区境内,也有部分人口居住在黑龙江、吉林、内蒙古、北京等地区。乾隆二十年(公元1755年),清军平定了新疆北部的准噶尔部叛乱,乾隆二十四年(公元1759年)又平息了新疆南部的大小和卓之乱。战后的新疆距离北京路途遥远、人稀地广,外有沙皇俄国虎视眈眈,内有极端势力蠢蠢欲动。第一任伊犁将军明瑞上任后,发觉伊犁兵力不足且防务不坚,于是上奏希望朝廷调派勇猛善战的锡伯族士兵充实军备、保卫边疆。乾隆二十九年(公元1764年),清廷从东北地区的锡伯族官兵中挑选千余人,将他们连同家眷一起派往新疆伊犁。

乾隆三十年（公元 1765 年），锡伯族官兵抵达新疆伊犁，他们一路风餐露宿，艰辛曲折，可队伍非但没有减员，途中还增加了 300 多个新生儿。这次西迁耗时一年零三个月的时间，行程长达一万余里。

锡伯族的文化具有典型的各民族交往交流交融的特点。元朝时期，处于渔猎文明时期的锡伯族接受了蒙古族文化，使用蒙古族语言文字。清朝之后，历经数次迁徙的锡伯族进入了农业文明时期，也逐渐接受满族文化和汉族文化。

迁徙前的锡伯族世居山林广袤、水产畜产丰盛的东北地区。由于自然地理环境的局限性，直到 16 世纪末，自给自足的渔猎生活在锡伯族的经济文化中始终占有重要地位。17 世纪后，由于不断迁徙，锡伯族开始到经济发达的地区学习先进的生产技术。到清朝前期，锡伯族的农业发展已达到一定水平，其耕种的粮食已可以大规模供应军需。西迁的锡伯族在新疆地区兴修了一系列大型的农田灌溉工程。如察布查尔渠、阿布德拉渠、绰合尔渠、"皇渠"和哈尔博户渠等。其中以察布查尔渠最为有名。"察布查尔"在锡伯语中意为"粮仓"，嘉庆七年（公元 1802 年），在锡伯族总管图伯特的带领下，锡伯族人历时近 6 年时间开凿察布查尔山，伊犁河水源自此使荒野变成桑田，大大推进了锡伯族农业生产的发展，也属造福子孙后代的千秋功业。这些水渠统称为"锡伯渠"。随着锡伯渠的建成，锡伯族在新渠南北两边筑城定居，先后开垦了 78704 亩地，改变了察布查尔荒凉贫瘠的面貌。锡伯族不仅自身发展农业，还为周边的满族、蒙古族以及索伦营和塔城等地的农业经济作出了重要贡献。公元 1812 年，军机处上奏伊犁八旗兵屯田，建议当地八旗兵应该学习借鉴锡伯族的先进经验，既开展农业生产，又着手养鸡养猪，极大改善了他们的生活。

锡伯族先民所使用的语言属于阿尔泰语，系原始蒙古语族，原称"吉普西语"，音调与达斡尔语相近。他们也曾有自己的文字，称为"呼吐木文"，字体与蒙古文相似。清军入关后，以汉文化对中原地区进行统治，满族语言文字逐步没落，因而东北地区的锡伯族和其他少数民族便不再使用满族语言文字。唯独迁至新疆地区的锡伯族将满族语言文字完整地传承了下来，并在此基础上形成了本民族的语言和文字即现代锡伯语和锡伯文，成为新疆通用的6种民族语言之一。现今，以满文形式保存的大量文献资料具有重要的史料研究价值，对这些文献的整理工作便落在了精通满族语言文字的锡伯族人民身上。

锡伯族还促进了渔猎文化与中原文化相结合。新疆地区的锡伯族在文化上积极吸收其他民族的文化。在文学方面，有满语译文的古典章回小说、散文、诗歌、民歌、报刊等，代表作有《吉林吉赫舞春》（迁徙之歌）《喀什噶尔之歌》《拉喜贤图》《禁烟歌》《劝学歌》、锡伯文报纸——《新路报》等。从对家乡父老的思念到描述西迁艰辛的情景，从屯垦戍边到造河开渠，从宣扬民主到革命运动，锡伯族优秀的文学作品，不断丰富中华文化的底蕴。在音乐方面，锡伯族的本民族乐器有东布尔、菲特克呐、苇笛和铁簧等，同时还学习其他民族的乐器，如二胡、三弦、四胡、扬琴、笛子。锡伯族不断学习借鉴内地的音乐形式和内容，用锡伯语创作演唱了《白毛女》《察布查尔》等。在饮食方面，锡伯族除了保持本民族习俗外，还受维吾尔族、哈萨克族等少数民族的影响，如：吃抓饭、馕、手抓肉、羊杂碎汤等。

锡伯族人民从迁徙到伊犁的第二年起,就与各民族官兵共同承担起以捍卫祖国领土完整、保持社会安定团结的神圣职责。他们守卫卡伦、驻戍台站,远去喀什噶尔、塔尔巴哈台、巴尔喀什湖换防、巡逻,多次参加御外安内的残酷战争。他们冲锋陷阵、不避血刃、英勇顽强,付出了巨大的牺牲,为维护祖国统一作出了巨大贡献。

公元1820—1828年间,新疆南部发生了历时8年的"张格尔之乱"。道光四年(公元1824年),浩罕汗国的张格尔纠集百名叛匪从阿赖岭入境抢劫乌鲁克卡伦,被锡伯族官兵和索伦官兵击溃;道光五年(公元1825年),张格尔率军进犯喀什噶尔,锡伯族官兵和索伦官兵前去堵截;道光六年(公元1826年),张格尔第三次作乱时,派往阿克苏的锡伯族官兵和索伦官兵在浑巴什河与敌军交锋,锡伯族官员表现英勇,歼敌1000多人,为平息叛乱立下赫赫战功。道光十年(公元1830年),侵略者入侵南疆作乱,在援兵到来之前,伊犁将军命喀什噶尔领队大臣额尔古伦率锡伯族官兵和索伦官兵换防兵镇压。同年底,喀什噶尔、英吉沙尔的锡伯族官兵在伊犁、乌鲁木齐等地援兵的配合下将勾结侵略者的逆匪叛乱平定。

沙俄军队入侵新疆时,伊犁将军立即派大军支援,其中就有德格都总管率领的锡伯族官兵500余人。这些士兵英勇顽强,勇敢抵御沙俄的入侵。同治三年(公元1864年),俄、英殖民者共同扶植中亚浩罕国军事头目阿古柏入侵南疆。同治十年(公元1871年),沙俄侵犯我国北疆,占领伊犁地区。光绪元年(公元1875年),清军进军新疆,恢复失地。锡伯族军民立即垦荒挖渠屯田,奉献军粮,在锡伯族和新疆地区各族人民的大力支持下,清军终于收复了被沙俄占领了10年的伊犁。沙俄占据伊犁后,锡伯营总管喀尔莽阿动员锡伯族青年前赴塔尔巴哈台，在伊犁将军荣全和新疆军务帮办金顺军前效力，并组织生产，为左宗棠西征大军准备军粮。喀尔莽阿去世后，清廷为表彰其功绩，追封他为建威将军。因为篇幅所限，上述事迹只包括锡伯族人民在内的新疆各族人民同心协力、保家卫国的部分表现，而这也足见锡伯族人民为祖国统一和边疆安宁作出了卓越的贡献。

西迁使锡伯族的历史和文化发生了变化，使各民族的物质和精神文化实现了更频繁的交融，促进了各民族的共同繁荣。"西迁精神"渗透到一代代锡伯族人民的灵魂中，他们历经千山万水向西迁徙，最终成功抵达目标。锡伯族在世世代代保卫祖国边疆的历史中，孕育形成为祖国挺身而出、英勇无畏、前赴后继的精神。正是这些宝贵的精神财富，持续强化了锡伯族人民对中华民族强烈的向心力和使命感。

一片赤诚，情系西藏：傅清

清乾隆年间，西藏地区局势暗潮涌动，令乾隆帝惴惴不安。边疆不守，国家难定，傅清两次受命经略藏地，在漫长的奔波之路上，走完了自己忙碌的一生。傅清的故事与西藏密不可分，他将忠勇留在西藏，却把悲凉带回北京。

傅清所在的富察家族出自被誉为"八旗之首"的满洲镶黄旗，该家族在乾隆时期备受恩宠。头顶着"富察家族"光环出生的傅清，没有享受富察家族带来的利益，而是用自己的行动走出了一条维护国家统一、社会安定的光辉之路。比起家族荣耀，傅清为统一西南疆域沥尽心血，最终付出了生命。

乾隆九年（公元1744年），傅清第一次以驻藏大臣的身份开始经略西藏。傅清初入藏地有诸多不适，但他明白身负的重任，一刻也不敢有所懈怠。傅清发现，西藏山高路远，再加上道路崎岖难行，很多消息不能及时上报朝廷，保障公文和物资安全的驿站也十分缺乏。于是，他立即上书朝廷，向乾隆帝陈清利害之处。乾隆帝当下就应允由傅清全权办理此事。傅清在沿途设置驿站，提高信息传递效率，对于那些办理文书、文件的官差，派兵沿途护送，确保西藏的消息尽快传到京城，以免贻误军机，加强了西藏与北京的信息交流。

傅清第一次经略西藏时，西藏地区处于藏王颇罗鼐·索南多杰的统治下，局势基本稳定。颇罗鼐本人多有谋划，治理有方，又在当地有着极高的政治威望。各方势力即使有所躁动，也不敢公然与其对抗。傅清第一次入藏比较顺利，各部落之间没有发生大的矛盾冲突。任职期间，傅清尽心尽力，凡是对维护民族关系有利的事情，他都征求多方意见，深思熟虑，努力作出最合理的决策。例如，他上奏请求修订驻藏人员换班旧例，要求3年一换，实行新旧交替。这样既节省了成本，又减轻了朝廷的负担。在傅清经略西藏期间，西藏政务被他管理得井井有条，稳定了西南大后方，解决了清朝的后顾之忧。

然而，西藏的局势却因老藏王颇罗鼐的逝世而突遭变化。当时颇罗鼐考虑到自己年迈，恐时日无多，便想提前选好继承人，以防发生动乱。可在两个儿子的选择中，颇罗鼐却犹豫不定。按理说，应由长子继承他的位置，可长子珠尔玛特策卜登却因早年带兵打仗身患残疾，统领各部怕是心有余而力不足。颇罗鼐便决定将次子珠尔默特那木扎勒封为世子，由他来接任爵位，乾隆帝也允准了此事。珠尔默特那木扎勒却不像他父亲那样忠于清朝。珠尔默特那木扎勒继位后，西藏各部势力趁着老藏王刚刚去世，局势尚未明朗，新任藏王又经验不足，渐生反叛之心，导致西藏内部矛盾日益激化。傅清为稳定西藏局势，游走于各方势力之间，经过多次调和，缓和了新任藏王珠尔默特那木扎勒与西藏宗教界、旧有势力之间的关系，维护了藏地的暂时安定。可厄鲁特蒙古准噶尔部依然蠢蠢欲动，这让傅清十分担心西藏局势的发展。偏偏此时，他接到朝廷诏令，不得不奉命回京。回京后，傅清仍然忧心西藏局势再生变故，不利于清朝对西南疆域的统一。

时隔一年，西藏局势急转直下。新任藏王珠尔默特那木扎勒无视清廷统治，私下与准噶尔部勾结，而且与西藏高级僧侣集团的关系也日益恶化，反叛之心凸显。这让远在京城的乾隆帝忧心忡忡。他想起刚从西藏召回不久的傅清。傅清在西藏任职期间，勤勉上进，处事妥当，又深得藏民信赖，派他前去平定叛乱是最合适的人选。乾隆十四年（公元1749年），傅清临危受命，再一次远赴西藏，可这一去竟是生与死的诀别。

傅清率领一众人马抵达西藏后，起先想和平解决这场内乱。可珠尔默特那木扎勒一意孤行，妄自尊大，不仅控制了西藏地区的宗教、世俗社会，还对驻藏大臣等人严加监视，狼子野心昭然若揭。眼看局势逐渐恶化，一场恶战难以避免，而傅清身边只有少数随从和文官，根本无力抵抗珠尔默特那木扎勒的猛烈攻势。朝廷即使从最近的四川成都调兵来增援，距离拉萨也有2000公里的遥远路程，在只能徒步的情况下，几乎没办法及时赶来支援。面对这种孤立无援的局面，傅清明知不可为而为之，他不能放任西藏局势进一步混乱下去，守护国家疆土的决心再也没有比此刻更强烈。傅清与随从人员统一意见，与其坐以待毙，不如先发制人，与叛兵拼死一搏，也能为后来者赢得先机。在危难之际，傅清将个人生死抛之脑后，一心为国。他带着满腔的爱国热情和维护祖国统一的决心以一己之力平定了叛乱。傅清用计谋邀请珠尔默特那木扎勒前来驻藏大臣衙署听旨议事，待他放松警惕时，将其斩首。珠尔默特那木扎勒死后，叛兵立即围住了衙署，傅清等人坚决抵抗，在身受重伤的情况下仍与叛兵展开殊死搏斗，终究还是难敌蜂拥而上的敌军。最后傅清为国捐躯,壮烈牺牲。西藏重新为朝廷所控制,社会生活恢复了以往安定和谐的局面。傅清在危难之际以身报国、无所畏惧,确保了西藏的安稳祥和,将忠心永远留在那片挥洒热血的土地上。

  傅清用忠、勇二字填满了自己的一生,他两次主政西藏,在国家危难之际挺身而出不落孤勇之志。当他决心孤注一掷,将一腔热血洒在这片他热爱的土地上时,表达出一片赤诚之心。傅清一生清白,一世忠魂,在推进中华民族交往交流交融的进程中贡献了重要力量。

踏残白刺过黄芦，百年奋斗护苍生：新疆哈密王

远在新疆的哈密回王府承载着几百年的历史风云，它所见证和纪念的，并不是某一任回王的不世勋业，而是历任回王倾力维护祖国统一的爱国主义情怀。在那段久远的历史中，一代代哈密王的忠诚和果毅，从历史的背景中闪现出来，将历史记忆的时钟拨回到现实中来。

走在哈密回城的老墙边，只见老城夯土黄黄、青草萋萋。残垣断壁似乎叙说着昔日的繁华与喧嚣。透过戈壁烽燧连绵的狼烟，那段历史渐渐清晰起来。哈密王，亦称哈密回王，是具有"西域襟喉，中华拱卫"之称的哈密地区维吾尔族的封建领主。自康熙三十六年（公元 1697 年）第一代"哈密王"额贝都拉受封起，至民国十九年（公元 1930 年）最后一代"哈密王"沙木胡索特逝世为止，哈密王室共传了九世，长达 230 余年，是清代以来新疆维吾尔族封建王公中维持统治时间最长的一个王府。哈密地区位于河西走廊终端，是中原连接西域的重要城镇。中原王朝若想要掌控西域，必定注重对哈密的管理。西汉在哈密设伊吾宜禾都尉，北魏设立伊吾郡，唐朝置伊州，元朝派藩王镇守。明朝时期招降蒙古哈密王为忠顺王，并设置哈密卫镇护。到了清代，在很长的一段时间里，哈密具有两套领导体系，一个是朝廷派遣的地方官，另外一个就是哈密回王。

清朝初期，西北边疆风云激荡、变幻莫测。厄鲁特蒙古准噶尔

部迅速崛起，统一了西域，并向漠北草原扩张，与清朝产生了激烈碰撞，这就是历史上著名的康熙帝三征噶尔丹的故事。噶尔丹东征的时候，为了防止僧格（上一任准噶尔部首领）的儿子策妄阿拉布坦反对他，于是决定将他及其部下杀害。策妄阿拉布坦带领 5000 余人逃脱了噶尔丹的追击，占据了伊犁河流域。康熙帝派遣使者联络策妄阿拉布坦，当清廷使者经过哈密时，遭遇噶尔丹军队的伏击，属下尽被杀散，马驼行李都被劫去。哈密王额贝都拉听到后，不仅给予清廷使者粮食马匹，还护送他们到达嘉峪关，这是额贝都拉向清朝示好的开始。康熙三十五年（公元 1696 年），额贝都拉正式向清朝递交降表，康熙帝表示，如若诚心归附，需拿出实际行动，这个实际行动就是擒获噶尔丹的人。第二年，额贝都拉俘获噶尔丹之子塞卜腾巴尔珠尔，清廷为额贝都拉记下大功，并封他为一等部长。之后，清朝在哈密编制旗队，让额贝都拉做札萨克（即旗长），掌管哈密军民事务。从此以后，哈密回部就归顺了清朝。

到第三代哈密王额敏时，其不仅率领王府军队与驻防哈密的清军协同作战，一起击退了前来进攻的准噶尔军队。同时，为了解决驻扎在巴里坤清军的粮饷，额敏还将所有的米、谷、牲畜借给清军。但这仍不能从根本上解决问题，于是清廷决定在巴里坤、哈密等处屯田，并且定下政策，指出凡是为军队效力的人，只要愿意耕种，就允许其耕种。额敏非常配合清廷的屯田政策。他先是亲自带领哈密地区的维吾尔族农民到塔勒内沁屯田。第二年就收获青稞 600 余石，用来支援清军。之后，额敏又带领 900 名维吾尔族农民到吐鲁番屯田，但是因为水土不服，这次屯田计划未能成功。返回哈密不久，额敏又去塔勒纳沁屯田。对于额敏的努力，清廷十分赞赏，一同参加屯田的维吾尔族农民也受到奖赏。额敏屯田20余年，直至逝世也未曾停止，他的屯田为乾隆帝统一西域奠定了重要的物质基础。

大小和卓之乱爆发后，第四代哈密王玉素甫认为自己有责任维护国家的安稳，在得到清廷的准允后，亲自率兵跟随清军平定战乱。在战乱中，他始终与清军同舟共济、患难与共，最终取得了战争的胜利。玉素甫是历代哈密王中直接参与反分裂斗争的功臣。往后无论是跟着兆惠南征，还是南下平定张格尔叛乱，哈密王家族每次都派兵直接参战，此外还提供后勤支援，帮助收集情报，成为清朝在新疆最忠诚的臣属。清廷也给予他们极大的荣誉和利益，除了不断给哈密王家族加官进爵，赐予丰厚的赏赐外，还允许他们在领地内自治，拥有完全独立的司法和财政权，这在当时并不多见。同治年间，中亚分裂势力阿古柏在沙俄的策动下入侵新疆。阿古柏带领8000多人包围哈密，第七代哈密王伯锡尔率军与之展开激战，最终寡不敌众被俘。但是伯锡尔拒不投降，表示自己绝不与阿古柏势力同流合污，最终死在了乱刀之下。

　　大节公然见异方，甘心鼎镬有贤王。
　　墓门百尺埋忠骨，雪暗黄沙草木香。

伯锡尔以钢铁般的坚强，坚守了民族大义，无愧于维护祖国统一的楷模，值得世代敬仰。清代是我国统一的多民族国家进一步巩固与发展的重要时期，实现统一、反对分裂是当时各族人民的共同愿望。从额贝都拉到额敏、玉素甫、伯锡尔。哈密王顺应历史发展趋势，世代镇守哈密，为维护国家领土完整、坚持祖国统一奋斗不息。正是因为有这些忠贞之士坚决维护国家统一和民族团结，中华民族才能生生不息、繁荣强大。

治边功最多，名满四海耳：松筠

站在历史的渡口凝望，往往最令人震撼和感慨的恰是那些静谧的部分。身处历史洪流的松筠历经三朝，在起起落落间品尝了盛衰荣枯。他将半生心血倾注于边疆，用一生荣辱演绎了世间百态。纵使世界喧哗拥挤，但松筠的胸腔里仍充盈着满满的诚意，从不曾轻易懈怠。他在漫漫的治边之路上，践行了其热心、忠义的一面，也留下了一段佳话。

松筠是清朝乾隆、嘉庆、道光时期的一位蒙古族大臣。从乾隆四十九年（公元1784年）起，松筠就被陆续派往边疆地区任职。最开始的时候，他被派往吉林查办参务，后来中俄边界发生争端，他奉命去往库伦查办俄国事务。当时俄国的布里亚特人劫掠了库伦地区的商货。按照两国约定，俄国应当将案犯移交给清政府，但是俄国却违背了约定，只是将他们处以罚款或流放。清政府曾发文书公函交涉此事，但俄方并没有理睬。于是，清政府宣布停止边境贸易往来。贸易的停止让沙俄一方后悔不已，于是撤去涉事的官员，屡次请求清政府重新开市，但是清政府始终没有同意。有一天，一个名叫萨迈林的土尔扈特僧侣带回了一封书信，信上说："俄人诱致土尔扈特谋乱。"处理这件事的松筠经过多次查证，上书乾隆帝说："俄国实属恭顺，没有可疑之处。"沙俄知道后，也极力证明这封书信是伪造的。于是，乾隆帝命令将萨迈林依法处置，并准许重开恰克图贸易。在此期间，松筠邀请沙俄官员讨论开市的具体事宜，并代表清朝与沙俄签订了《恰克图市约》（或称《新恰克图条约》），沙俄官员皆心悦诚服。历经 8 年时间，这件事终于得到了妥善解决。

自库伦回京后，松筠调任为吉林将军，不久又被任命为驻藏大臣。西藏地处偏远地区，清朝鞭长莫及。为此，清廷认识到必须有一个协调和约束力量来维护统治，于是决定设置驻藏大臣及帮办大臣，总管西藏地区各项事务。松筠于乾隆五十九年至嘉庆四年（公元 1794—1799 年）任驻藏大臣。他担任驻藏大臣时，正值廓尔喀入侵西藏平息不久，藏地满目疮痍，人民苦不堪言。再加上各种苛捐杂税，导致百姓大量逃亡，大片田地荒芜，大批牲畜死亡。松筠到达西藏后，先是带着一万两银子，亲自去西藏最贫困的地区散发救济金。然后，又说服达赖和班禅同意减免赋税和各种徭役，并开始筹划税赋制度的改革，让藏民休养生息。西藏在经过一场巨大战乱之后，急需要一个平稳安定的社会环境，松筠的这些施政举措无疑对于稳定西藏局势具有非常重要的意义。除了对赋役进行改革外，松筠还十分重视操练士兵，他通过两次巡边，沿途绘制了许多地图，作为筹措边防的依据。在此期间，他还撰写了《卫藏通志》《西藏巡边记》《西招纪行诗》《丁巳秋阅吟》《西招图略》《西藏图说》等著作。这些著作不仅反映了他的治藏策略和心得，也为后来者提供了宝贵的经验。对于松筠的治藏功绩，后人也给予高度评价："服官六十余年，著作等身，而其立朝敦品，刚直公正，驻藏大臣中之第一人也。"

嘉庆七年到嘉庆十四年（公元 1802—1809 年），松筠又被任命为伊犁将军，但因为在处理流配新疆的宁陕叛兵蒲大芳案件中出现失误，被朝廷革职，第一次新疆之行就此结束。4 年后，松筠又一次赴新疆担任伊犁将军。在新疆，他努力经营屯田、合理开发矿藏；根据实际情况增加屯粮；规划塔尔巴哈台兵屯以加强边防；制定伊犁山场伐木章程，并作为一项制度推行开来。此外，松筠还致力于新疆地区的文化建设。当时，他重用祁韵士、徐松等有才能的谪戍之士，组织他们在汪廷楷原稿的基础上修撰成《西陲总统事略》，也就是后来的《钦定新疆识略》，大大推进了西北史地学的兴起。而祁韵士、徐松等人也成为清代西北史地学的开创者。

松筠一生忠心为国，正如清朝国史馆纂修的评价："名满海内，要以治边功最多。"松筠在西藏稳定局势，促进当地社会经济的恢复发展；在伊犁垦荒 6 万余亩，训练军队维护新疆的安定与统一，他一生奋斗为边疆地区的稳定与长治久安作出了巨大贡献。

受命赴疆地，苗汉两相宜：张广泗

历史人物的功与过，始终无法用同一个标准来评判，可也逃不过时代的追问。从腾格里沙漠吹来的风，裹挟着黄土，湮没了一个时代的喧嚣，时间再往前200多年，乾隆十三年（公元1748年）的一天，一代名将张广泗被乾隆帝下令问斩，轰动了整个大清王朝。

历经康熙、雍正、乾隆三朝的张广泗，一生可圈可点。皇太极入关以前，张广泗祖上就已效忠清朝。先辈流血拼杀，为张广泗后来的仕途发展铺好了路。他出身清代八旗之一的汉军旗。汉军旗人隶属于清朝，可他们基本上与汉人无异，语言文字、风俗习惯与汉人大体一致。清廷正是利用汉军八旗的这一优势，派他们与汉族官员打交道。这为解决朝廷内部满汉民族之间的矛盾冲突提供了便利。张广泗出仕即是知府，循规蹈矩自然也能熬到封疆大吏。正值青年的他不甘于这样的生活，而是渴望有一天能建功立业，实现自己的远大抱负。

雍正四年（公元1726年），本来要调任云南楚雄知府的张广泗尚未赴任，便接到时任云贵总督鄂尔泰的命令，前往贵州长寨处理"生苗"事件。当时贵州苗疆一带并不太平，历史上之所以称他们为"生苗"，是因为苗疆在未被开辟之前，人们管这个地方叫"烟瘴之地""化外之地"，居住在这里的苗族、侗族和水族等少数民族被称为"化外生苗"。简单来说，是指他们并不归朝廷管辖，长期以来沿袭旧制、自主管理。加之苗疆位置偏远，地势险要，少数民族居多，不易进行管理，清廷并未十分重视。雍正时期局势发生变化，苗疆人口数量大幅增长，雄心勃勃的雍正帝准备治理和开发西南地区。他派遣云贵总督鄂尔泰在西南地区掀起了一场改土归流运动。由于西南地区本就封闭，如此大刀阔斧地推进改土归流运动，必然会遭到苗疆人民的反抗。双方相互纠缠6年之久，成效甚微。

接下来的路该怎么走，鄂尔泰无所适从。事实证明，他的强硬手段并没有起到多少积极作用。鄂尔泰有些力不从心，这也是上文张广泗被突然调任贵州黎平知府的原因。不同于鄂尔泰的"主剿"战略，张广泗更倾向于"剿抚并重""先抚后剿"。史书记载："查治苗之道，不外威德二端，含此二字，无可为治，盖以秋肃，必济以春温，恺悌必资夫严毅，有威而无德，则邻于残忍刻薄，非所为威也。有德而无威，则流于姑息懦怯，非所为德也。"这说明，张广泗在对待少数民族问题上，并不像鄂尔泰那般有失偏颇。他认为，苗人虽愚悍，但仍应平等待之，施以恩德，并不提倡用暴力手段解决问题。在治理苗疆的过程中，张广泗深知苗民性格，归根到底在于教化，他提倡要在苗疆大兴教育，开化苗民思想，提高当地文化水平。

身处西南边陲，苗疆人民与外界沟通极少，在外人看来这个民族极具神秘感。由于山高路远，这个地方成为中原人心中的危险之地。而在张广泗看来，苗人与汉人没有太大差别，只有了解他们，才能走近他们。他在当地修路造桥，一是加强他们与外界的联系，二是便于发展当地的贸易，促进经济发展。为加强管理，他还在交通要道和重要关卡设立了专门的军事单位，维护当地社会和谐稳定。同时，张广泗奏准设立"新疆六厅"，进一步将苗疆地区纳入清朝有效的管辖之下。张广泗为开辟苗疆立下大功，被授予骑都尉世职。

张广泗仕途起起落落，似乎都是与民族问题有关。雍正十三年（公元1735年），苗疆地区人民起义震惊了整个朝廷。这次起义距离张广泗开辟苗疆仅隔两年，清军进入苗疆进行管理，本是巩固清朝西南版图的一大利举。然而，一些贪官污吏到任后，对苗民横征暴敛。久而久之，苗民就因不堪重负起义了。起义军势如破竹，直逼镇远、思州府城，导致局势日益严峻。乾隆帝紧急调任已是湖广总督的张广泗平定苗民之乱。似乎张广泗总是受命于危急时刻，他当机立断，剿抚并用，采取了分化瓦解的策略，不到一年的时间，就成功平定了苗民之乱，西南地区再次恢复了安定和平。

半生虚无，半世荒凉。张广泗的人生轨迹始终贯穿国家统一、民族团结这条主线，他两次受命于危急时刻，一路呕心沥血，经略苗疆，平定战乱。这其中的艰辛，都藏在他那张坚毅、饱受风霜的脸上，他战功赫赫，尤其是对西南地区的发展具有重要贡献。今天，贵州地区的发展可以说与张广泗当时开辟苗疆存在重要联系。

发展民族文化，书写家国大义：尹湛纳希

历史人物的跌宕起伏，与其生活的时代密切相关。在尹湛纳希生活的时代，晚清更像是一个负隅顽抗的老人，困在由外国列强扎好的笼子里。如此背景给尹湛纳希的命运带来了巨大的影响。在马背上成长起来的尹湛纳希成为蒙古族文坛巨星。

作为成吉思汗的第二十八代后裔，尹湛纳希家境不凡。父辈们为他提供了锦衣玉食的生活。他的父亲旺亲巴勒是土默特右旗王府的协理台吉，为国征战立下赫赫战功，而且酷爱文学，家中藏书众多，创作了大量由蒙古文和汉文写成的文学作品。在具有浓厚文化氛围家庭环境的熏陶下，尹湛纳希从小养成好学刻苦的品性，他的文学造诣极为深厚，还在心底种下了民族平等的种子，在长大后生根发芽。尹湛纳希长大后，没有沾染纨绔子弟玩世不恭的不良风气。相反，他谦卑好学，博览群书，苦心钻研各类史书典籍。他精通汉、蒙、藏、满和梵文，对蒙古族和汉族的传统文化颇有见地，这也为他后来走上文学创作的道路奠定了坚实的基础。

由于家族经营的煤矿出现严重危机，尹湛纳希的生活境况急转直下。时局动荡不安，统治者腐败无能，让整个社会陷入困境。尹湛纳希也难逃政治局势的牵连，这位忠信府长大的贵族公子也只能接受命运的安排。家道中落后，尹湛纳希的妻子和孩子也相继离世，

让他一下子失去了生活的方向。接下来又该何去何从，尹湛纳希不知道，可他必须振作起来，他没有过度沉迷于对往事追思的哀痛，而是凭借坚强的意志迅速进入另一种生活状态。

时局的动荡和命运的悲凉，让尹湛纳希意识到国家和民族的命运也是个人命运的一部分，自己能做的就是去接受、承担和推动。在余下20多年的时间里，尹湛纳希把对国家和民族的热忱倾诉在自己的笔墨下。在他创作的《青史演义》《一层楼》《红云泪》《泣红亭》等一系列文学作品中，我们总能捕捉到他的一片赤诚之心。他将自己的梦写进小说中，装进理想里，反映到现实中，昭示着一代又一代人。

作为汉文化和蒙古族文化的积极传播者，尹湛纳希不仅促进了两种文化的传播发展，更加强了两个民族之间的交往交流。他曾将《红楼梦》《中庸》译成蒙古文，让更多的蒙古族读者更方便地了解汉文化、热爱汉文化。此外，尹湛纳希强大的汉文化底蕴在他的文学作品中体现得淋漓尽致。他将内地文学作品中的艺术手法和故事情节融入到他的作品中。尹湛纳希的名作《一层楼》《泣红亭》模仿《红楼梦》的写作方式，塑造出诸多生动形象的典型人物。他还将文学和国家、民族融为一体，在作品中展现了响应民主、科学、公正、平等的时代呼声。尹湛纳希还在作品中提倡各民族之间应相互尊重、相互理解、和平共处，在国家、民族危亡之际携起手来共建一个安定和谐、繁荣强大的祖国。

《青史演义》是尹湛纳希父亲未完成的一部作品。父亲去世后，尹湛纳希继承父亲的遗愿，前后花费20多年的时间，终于将此书写完。这本书在他的写作生涯中占有极其重要的地位。同时，这本书学习借鉴了汉族古典文献表达方式的精髓，丰富了蒙古文长篇小说的创作形式，为我们呈现了一部气势宏大的史诗级作品。在这部作品中，尹湛纳希的民族观呼之欲出，他在讲述英雄人物的事迹、展现英雄人物伟大的同时，将国家和民族的利益时刻联系在一起，反复强调民族利益统一于国家利益，最终在国家利益中体现出来。可以说，在当时的历史环境下，这部作品在追求民族平等、振兴民族精神、增强民族凝聚力和向心力等方面，都产生了巨大的影响。尹湛纳希的生活环境也赋予了这本书独特的时代魅力。在他生活的地区，各民族频繁交往交流、和谐共处，为尹湛纳希正确的民族观埋下了伏笔。他用手中的笔体现出"家国一体"的强大力量，坚信有国才有家，只有始终坚守"家国一体"，才是正确处理民族关系的正确方向。

可命运没有留给尹湛纳希太多时间，他的生命永远停留在55岁。直到生命的最后一刻，他仍俯首案前为《青史演义》作最后的修改润色。回想尹湛纳希20余年的文学创作生涯，经历时局动荡、家庭变故的他，在理想与生活之间苦苦挣扎，他却始终没有放弃文学创作。现实没有冲垮他的理想，命运的波折激发了他的创作灵感。尹湛纳希用他的笔书写了民族情怀、民族平等，表达了他对祖国和中华民族的赤诚热爱。

不避风险，以身许国：林则徐

提到林则徐，最先浮现在大家脑海的就是著名的"虎门销烟"，这是对中华民族尊严和利益的维护，是对中国人志气的表达。而林则徐的丰功伟绩，绝不仅是虎门销烟，他还为国家的民族团结作出了巨大贡献。"虎门销烟"使中英关系陷入极度紧张的状态，也成为第一次鸦片战争的导火索。战争爆发后不久，在妥协派打击、诋毁之下，道光帝以"误国病民，办理不善"为名，将林则徐革职查办，最后被流放到新疆。在古城西安，林则徐与妻子告别时说道："苟利国家生死以，岂因祸福避趋之"，表达了对祖国的浓浓热爱之情。

降康长冀丰穰咏，

鸣盛咸歌福禄同。

西域遍行三万里，

斯游我亦浪称雄。

一路凄风苦雨，林则徐终于来到祖国西陲的伊犁惠远城，开启了他戍守边疆的生涯。虽被贬到新疆，可林则徐却并没有因此沉沦，反而开始大展拳脚。没有受民族偏见的禁锢，林则徐能正确认识各民族之间的关系，提出通过促进各民族之间的和睦团结以巩固西部边防的主张。林则徐在新疆周历"天山南北三万里，东西十八城，浚水源，辟沟渠，教民农作"，带领新疆各族人民筚路蓝缕，共计开辟各路屯田 37000 余顷，在南疆勘地近 60 万亩，出现了"大漠广野，悉成沃衍，烟户相望，耕作皆满"的美好景象。特别是他在研究了新疆地形之后，提出要严防沙俄入侵，并绘制了详细的战略规划图，成为防塞论的先驱。林则徐离开新疆后路过湖南，将在新疆收集的资料及自己的见解都赠送给了左宗棠，为后来左宗棠平定阿古柏叛乱、收复新疆作出了重要贡献。

在新疆 4 年之余，林则徐调任陕甘总督。道光二十五年（公元 1845 年），云南发生汉回互斗案。当地官员非但未能很好地解决这个案件，反而使矛盾更趋激化。于是，清政府改派林则徐为云贵总督，受理此案。林则徐到达云南后，一方面提出"只分良莠、不分汉回"的民族主张。之前这一案件之所以没有被妥善处理，很大的一个原因是不合理的民族政策。林则徐认为各民族都是华夏儿女，应该平等对待，这一思想无论当时还是现在都具有进步性。于是，在受命处理丁杜氏京控案后，林则徐主张"无论汉回，执法持平"，对于制造民族矛盾的杀人凶手予以惩办，对于无辜被害者都"设法招复"。同时，林则徐还重视用教化的方法缓和民族关系。林则徐认识到，仅依靠武力镇压是不能有效解决民族问题的，只有"清源"才能从根本上解决问题。所谓"清源"，就是通过教化的方法逐渐改变对立双方相互猜疑和互不信任的情绪。

从某种意义上来说，林则徐为我们中华民族大家庭开创了民族和睦团结的新局面，为后来左宗棠收复新疆、维护国家领土完整作了铺垫。林则徐在中国历史上书写了不可磨灭的重要一页，建立了令后人无比钦佩景仰的功勋，是值得后人铭记的爱国英雄！

一代师生谊，满汉团结情：杜受田

有人说杜受田是机会主义者，他将所有的砝码倾注在咸丰帝身上，最终获得成功。人是复杂的，杜受田的内心想法后人难以知晓。只是透过严肃的史书，咸丰帝与杜受田跨越民族隔阂，亦师亦父的深厚感情无法掩盖。人与人之间除了利益牵绊、尔虞我诈，还有温暖如春的真挚情感，杜受田与咸丰帝就是如此。

乾隆五十二年（公元1787年），杜受田出生于山东滨州著名的杜氏家族。明清两代，杜家都是著名的官宦世家，有"一门七进士""父子五翰林"之称。道光三年（公元1823年），杜受田殿试获二甲第一名传胪，赐进士出身，后任翰林院编修，正式步入仕途。道光十六年（公元1836年），杜受田担任四皇子爱新觉罗·奕詝的师傅，爱新觉罗·奕詝就是后来的咸丰皇帝。从此，杜受田开始了他传奇的职业生涯。

奕詝是个苦命的皇子，8岁时母亲孝全成皇后便病逝。道光帝公务繁忙，奕詝虽贵为皇长子，但身边除了太监宫女，可陪伴其左右的只有杜受田。杜受田尽自己最大努力全心全意地教授、关怀奕詝。为了能够更便利地照顾奕詝，杜受田搬到距离皇宫更近的寺庙中居住。公务一结束，直奔上书房，甚至连续几天不回家。如此，杜受田成为奕詝最信赖的人，既是知识渊博、道德高尚的老师，又在某种程度承担了父亲的角色。在继承皇帝之位后，奕詝在圣旨中颇有感情地写道："朕自八岁入学读书，仰蒙皇考特谕杜受田为朕讲习讨论。十余年来，启迪多方，恪勤罔懈受益良多。"

杜受田不仅在生活、学习上帮助奕詝，还是奕詝争夺皇位最重要的支持者。

皇六子爱新觉罗·奕䜣是奕詝强劲的竞争对手，他既擅长骑马射箭，又精通治国之术，加之聪明伶俐、口才颇佳，深得道光帝喜爱。而且奕䜣的母亲健在，还是道光帝极其宠爱的嫔妃。反观奕詝，母亲早逝，又自小体弱多病，因为曾经摔断过腿，走路不稳，骑马水平很差。此外，他还天生口吃、不善表达。可以说，一开始奕詝就处于极其不利的位置。然而，在杜受田的教导下，奕詝因势利导，将劣势转换为优势，最终后来者居上继承了皇位。

杜受田深知道光帝以"仁孝"治天下，也最为看重这点。一年春天，道光帝带领皇族子弟打猎，同时考察两个儿子的骑射身手。奕䜣在这次狩猎中大出风头，他射术高超，射中的野兽最多。奕詝先天不足，自然比不过。于是，他遵照杜受田的建议，在整个狩猎过程中一箭未发。当道光帝问他原因，奕詝回答道："现在是春季，万物生长，飞鸟和野兽都在繁育后代，我不忍心伤害生命以违背天命，而且也不想和弟弟们比较骑射水平的高低，以争先后。"道光帝听后大喜，说道："多么仁爱的皇子，这是真正帝王的话啊。"奕詝在道光帝心中的分量大大增加。

当然，考验不会只有一关。有一次，道光帝得了重病，感觉自己可能时日无多，想最后考验一下两个儿子的治国才能，便召见他们。当道光帝问出治理国家的相关问题时，奕䜣对答如流，回答的内容条理清晰，认识深刻全面。而杜受田深知奕詝口才、见解都无法与奕䜣相比，于是教给奕詝跪在地上痛哭流涕就好。道光帝问起，奕詝不谈国家大事，只回答："儿臣夙夜祈祷上苍，只希望皇阿玛龙体康复，这才是国家万民之幸运，也是儿臣之幸运。"诚挚的情感感动了道光帝，认为奕詝是个真正孝顺的孩子，反而质疑奕䜣对治国理政如此精通，是否盼着早日继位。两次考验，杜受田将道光帝"仁孝"的核心思想理解得最为透彻，帮助奕詝彻底征服了道光帝的心，成为皇位的最终继承者。

道光三十年（公元1850年），爱新觉罗·奕詝继位，年号"咸丰"。即位后，奕詝立即晋封杜受田为吏部尚书，赏加太子太傅衔，授协办大学士。杜受田位极人臣，进入清廷权力核心。奕詝非常信赖杜受田，军国大事、人事安排都必须征询他的意见。在杜受田的保举下，曾经受到过处分的清流派汉族官员林则徐、周天爵等得到重新起用。提督向荣军事能力强，作战勇敢，可是不会维系同事关系，经常遭受诽谤，多亏杜受田加以保全。杜受田还鼓励奕詝不拘一格招揽经世致用的人才，收集有利于治理国家的真知灼见。

然而美好的日子似乎总是很短暂，咸丰二年（公元1852年），山东、江苏地区因黄河决口爆发大规模水灾。起初，奕詝想派福州将军去赈灾，而杜受田主动要求亲自处理灾情。17年来，奕詝已经习惯杜受田陪伴左右，这次分别十分难舍。在送行途中，奕詝的离别之情难以控制，竟然流下眼泪，期盼老师早日回京。不料灾区天气炎热，环境十分恶劣。杜受田到达后不久，便患上重病，不久便病亡。还未充分展现自己的治国抱负，就与自己最重要的学生天人永隔。在最后的奏折中，杜受田仍然叮嘱奕詝做个明君，希望他

"勤政爱民，崇尚节俭，谨慎对待自己的好恶，应该赏罚公平。"消息传到北京后，奕詝声泪俱下，满怀深情地写下："忆昔在书斋，日承清诲，铭切五中。自前岁春，懔承大宝，方冀赞襄帷幄，谠论常闻。讵料永无晤对之期，十七年情怀付与逝水。呜呼！卿之不幸，实朕之不幸也！"

杜受田的葬礼规格极高，灵柩沿途全程有地方高官护送。回京后，奕詝亲自吊唁，抚棺痛哭，追赠杜受田为太师、大学士，入祀贤良祠。而且违反清朝谥号定制，不经礼部票拟，直接钦定"文正"谥号。有清一代，谥号"文正"的大臣非常有限，太师的荣誉在嘉庆、道光两朝只有杜受田一人。苦命天子奕詝在继承皇位后，在面临太平天国、西方侵略者的双重打击下，常常想起杜受田，感慨他如果还在，帮帮自己该有多好。

新栽杨柳三千里，引得春风度玉关：左宗棠

"身无半亩，心忧天下；读破万卷，神交古人"，这是左宗棠在23岁时写下的，也是一位年轻人的心之所向。说起清代历史上的名臣，左宗棠一定榜上有名。走过他的一生，你会发现，在积贫积弱的晚清时期，左宗棠挺起了中华民族的钢铁脊梁。

如果用一个词来概括左宗棠的一生，那就是"折腾"。左宗棠可以说是折腾了半生，才实现人生真正的高光时刻。经历3次落榜的左宗棠对于科举考试已是心灰意冷，他发誓终身都不再参加科举考试。自此，左宗棠开始潜心修读兵书，希望有一天能够征战疆场，为国效力。命运并没有特别垂青左宗棠，而是让他等到足足40多岁。

左宗棠沉寂40余年，通过征伐太平天国有功，终于从一个名不见经传的小人物变成了"精熟方舆、晓畅军事"的治军人才。之后，他经略新疆，对新疆地区的经济社会发展作出了历史性贡献。新疆的战略位置十分重要，自汉朝开始，新疆就成为我国不可分割的一部分。晚清时期，朝廷积贫积弱，外来侵略者甚嚣尘上，威胁清朝政权的统治。沙俄趁清廷忙于镇压国内斗争，无暇顾及新疆地区，便频繁侵入新疆，趁机占据了大片领土。沙俄还让阿古柏势力成为傀儡，支持其侵扰新疆。几年间，新疆大片土地尽失。阿古柏势力

在新疆的残暴统治，让新疆各族人民苦不堪言。面对外来势力的频频挑衅，强烈的家国情怀让左宗棠不能坐视不理。特别是李鸿章声称要放弃新疆时，左宗棠表示强烈反对，他认为疆域事关国家的尊严与利益，应寸土不让。对于是否要收复新疆，朝廷上下分成了两股势力，彼此争论不休，可左宗棠始终不肯放弃收复新疆的主张。他据理力争，提出详尽周密的收复方案，并陈书说明其中利害关系，指出如若放弃新疆，则边疆防线被打开一角，那时外来势力必然会更加猖狂，单从眼前利益考虑，虽然费时费力，但收复新疆实乃长远之计，这是打造北疆严密防线不可缺失的一环。最后，清廷终于下定决心收复新疆，为此左宗棠整整抗争了 4 年。

光绪元年（公元 1875 年），清廷下令任命左宗棠为钦差大臣，全权督办新疆军务。左宗棠开始经略新疆，而此时的他已经 65 岁了。或许当他抗争着要收复新疆的那一刻起，就做好随时为国牺牲的准备。当他出征时，带着的不仅是他 5 年平定新疆的决心，还有一口棺材，那是他为自己准备的。左宗棠凭借杰出的指挥才能，迅速收复了新疆，打破了沙俄肢解中国新疆的野心。这次胜利极大地鼓舞了中国人民反抗外国侵略者的信心和勇气。清代诗人杨昌浚的名作《恭诵左公西行甘棠》，一时在全国流传。

> 大将筹边尚未还，
> 湖湘子弟满天山。
> 新栽杨柳三千里，
> 引得春风度玉关。

在经略新疆的过程中，左宗棠为新疆地区的经济社会发展作出了不朽功绩。当时，新疆民族矛盾尖锐，阿古柏势力之所以能在如此短的时间内占据新疆大片领土，与新疆区域内的民族分裂分子同境外势力相互勾结不无关系。面对长期的政治动乱，左宗棠团结一切可以团结的力量，他调整民族政策，安抚各族民众。但他也意识到，调整民族政策并不能从根源上解决问题，发展经济才是首要推动力。新疆地区受到阿古柏势力的摧残，百姓民不聊生、生活困苦，为了尽快恢复民众的生产生活，左宗棠改革赋税制度，减轻百姓的经济负担。在此基础上，又根据每家每户的实际情况，实行税收优惠政策，不让生活潦倒的民众因税收问题无法解决温饱。左宗棠还分发土地让他们耕种，大力开垦荒地，扩大种植面积，又结合当地实际，发展畜牧业生产，让新疆地区的经济重新回到轨道。左宗棠又凭借自己创办近代产业的经验，将养蚕技术引进到新疆，先在哈密、阿克苏等地创办蚕桑局，推广养蚕技术，又将养蚕技术传授给当地百姓，教他们种植桑树、裁剪桑叶、养蚕、脱茧、制蚕丝等。新疆丝织业的发展，改善了当地民众的生活水平，推动了新疆的经济发展。左宗棠还重视发展新疆的教育事业，他懂得若不加强对民众的教育教化，就难以推行民族政策、开展民族工作，只有发展文化教育事业，"华夏一家亲"的思想才能被人们所接受和认同。左宗棠严令各地创办学校，学习儒家经典和史书典籍，让少数民族儿童免费入学，不收取任何学杂费用。除了基础教育外，左宗棠也重视技术教育，从内地引进专业技术人才，让他们带领当地人民掌握生产技术。左宗棠的种种做法为新疆的经济文化发展打下了坚实的基础，使各民族之间能够友好相处，促进了民族关系的和谐发展。

万里戈壁，燃不尽一位老人的爱国正气；抬棺上阵，诉不完一个朝代的悲凉。左宗棠一身忠肝义胆，年近花甲的他，凭着一股傲气和勇气出征新疆，为国家、人民鞠躬尽瘁。"半世出头，为国一生"是对他最高的礼赞。

一心系家国，热血守疆地：刘锦棠

自古以来，新疆就是中国不可分割的组成部分，各民族无数的爱国将士往来奔赴，为新疆的和平与安定贡献了智慧和力量。光绪元年（公元 1875 年），晚清名将刘锦棠第一次随队踏入新疆域内，自那天起，他与新疆的羁绊就开始了。

当阿古柏势力在新疆肆意作乱时，不满 20 岁的刘锦棠还在家乡跟着湘军镇压太平军、捻军起义，当他卖力地在战争前线拼杀时，从未想过自己有一天会成为收复新疆的主力。鸦片战争结束后，中国大地一片死气沉沉，国人还沉寂在战败中不肯释怀。消息传到湖南后，人们怎么也不敢相信，偌大的清王朝会就此屈辱地签下《南京条约》。刘锦棠就出生在这样一个社会背景下，他的成长伴随着清朝的日渐没落。在湖南湘乡，刘锦棠度过了自己的少年时光，他早早就体会到战争的残酷。为抵抗太平军的强大攻势，晚清大臣曾国藩在湘乡创立了湘军，刘锦棠的父亲和叔父成为湘军中的一员，共同镇压太平军起义。刘锦棠 15 岁时，他的父亲在一场战役中战死。为了继承父亲的意志，刘锦棠跟随叔父一同为湘军效力。随着常年征战，刘锦棠逐渐成长为军中小有威望的将领。后来，他们叔侄又响应左宗棠的号召，加入到平定新疆叛乱的战争中。26 岁那年，叔父刘松山在甘肃平叛中不幸牺牲，面对军中无人统率而敌人又步步紧逼的状况。刘锦棠挑起军中大梁，凝聚军心，鼓舞士气，率领数千将士继续作战并取得胜利。这一战，刘锦棠的军事才能得以展现，受到左宗棠的赏识，把他留在自己身边。至此，刘锦棠一直跟随在左宗棠左右，成为他的左膀右臂。光绪元年，刘锦棠跟随左宗棠开赴新疆，迎来了他人生的高光时刻。

当刘锦棠跟着左宗棠马不停蹄赶往新疆时，局势已经十分严峻。早在同治年间，新疆地区社会一片混乱。境外分裂势力阿古柏在沙俄的支持下入侵新疆，导致新疆大片土地尽失。新疆人民在阿古柏的统治下苦不堪言，光绪元年（1875 年），左宗棠率领治疆大军赶赴新疆平定叛乱，保住了祖国的大好河山。刘锦棠到达新疆后，眼前的一幕使他悲愤交加。在阿古柏政权的残暴统治下，新疆大片土地荒芜，人民过着水深火热的生活，而导致这一切的始作俑者阿古柏还在恣意妄为。31 岁的刘锦棠被任命为统领，指挥主力部队。刘锦棠行事坚决果断，在战场上运筹帷幄，严重打击了阿古柏的嚣张气焰，一鼓作气将分裂势力驱赶出国境，最终收复了新疆失地，挽救新疆人民于水深火热之中。

收复新疆后，在左宗棠的力荐下，刘锦棠被授予钦差大臣的职位，督办新疆军务。面对刚稳定局势的新疆社会以及境外势力的虎视眈眈，刘锦棠认为必须要改革新疆兵制，加强边防，牢牢守住祖国边疆的每一寸土地。他审时度势，层层布防，重新调整边防军事布局，加强了边防安全。不久后，清政府在新疆设立行省，刘锦棠被任命为第一任新疆巡抚。此后，他开始全面督办新疆各项事宜，为后来新疆的建设与发展作出了重要贡献。

在刘锦棠看来，天灾人祸不断侵袭十余年的新疆，已是满目疮痍，社会萧条凋敝、百废待兴。因此，抚慰民心、安定秩序是解决新疆问题的关键所在。新疆人民等不得，刘锦棠也等不得。他大刀阔斧地推进新疆社会改革，立志要帮助新疆人民重建家园。在平息新疆叛乱期间，刘锦棠就在行军路线上，不断设置善后局，他任命官吏，收集流民，推进社会经济的恢复。新疆局势彻底稳定后，刘锦棠通过实地考察，认为若要发展农业经济，靠天吃饭是行不通的。再加上新疆地广人稀，现有劳动力根本不足以支撑新疆的农牧业生产。于是他招徕大量内地人口，大力开垦荒地，兴修水利，促进了新疆农牧业的生产和发展。刘锦棠上奏朝廷，请求给予更多的土地和优惠税收减免政策，大大激发了当地人民的开荒热情。与此同时，刘锦棠改革赋税制度，由于阿古柏势力横征暴敛，新疆地区的民众赋税很重。为了减轻人民负担，刘锦棠主张革新旧制，实行灵活征税，此举得到了新疆人民的广泛支持。刘锦棠还注意到，新疆地广人稀，交通极为不便，货物靠车驮人运已是常态，加之多年战乱，通疆道路、桥梁大多已被损坏，这在无形中增加了人力、物力的成本。因此，刘锦棠下令修筑桥梁道路，还在沿线增设驿站，促进了新疆交通业的发展，使人民的生产生活更加方便。刘锦棠还努力搞活商业，在新疆设立若干商业集镇，招募行商坐贾，促进市场繁荣。经过系统的治理，新疆逐渐改变了曾经的荒芜景象，各项事业开始慢慢恢复。

值得一提的是，刘锦棠在新疆各地广泛创办学校，积极传播文化教育。新疆受境外分裂势力统治数年，不法分子通过各种手段对新疆人民进行思想毒害，不断煽动民族对立与宗教矛盾，导致新疆地区民族分裂分子十分猖狂。为解决新疆地区各民族之间的隔阂，刘锦棠认为可以通过文化教育来教化民众，使新疆人民必须人心向齐，朝着共同的目标奋斗，维护新疆社会长久稳定。他在当地大力发展教育，开办学校，让各族人民都能享有受教育的权利，改善他们的认知，形成一种和谐向善的社会风气。刘锦棠将一腔热血洒在新疆这片土地上，用尽一生的时间坚守在祖国的大后方，即便在弥留之际，他还是一心想着为国效犬马之劳。

破除满汉之见，铁腕股肱之臣：肃顺

皇族出身的肃顺生活在晚清，此时的清朝已经逐渐走向没落的终点，重满轻汉思想却仍然存在，在中央和地方官员的任用上都存在歧视和不平等的现象，对满汉官员处罚不一，汉臣在朝廷中难以发挥作用。种种现象表明，满族入关以来虽然尝试推进各民族和解，但朝廷任命仍保留民族差别的偏见，满、汉民族之间的交往交流交融困难重重。肃顺经历鸦片战争和太平军北伐后，亲眼目睹了八旗官兵的贪污腐败与懦弱无能，让他清醒地认识到"满人暮气深，非重用汉人，不能已乱"。在掌权的几年中，肃顺打破清朝几百年来不信任汉人的陈规，唯才是举，掀起了一场政治改革运动，影响着晚清此后几十年的历史走向。

作为被慈禧太后诛杀的权臣，暂且毋论肃顺的是非功过，单凭他打破满汉壁垒，便为大清续命近50年，迎来历史上著名的同治中兴。面对清朝内外失衡的困局，即使是高高在上的咸丰帝也是如坐针毡，八旗兵、绿营兵是清朝最强大、最值得依仗的军队。可面对敌人他们却连连败退，大清王朝巍然的形象轰然倒塌，成了内外敌对势力随意践踏的笑柄。太平天国起义军步步紧逼，英法联军烧杀抢掠、侵占我国领土、肆意勒索赔款。焦急的咸丰帝让群臣献策，肃顺心忧家国安危，他认为八旗、绿营腐朽不堪，满洲贵族大多昏聩无能，主张重用才能比较出众的汉臣，可向来满、汉两族之间存在成见。清军入关多年，满、汉之间的藩篱始终未曾彻底消除，非到万不得已，清朝统治者一般是不愿意重用汉人。可肃顺认为，国仇家恨面前，本就无民族优劣之分，他力图打破这种根深蒂固的观念，希望咸丰帝能够启用汉臣，携手汉臣一起为国分忧、为民尽责。肃顺的用人观念极大地影响了咸丰帝，"不唯民族出身论，唯才论"的政策让一大批具有真才实学的汉人得到重用。

"同治中兴"的出现正是因为有一批能力出众的汉臣。其中被称为中兴四将的曾国藩、左宗棠、胡林翼、李鸿章是典型代表。他们挽狂澜于既倒，为清朝立下汗马功劳，而幕后运筹谋划却都离不开肃顺。清朝对于汉臣的使用一直都有所防备，尤其是军权，担心会威胁到满清贵族的利益，这就导致满族官吏因缺乏竞争大多软弱无能。启用汉臣除形势所迫外，更离不开肃顺的努力，他力排众议，赋予汉族大臣曾国藩南下练兵大权，使他能够在湖南湘乡组建湘军，锻造了一支能打敢拼的坚强队伍。湘军势如破竹，与太平军展开殊死搏斗，阻挡太平军北上，挫败了太平军的进攻。曾国藩领导的湘军使得太平军节节败退，后升任两江总督。而曾国藩出山的第一场战斗就大败于太平军，反对者看准机会极力弹劾曾国藩，而肃顺不顾满朝非议，反对临阵换帅并建议其戴罪立功，最终曾国藩不负众望得胜还朝，其领导的湘军也成为镇压太平军起义、抵御外来势力的中坚力量，让风雨飘摇的清朝有所依仗。晚年的曾国藩也曾言："没有肃顺的支持，平定太平天国的功业就无法实现！"

"唯才是举"的肃顺除了提拔曾国藩外还向咸丰帝举荐孤傲不群的左宗棠，两次运筹帷幄，解救左宗棠于水火之中。早年进京赶考的左宗棠结合清朝时弊，秉笔直言，由于观点激进，文章多处触及禁忌之事，言语中表现出对咸丰帝的不敬。咸丰帝遂下令抓捕左宗棠，并免去其举人头衔。肃顺接旨后，因爱才心切率先派人通知他火速离开京城，这才使他免于杀身之祸。科举考试失利后，左宗棠成为湖南巡抚骆秉章的幕僚，深受重用，将大小事务管理得井井有条，但高傲的他总会引来麻烦，将身为二品武官大员的樊燮以骄倨罪革职。樊燮心中愤恨，联合了一批对左宗棠不满的官员上书弹劾，诬告他藐视清廷权威。咸丰帝下令调查左宗棠，如若属实，就地正法。生死攸关之际，肃顺知晓左宗棠的才能，联合朝中大臣保荐左宗棠，并适时启发诱导咸丰帝，不但保住了左宗棠，还使他因祸得福官位晋升为四品。左宗棠被派去协助曾国藩处理军务，他的命运由此转折，为清朝平定西北、恢复新疆，被誉为"中兴名臣"。

肃顺为人乖张，对汉族大臣却能礼贤下士。他经常被曾国藩的见识、胡林翼的才干所折服。肃顺对待汉臣礼貌谦恭，他经常说："汉人是得罪不得的，他那支笔厉害得很。"肃顺厌恶的更多是满洲权贵，而对贫苦八旗子弟，他经常出钱周济，倡导劝学。他是从整个国家兴衰荣辱的角度去看待各族人民，超越了诸多满洲权贵的短视和偏见。

历史人物的悲喜一生，与这个时代共同浮沉，美好与丑陋、简单与复杂总是同时存在的，不同利益之间的相互碰撞，让晚清的权力场域波谲云诡。这样一个复杂纷纭的政治舞台上，整个时局的变化并不是肃顺所能把握的，他虽用心良苦但政治改革操之过急，清朝积重难返，不可避免地成为了政治舞台上一个悲剧式的人物。肃顺力破民族之见，促进各族人民同御外敌，为中华民族多元一体格局的形成做了铺垫，重用汉臣虽仍然具有封建主义色彩，但对于促进满汉融合、各民族平等相处有着重要的作用。肃顺死后，他所制定的政策和制度继续保留了下来，让更多汉族官员走向历史舞台并逐渐成长为反抗外来侵略者、维护国家统一的中坚力量。

出行保家卫国，开创教化先河：杨玉科

几百年沧桑演变，位于云南省兰坪县的杨玉科将军纪念馆仍在诉说着历史的痕迹，记录着清代名将杨玉科的忠诚与艰辛，他将民族气节洒在金戈铁马的战场上，饮泣着、吞咽着那些说不出口的爱国情怀。从盐马古道传来的悠悠马铃声，寻着杨玉科走过的足迹，恣意挥洒着那些豪迈与奔放，一直勇往直前。

杨玉科，白族，字云阶，近代著名滇军将领。其祖先居住在今湖南省靖州苗族侗族自治县，后来他的父亲为了逃避战乱，移居到今云南省丽江市。杨玉科年少时读书一般，却有高远的志向。长大后，杨玉科加入清军，因为作战勇敢，受到清政府的奖赏并提拔重用，从乡勇擢为前锋、守备，后升为游击、参将、总兵。最受赏识的时候，杨玉科官至云南提督、广州陆路提督，被赐号"励勇巴图鲁"。

光绪九年（公元 1883 年），法国侵略者逼迫越南签订了丧权辱国的《顺化条约》，取得了对越南的"保护权"。接着，法国侵略者将矛头指向中国。在进犯越南谅山的同时，进窥中国广西地区，并在东南沿海频频制造事端。法国侵略者的罪行激起了中国人民的强烈愤慨，掀起声势浩大的反对法国侵略者的浪潮。在国难当头的关键时刻，杨玉科奉命组织军队出关抗击。此时他大病初愈，身体还

没有完全恢复，但他以民族利益为重，义无反顾地率领云南各族官兵拔营出关，驻扎在越南谅山省。10月进驻观音桥一带，并与法军多次交火，大败法军。光绪十一年（公元1885年），杨玉科奉广西巡抚潘鼎新檄镇守镇南关。不久后，法军大股部队来攻关。杨玉科一边函请潘鼎新发兵救援，一边亲自率领部队与法军作战。可潘鼎新畏敌如虎，早已放弃镇南关逃跑。外无援兵，内部一些信仰"洋教"的人意志发生动摇，与法国军队暗通款曲。面对这种险恶形势，杨玉科丝毫没有退缩，他奋不顾身，亲督将士，向前力战，表现了誓死保卫国家的决心。最终杨玉科在与敌激战中壮烈牺牲。

"我一死不足以报国，汝等要努力同心，痛歼逆夷，早为国家除患，我虽死目也瞑也。"杨玉科临终前的这一席话，充分体现了中华民族在外侮面前不屈不挠，不被任何敌人所压倒的大无畏英雄气概，谱写了一曲反对侵略，维护祖国尊严，尽忠报国的爱国主义悲壮之歌。

杨玉科虽然戎马一生、军功卓著，但是为人谦逊宽厚，对故乡持有深深的眷恋。他曾两次回家省墓，情真意切，对家乡父老的真诚厚谊都溢于言表。时时处处体现对家乡贫穷落后的忧虑和不安，一生致力于改变家乡的落后面貌。

同治十二年（公元1873年），为了繁荣家乡经济，杨玉科在兰坪县创设了第一个商品市场，后被命名为营盘街。因为当地交通不便，杨玉科主持修建了营盘到拉井、再由拉井到金顶之间的盐马古道，这条古道可容得两队对头马帮往来，被当地老百姓称为"杨玉科路"。杨玉科改道并拓宽盐马古道后，还整顿拉井盐矿，教授当地百姓学经商、做生意。盐路一年四季畅通，加之盐矿得到有效整顿，吸引了更多商贾和马帮云集拉井。拉井的经济发展空前繁荣。

作为商品集散地，大量外地商贾到营盘街做生意。可是当地白族人民大部分不懂汉语，因为语言交流困难，给当地商业带来重大影响。语言交流的障碍，让杨玉科深刻意识到文化教育的重要性。他聘用教师教授当地人民学习汉语，对于汉语、汉字学得好的人，杨玉科还给予奖励。经过长期的坚持，当地人民逐渐都学会流利的汉语，摆脱了与外地客商交流的障碍，促进了各民族交往交流交融，今天营盘街人民有着学习使用国家通用语言文字的浓厚氛围，历史的传承起到很大作用。

杨玉科认为对于家乡人民的教育，不能仅仅限于说汉语、写汉字，应该建立系统的中国传统文化教育系统，教化百姓，开启民智。杨玉科对人民教育的重大贡献，兰坪县营盘镇沧江书院和大理一中是典型的见证。

杨玉科在《沧江书院序》中提到："地太边鄙，汉少夷多，或囿于习俗，视读书为末务；或迫于境遇，欲肄业而无资。予生长是乡，情深梓谊，久怀作育之心，欲竭栽培之力。"从这里可以看出，杨玉科要在家乡兴办教育的决心和力量。于是在返乡之际，他捐出经费，动工修建了一所学校，名为"沧江书院"，并捐置了 16 块学田，以田租作为教师的薪金和学生笔、墨、纸的费用来源。书院建立以后，杨玉科立即前往内地重金聘请名师，在营盘一带招收学生。从此，在最偏僻的澜沧江岸，建立了第一所规模较为宏大的学校，来校读书可以免收学费，因此前来读书的学生络绎不绝。

今天的大理第一中学校园内，古色古香的西云书院碑、湛园等，记载和保留了过往的痕迹。光绪三年（公元 1877 年），杨玉科时任云南提督，在迁居今湖南省长沙县前，将爵府公馆田亩、盐灶及大理城内的一些铺面、炉灶等作为西云书院的资产，处置后的收入作为西云书院的经费来源，并亲自撰写书院碑序。同时，他还聘请内地教师，甚至让当地学生免费接受文化教育。

云南省大理市大理第一中学已有100多年的办学历史。1902年始办新学，1911年定为"省立第二中学"，1932年由省政府命名为"云南省立大理中学"，校名沿用至今，至今从未辍办，素以"滇西最高学府"著称，为大理培养出许多优秀人才。现今，大理第一中学创校刊《湛园》就是对杨玉科将军最崇敬的怀念。

沧江书院的建立，对提高边疆各族人民的文化水平，在边疆传播文化知识方面发挥了巨大作用。抗日战争时期成为"营盘人民抗日救国会"会址。如今，沧江书院成为营盘幼儿园。因西云书院和沧江书院的历史渊源，大理第一中学和营盘家祠管理委员会成为难以割舍的历史关系，彼此成为座上客，往来频繁。

杨玉科是一位抵御外侮、报效桑梓的白族爱国将领。面对法国对我国云南、广西的威胁，杨玉科率军英勇作战，为维护国家安全和中华民族的利益壮烈牺牲，彰显了中华民族不屈服于帝国主义列强奴役的浩然之气。而从杨玉科一生的峥嵘岁月来看，他还是一位各民族交往交流交融事业的大力推动者。在少数民族众多的云南地区，杨玉科积极发展商业，密切内地与边疆地区的交往；大力推广汉语、汉字，促进各民族之间顺畅沟通；慷慨捐资助学，让中华优秀传统文化在边疆少数民族地区落地生根。大理第一中学的一副楹联是对杨玉科的最好评价：捐府第兴教育福泽西迤传佳话，戍边关克夷敌血洒南疆耀汗青。

精华欲掩料应难，影自娟娟魄自寒：曹雪芹

在中华文明五千年的历史画卷中，汉文化与少数民族文化融合互补，积其至丰至厚。在中国最后一个封建王朝——清朝，出现了一位集多民族文化大成的著名文学家，他就是曹雪芹。曹雪芹写作了被誉为中华传统文化精髓的《红楼梦》，著作中处处蕴含着满汉文化的交汇融合。

曹雪芹的祖先是汉族，清军入关前便被满洲权贵掳掠为奴仆，隶属于内务府包衣正白旗。清朝初年，内务府的包衣汉族便与满族保持紧密联系。入关后，满人一方面传承了儒家传统文化；另一方面凭借其在政治上的统治地位，将本民族文化融入到汉文化中。内务府对清廷事事尽忠、嘉谋善政，颇受满洲权贵器重。其中曹雪芹的家族是其中的典型代表。

曹家虽是"包衣"出身，但却是皇帝身边最亲近的家族。曹雪芹的曾祖母是康熙皇帝的奶妈。康熙帝对这位奶妈有着很深的感情，他下江南时住在曹家，亲口说曹雪芹的曾祖母是："吾家之老人"。曹雪芹的祖父曹寅是康熙帝幼时的伴读，从小二人关系亲近。清朝皇室推崇儒学，而儒学以汉文化为主体，皇家子弟从小接受汉学教育，身为伴读的曹寅在耳濡目染中也养成较高的文学素养。后来曹寅官任江宁织造，这使曹家人有更多机会接触到一些汉族名士。经

过长期的汉文化熏陶，曹寅著有诗词集《楝亭诗钞》。曹寅的文学素养深深地影响了他的后代，曹雪芹就在这样的书香门第学习成长，为他日后写出《红楼梦》创造了条件。

除了家族的影响外，曹雪芹所接触的亲朋故旧大都是具有较高文化素养的文人，这些人的思想理念直接影响着曹雪芹的文化观念、审美情趣等。曹雪芹有3个最好的朋友，分别是清朝皇族敦敏、敦诚兄弟和同为内务府包衣的张宜泉。他们与曹雪芹诗酒唱酬的诗文有幸传于后世，成为研究"红学"的重要资料。其中敦诚有诗《赠曹芹圃》

满径蓬蒿老不华，举家食粥酒常赊。
衡门僻巷愁今雨，废馆颓楼梦旧家。
司业青钱留客醉，步兵白眼向人斜。
阿谁买与猪肝食，日望西山餐暮霞。

13岁时，曹雪芹家庭突遭变故。年少时不屑蝇营狗苟、仕途官场的贵公子，孤身一人在世俗场上闯荡。他结交京中名流，拜谒故人世交，带着复兴家族的强烈愿望，尝试走上了仕途道路。但曹雪芹在仕途中依旧没能溅起多少水花，终于他只剩下空虚沦落。人生行至大半，曹雪芹决心著书立说，倾诉自己痛苦的一生。耗费十余年，旷世之作《红楼梦》终于完成。该书被称为18世纪中国最为杰出的文学作品。《红楼梦》中融合了满汉优秀文化，显示出了中华优秀传统文化海纳百川、有容乃大的独特之处。

曹雪芹将种种因果寄托在他在《红楼梦》里塑造的人物身上，

不管是少年时浪漫潇洒、结局却潦倒失意的贾宝玉，还是早年间鼎盛、后来却日渐衰败的贾氏宗族，这与曹家在满洲权贵的权力场域中反复浮沉极为相似。曹雪芹自然而然把满族文化和汉文化相融合，这在《红楼梦》中有大量的例证。

汉族和满族的习俗融合在《红楼梦》中有多处体现，以缠足旧俗和语言表达为例：自北宋起，汉人群体盛行以"三寸金莲"为美的观念，导致汉文化中缠足的观念根深蒂固。清朝统治者入关后，曾经颁布"禁缠令"，但令行不止，在《红楼梦》中尤二姐、晴雯等人都有明显缠足的描述，贾母也保持着汉族的传统观念，经常通过观察缠足来判断女子品行。而宝钗、湘云、凤姐、黛玉等人在文中都未缠足，这是对满族与汉族习俗融合与冲突曲折的表述。在语言表达方面，《红楼梦》第三回中宝玉贬低"通灵宝玉"时称其为"劳什子"、称奶妈为"嬷嬷"等词都是满族语言文字的表述，还出现"烧包袱""要去不能"等"满式汉语"。《红楼梦》中语言的表述体现了曹雪芹对于满汉文化融合运用的独到之处。

"书未成，芹为泪尽而逝。"在曹雪芹未完成的《红楼梦》中，看似书写了一个满汉合璧家族的兴衰史，实则向我们展现了中华文化的博大精深。曹雪芹以他非凡的感染力和卓越的文笔，展现出满、汉两大文化的冲突和交融，穿衣吃饭、行为举止、礼节礼数这些最寻常不过的东西，被他勾勒出多元一体的中华民族底色，《红楼梦》中各色人物的喜怒哀乐、离合悲欢，最终汇聚成了中华民族的文化大观园。曹雪芹身处满汉文化的交汇点上，他的思想、阅历、感受都混杂着满汉文化融合背景下特有的时代气息，这也成为他能创作出如此鸿篇巨著的历史渊源。

清初第一才士，千古伤心词人：纳兰性德

在纳兰性德的世界里，似乎总是充满着不快乐。他在寂寞与悲伤中，走过了非常短暂的一生。正如曹寅所说的"纳兰心事几曾知"，纳兰性德用诗词诠释了他一生繁华与孤寂、忧郁与明亮、思切与哀愁的交杂，他心中是散不开的万千愁绪，同样也藏着"人间有味是清欢"的情怀。

纳兰性德出生在萧萧风雪的北京城，父亲纳兰明珠为他取名"性德"，希望他如君子般修德行之风、渡仁爱之心。受父亲纳兰明珠的影响，聪颖睿智的纳兰性德自小痴迷于汉文化，他不仅阅读了大量的经书典籍，而且将儒家文化正心诚意修身齐家原则化为己用，为他以后诗词作品的创作和对满汉文化的交融奠定了坚实的基础。纳兰性德拥有广阔的胸怀，希望打破民族隔阂，在他写的《柳条边》中可以看出他对民族关系的真知灼见。

是处垣篱防绝塞，角端西来画疆界。汉使今行虎落中，秦城合筑龙荒外。龙荒虎落两依然，护得当时饮马泉。若使春风知别苦，不应吹到柳条边。

17岁的纳兰性德进入国子监学习，结识了大学者徐乾学。徐乾

学向他展示了家藏的经典巨著，鼓励纳兰性德继续努力钻研儒家文化，海量的文化典籍进一步熏陶了他的品性与内涵。在徐乾学的指导下，纳兰性德对儒家文化的经典释义有了更深层次的了解。在"通志堂"书斋建成后，他写下了诗作《通志堂成》：

> 茂先也住浑河北，车载图书事最佳。薄有缥缃添邺架，更依衡泌建萧斋。何时散帙容闲坐，假日消忧未放怀。有客但能来问字，清尊宁惜酒如淮。

此后，徐乾学还指导纳兰性德编纂《通志堂经解》，希望他以编纂此书为纽带结交汉族文人，缓和当时紧张的民族关系。纳兰性德不负所望，编著《通志堂经解》时，招募散落民间的汉族文人共同完成这本书，通过此举拉拢汉族学者，改变江南士人对清廷的看法，促进满、汉双方交流，融洽民族关系。

纳兰性德致力于做一位满汉文化交融的践行者。他修建渌水亭，专门用来与汉族学者交流诗词妙作，寻找志同道合的师友。其中拜徐健庵、查初白、姜西溟为师，称朱竹垞、高澹人、顾梁汾、徐电发为友，"名章俊语，价重鸡林。"《渌水亭杂识》便是纳兰性德与这些汉族文人诗酒唱酬的重要记录。正是在文化的碰撞下，满、汉文人在诗词上的共鸣增进民族关系和睦，进而摒弃民族偏见，超越民族隔阂，以此缓和满汉之间的矛盾关系。

纳兰性德与汉族学士顾贞观之间的友谊也被人津津乐道。一位是贵族公子，另一位为落难文人。不论是地位的悬殊还是民族的隔阂，两人之间横亘着重重阻隔。可偏偏这两人，成为彼此精神世界的知己。他们赋词吟唱、意气相投。纳兰性德对顾贞观真诚相待，在他遇到困难的时候，为之四处奔走，倾囊相助。当时，顾贞观的好友吴兆骞因顺天丁酉科场案被流放到宁古塔。他为救出好友四处奔波，却频频无果，甚至诸多曾经的汉族好友，已然身居高位却避而不见。无奈之下，顾贞观寄希望于纳兰性德。纳兰性德被他们之间真挚的友情所打动，也深深地同情才华横溢的吴兆骞，慨然应允，并赋词《金缕曲·赠梁汾》：

> 德也狂生耳！偶然间、淄尘京国，乌衣门第。有酒惟浇赵州土，谁会成生此意？不信道、遂成知己。青眼高歌俱未老，向尊前、拭尽英雄泪。君不见，月如水。共君此夜须沉醉。且由他、娥眉谣诼，古今同忌。身世悠悠何足问，冷笑置之而已！寻思起，从头翻悔。一日心期千劫在，后身缘、恐结他生里。然诺重，君须记！

当时满汉之间仍冲突不断，局势并不安定，但纳兰性德仍然决定排除万难，营救吴兆骞。经过多番周折，吴兆骞终于得救。其间曲折，哪怕是纳兰性德求其父纳兰明珠亲自出马，从中斡旋，耗费数千金，花费近5年时间，艰难可想而知。纳兰性德怀存有赤子之心，抛弃民族隔阂，权势高低，真心诚意地与这些汉族文人交心共情，用他的实际行动谱写了跨越民族间真挚友谊的美好篇章。

在认真学习汉文化的同时，纳兰性德非常善于用中国传统诗词成熟的艺术形式，表达了当时满族人民的社会生活。满族人民的飒然风貌在纳兰性德的作品中多有体现。比如：《风流子·秋郊即事》

人生须行乐,君知否?容易两鬓萧萧。自与东君作别,划地无聊。算功名何许,此身博得,短衣射虎,沽酒西郊。便向夕阳影里,倚马挥毫。

该词中,纳兰性德展现了自己弯弓跃马、行猎纵饮的豪情,满洲男子骁勇剽悍的形象跃然纸上。

再比如:《浣溪沙·小兀喇》

桦屋鱼衣柳作城,蛟龙鳞动浪花腥,飞扬应逐海东青。犹记当年军垒迹,不知何处梵钟声,莫将兴废话分明。

该词描绘了别具风情的满族风俗。而《菩萨蛮·荒鸡再咽天难晓》则描绘了满族的原生态生产生活。

荒鸡再咽天难晓,星榆落尽秋将老。毡幕绕牛羊,敲冰饮酪浆。山程兼水宿,漏点清钲续。正是梦回时,拥衾无限思。

上述纳兰性德的词作既提炼了满族原始、独特的民族文化,展现了具有特色的少数民族历史、民俗等人文风貌,又丰富了汉族传统诗词的新鲜内容。更为重要的是,纳兰性德作为刚入中原的满族中的一员,还没有被儒家礼教所束缚,拥有更多对生活真诚的人性感受。正如王国维的评价:"自然之眼观物,以自然之舌言情,此初入中原未染汉人风气,故能真切如此,北宋以来,一人而已。"

今天,纳兰性德最为人称道的是他描写爱情的诗词,沁人心脾的文字，感动着一代又一代的痴情男女。他有两段刻骨铭心的感情，妻子卢氏病逝后，与江南才女沈宛的恋情是纳兰性德人生中最后的感情。情投意合的二人，因顾贞观相识。沈宛容貌清丽，文采斐然。共同的文学志趣、炙热的爱情本应成就一番人间佳话。然而，当时清朝明令禁止满汉通婚，加之二人地位悬殊，纳兰家坚决不同意他们的婚事。沈宛在《朝玉阶·秋月有感》写道：

惆怅凄凄秋暮天。萧条离别后，已经年。乌丝旧咏细生怜。梦魂飞故国、不能前。无穷幽怨类啼鹃。总教多血泪，亦徒然。枝分连理绝姻缘。独窥天上月、几回圆。

纳兰性德写下《遐方怨·欹角枕》：

欹角枕，掩红窗。梦到江南，伊家博山沉水香。渐裙归晚坐思量。轻烟笼翠黛，月茫茫。

30岁的纳兰性德英年早逝，而沈宛也被迫回到江南。生活的苦涩总与戏剧中的团圆结局天差地别。

在这深深浅浅的故事里，我们能够看到满汉民族交融的巨大影响。纳兰性德作为满族文化的优秀代表，将少数民族的精神情感、社会生活与传统的汉族文化交流，既体现汉家风范，又具有民族风情，碰撞中闪烁出耀眼的光芒。在纳兰性德身上，无论是诗词歌赋，还是友人爱人，民族间的关系本来就不是对立存在的，而是在彼此文化交流互鉴中得以融合升华，中华文化也籍此根深叶茂。

叹红楼梦影，著满汉精粹：顾太清

留不住时光的缱绻，看不尽岁月的波澜，顾太清的一生又何尝不令人感怀。她把辛酸和哀愁藏在身后，用豁达与乐观诠释了一个女子应有的生活状态。人生尔尔，不过一场红楼梦影。当年愁思，终究难寻足迹。顾太清作为满族文学的女性代表，深受汉文化的熏陶，她吸收汉文化的精髓，将汉文化融入她的诗词创作中，成为促进满汉文化交流、融合、传播的典型代表。

繁华落尽，奈何命运颠簸。从宦门之女到罪臣之后，这一巨大的人生转折让顾太清经受了生活的百般考验，但她没有放弃对诗词的热爱，而是在这荆棘中开出花来。在顾太清生活的时代，满族深受汉文化的熏陶，汉族也渐渐认同满族文化的某些理念，在微妙的平衡中，两种文化互渗互融。这样的发展趋势也促进了顾太清诗词的独特风格。她的文学作品在吸收接受汉文化的基础上实现了满族文学与汉族文学的兼容统一，并为汉族文学注入了活力。顾太清的《红楼梦影》就是最好的证明，《红楼梦影》这部作品在展现满族风俗习惯的同时，也兼容了汉文化的风采，实现了诗词和小说的创新式结合，是满族文化向汉文化的一种靠拢。

促使顾太清走上创作之路还有来自现实生活的感悟和体味。顾太清能够走上文学创作的道路，与她的丈夫奕绘紧密相关。奕绘是清朝皇族贝勒，顾太清是他的侧福晋，两人拥有共同的生活志趣。顾太清喜欢将所感所悟直抒胸臆，慢慢地形成了自己独具特点的词风。在她的笔墨渲染下，顾太清把生活中的见闻赋予一定的艺术高度，诗与情浑然一体，描绘出那个时代像顾太清一样身处贵族阶层的妇女们所展现出的特有的气质。

顾太清自由洒脱，积极乐观，她不愿做一个受封建思想束缚的传统女性，而是向往着更自由的天地，她与当时京师的满族和汉族的才女成立了秋红吟社。这些志同道合的女子打破了封建社会对女性的种种限制，走出闺阁大门，以诗词为引，以兴趣为师，在诗词唱和过程中结下了深厚的友谊。她们从京城到江南，既有像沈善宝为代表的汉族女诗人，又有以顾太清为代表的满族大家闺秀，她们打破血缘、地缘之间的局限性，摒弃民族偏见，以结社的方式将不同民族、不同地域的女诗人串联在一起，在文学创作上互相鼓励和扶持，为中国文学创作留下了浓墨重彩的一笔，为满汉文化的交流融合提供了典范。

秋红吟社的成立，让顾太清结出了更多优秀的文学硕果，而她本人与沈善宝、项屏山、许云姜、许云林这些女诗人的交好之情更为人津津乐道。她们之间的交往交流也为满汉文化的交融树起了一面旗帜。顾太清与江南才女沈善宝相识于京城，在与沈善宝的诗词唱和中，她深深地被其才华所折服。她们亲密无间，一起游山玩水、吟诗作赋，在文学创作上时常交流和沟通。沈善宝称赞顾太清的词"巧思慧想，出人意外"，还敦促顾太清完成了小说《红楼梦影》的写作。在顾太清写作《红楼梦影》的过程中，沈善宝是第一个阅读者，为了鼓励顾太清完成小说，还提前为她这本书写好了序言。两人长达25年的深厚友谊,是文学创作上的灵魂共鸣,更是满汉文化融合发展的友好见证。

项屏山跟随丈夫从浙江来到京城,与顾太清结下深厚友谊。她在顾太清丈夫病逝后一直陪在她身边,带她外出散步,领略美景,还经常同顾太清一起诗词酬唱,以此来缓解顾太清的丧夫之痛,令顾太清感激不已。在顾太清母子被赶出家门、孤苦无依之时,项屏山雪中送炭般提供物质和精神的支持,给了顾太清难得的温暖。她们之间的相处无关乎阶层地位,而是彼此满怀真诚,留下了一段为世人称赞的历史佳话。

顾太清与许云姜、许云林两姐妹之间则是惺惺相惜的。她们相识于偶然,却欣赏彼此的才学,由此结下了深厚的友谊。在日常交往中更是吟诗作赋,互诉情意,以诗词会友。秋红吟社作为一个文学团体,不仅在文学上交流交融,更是顾太清与社内其他成员情感上的美好归宿。她们吟诗作赋,以诗词诉衷情。由此这些女诗人在文坛上崭露头角,也进一步促进了满汉文化的深入发展。

过尽千帆,终究是人生的一场自我修行。顾太清的文学作品既有满族人民生活的痕迹,又丰富和补充了汉族文学的文化魅力,处处散发着满汉文化交融的气息,是不可多得的文化瑰宝。顾太清尝尽世间百态,带着一股坚定和豪迈,走向了"清代第一女词人"的地位,为后世留下了一篇篇经久传诵的佳作,结出了满汉文化交流交融的珍贵果实。

承孤勇之志，促汉藏团结：赵尔丰

在变化莫测的晚清时期，历史人物的喜与悲也同样让人难以捉摸。晚清重臣赵尔丰在命运的影响下，走出的是半生的悲凉，可他经略川边的功绩并不会被时代的浪潮所淹没，反而沿着时间的脉络愈发清晰。

起初，赵尔丰的仕途并不顺利。出生在官宦之家的赵尔丰，家中也算殷实，他们兄弟四人从小都接受了良好的教育。可随着时间的流逝，赵尔丰和其他三人拉开了差距。他的兄弟尔震、尔巽、尔萃都考取了进士，只剩赵尔丰一人屡屡落败，甚至连举人都没有考中。这让赵尔丰十分失意，最后他只能依靠父亲的恩荫才在官场谋得一官半职，去往广东成为一名文职县令。仕途漫漫，此刻的赵尔丰怎么也不会想到自己后来能成为川滇边务的重臣。

赵尔丰在被调任山西担任县令后，迎来了自己仕途上的转折。一次机缘巧合下，赵尔丰遇见了他的伯乐，时任山西巡抚的锡良，两人不论在生活还是工作中都志趣相投。因此，锡良升任四川总督后，赵尔丰也一直跟在他的身边，成为四川的地方官。当时，川边土司兴起叛乱，驻藏帮办大臣凤全前去镇压，却被巴塘土司擒杀。此事引起清廷极大重视，在锡良的推荐下，朝廷命赵尔丰前去平息叛乱。赵尔丰兢兢业业、励精图治，成功平息了此次叛乱。他本人也因平叛成功，受到朝廷的赏识和重用。川滇边特别行政区建立后，赵尔丰仕途更进一步，成为第一任川滇边务大臣，开始了他十几年经略川边的生涯。

管理西藏事务异常艰难，当时西藏社会秩序混乱，土司之间为了巩固自己的地位争权夺利，内部纷争不断，民不聊生，使得川滇边地区经常动荡不安。赵尔丰到任后，迅速推进"改土归流"，目的是加强清廷对西藏地区的统治和管理，削弱土司的权力，稳定西藏政治局势，促进地区安定和谐。不言而喻，实施改土归流政策，触动了土司的利益。他们自然不会坐以待毙，纷纷奋起反击，不满清廷的统治。无奈之下，赵尔丰只得动用武力，收服叛乱势力，可令他没想到的是，这场仗打了整整6年。在这6年里，赵尔丰经受战争的百般磨炼，从一个只知道诉诸于笔墨的文官，变成了一个身经百战的武将。但赵尔丰不曾后悔过，坚定信心为国戍边，其间的艰辛和酸楚恐怕只有他自己能够体会。

在经略西藏的时间里，赵尔丰深刻认识到语言文字对维护西藏安定团结的重要性，特别是外国势力对康藏地区的渗透，使得在这些地区普及国家通用语言文字变得尤为重要。汉族与藏族之间语言不通，相互沟通较难，语言上产生的隔阂会加重汉、藏两个民族之间的分歧，甚至加深民族矛盾。长此以往，必定不利于民族团结。因此，赵尔丰急忙上书朝廷，要求在康区兴办学校，教授当地人民汉语言文字。万事开头难，此举在实际推行中遭遇了很大的阻力。由于当时藏区文化水平较低，以前也未有过学堂教育，导致藏民十分抵触，一听说要把自己的孩子送去学堂，以为是要让他们的孩子去当苦力。于是，他们想尽各种方法阻止孩子进入学堂。面对这种情况，赵尔丰没有放弃，而是积极寻求办法解决困难。他派人到各家各户进行劝导，向他们讲解学习文化的诸多好处，并给愿意上学的适龄儿童发放学习用品，教他们读汉书、学汉字，通过学习加强他们对国家的认同，增进民族之间和睦团结。后来，在赵尔丰的不懈努力下，康区共建立起200多所学校，招收了9000多名学生，为发展康区教育事业作出了重大贡献。

赵尔丰还积极改革当地的落后习俗，藏地"一妻多夫"制的婚姻习俗盛行已久，为了改变这一陋习，赵尔丰下令实行"一妻一夫"制，规定夫妻结婚要办理官制婚书，以婚书为据，革新嫁娶之风气。他下令提倡土葬，并为各宗族划分坟地，还专门拟定章程，加强对坟地的管理，对坟地的面积和两坟之间的距离都作出了详细的规定。此外，他还号召当时的藏民束发洁面，为各家各户修建厕所，劝导他们养成良好的卫生习惯。

赵尔丰还整顿川边茶务，促进了汉藏两地的经济文化交流。当时，内地一直与藏地有茶马贸易往来，自内地的茶叶传入藏地后，茶已经成为藏族人民的日常必备饮品，而藏地的马匹也源源不断地运往内地，茶马贸易一时成为汉藏两地间维持和谐稳定的重要手段。后来，印度的茶叶传入藏地，一度引发川边茶业的危机，导致西藏地区动荡不安。面对这种不利局势，赵尔丰决定整顿茶务，他上书清廷，请求将汉地茶种引进藏地，并派人去四川等地学习种茶技术，还在藏地设立了茶务讲习所，专门派精通种茶技术的人为藏民讲授茶叶栽植、焙制之法。经过悉心指导，藏民慢慢发展起自己的茶叶产业，无需再进口茶叶，就可满足当地人的消费，也在一定程度上抵制印度茶叶进入藏地的企图。此外，赵尔丰号召地方官府和民间茶商组织共同组建了边茶公司，专门用于管理川边茶务，制定茶叶经营章程，取缔了不合理茶税，进一步促进了川边茶业的良性发展，同时也维护了西藏地区的社会稳定。

  回望历史，赵尔丰可能有众多镜像。他生逢乱世，却又不失为国为民的初心，一生战绩累累，治理川边，却不落孤勇之志。赵尔丰将一生最好的年华尽数献给治藏事业，不论是对国家统一、边疆安定，还是对民族团结，都作出了不可磨灭的重要贡献。

爱国正热血，苗中之豪杰：项崇周

1840年鸦片战争以后，西方帝国主义列强入侵中国，无情分割中国领土，肆意践踏中华民族的尊严，这是整个中华民族的辛酸史和屈辱史，也是中华儿女奋起反抗的爱国史和自强史。一大批爱国青年呼号奔走于民族危亡之际，峥嵘岁月，砥砺求索，他们用执着坚守书写忠诚爱国，见证了一个国家的骨气与不屈。翻开项崇周的经历，他的一生是以大无畏的精神为国家和民族危亡挺身而出、舍生取义。

项崇周是苗族，他的祖先从河南项城跨越重重阻隔，抵达云南边境，定居于今猛硐乡野猪塘村，此地也见证了项崇周光辉的一生。项崇周在七八岁时，被父亲项正清送到梅氏土司府当差。当时的野猪塘由梅氏土司管辖，在梅氏土司的调教下，项崇周的成长十分迅速。几年后，梅氏土司把他送去越南老寨地区的苗族土司马丛头府上学习武艺。在老寨，马丛头亲自传授项崇周武功，加上项崇周坚持不懈、刻苦训练，自然练就一身好武功。学成后，这位少年回到了野猪塘，成为梅氏土司的侍卫。土司与民众以及土司之间的利益矛盾，项崇周看在眼里、记在心里，希望能够凭借自身的实力化解这些矛盾，实现整个地区的稳定发展。

云南地处中国西南边陲，项崇周所在的麻栗坡县与越南北部的河口省接壤。麻栗坡作为中国云南与越南往来交通贸易的一大枢纽，地理位置至关重要。如果侵略者占据麻栗坡县，就掌握了整个云南至越南边境线的交通命脉，这将为其继续侵犯中国打开了缺口。况且当时的越南处在法国的殖民统治下，这无疑为法国侵略者将魔爪伸入我国西南边境开辟了道路。法国侵略者的到来，麻栗坡地区各族人民深受其害。这片由苗族、瑶族、壮族、傣族人民携手开创的疆域，在法国侵略者的随意践踏下一改往日和谐繁荣的景象，处处充满着痛苦的气息。

　　法国侵略者强迫当地人民服劳役、强征税。麻栗坡地区各族人民受尽各种凌辱和虐待。他们一次次妥协，换来的只是侵略者的得寸进尺、步步紧逼。项崇周的师父马丛头组织反抗法军侵略运动，却被法军杀害。此时的项崇周面对侵略者的残暴行为，国仇家恨像熊熊火焰在他的心里无尽地燃烧。项崇周再也按捺不住心中的愤懑，决定继承马丛头的抗法事业，奋起反抗，保家卫国。光绪九年（公元 1883 年），这个热血青年走上了一条抗击法国侵略者的道路。项崇周深知单靠一个人的力量是远远不够的，于是他开始集结各族青年，号召大家团结起来共同抵御外来侵略者，保卫自己的家乡。项崇周的想法很快得到大量人民群众的积极响应。这群有志青年怀着对家国的热忱之心，打响了武装抗法运动的第一枪。

　　海阔凭鱼跃，天高任鸟飞。项崇周带领着这支武装队伍，在明知与敌人在武器、兵力上有巨大差距的情况下，依然迎难而上，将个人生死置之度外，充分利用大刀、长矛、火枪等原始武器，与敌人一路拼杀。面对法国侵略者的大炮，他们丝毫没有退缩的念头。因为他们身后是众多边疆各族人民，是千千万万颗凝聚在一起的爱国心。聪明的项崇周深知与敌人硬碰硬是不行的。于是他研究各种战略战术，用巧妙的伏击战和破击战术，一次次击败了侵略者的围攻。云南山高林密、杂草丛生，项崇周他们利用地形优势，使用挖陷阱、安套绳、置甩杆、埋铁夹、装排弓等这些猎兽方法，给法国侵略者以沉重打击。项崇周领导的队伍在与法军百般周旋之下，使法军连连受创，付出了惨重的代价。最终，在清水河伏击战中，项崇周领导的武装队伍彻底粉碎了法军的侵略野心，取得了最后的胜利。受到法国侵占的猛硐地区终于挣脱了法国侵略者的魔爪，回到祖国的怀抱。这场抗法战争的胜利来之不易，是各族人民精诚团结、锲而不舍斗争的硕果，也让我们见识到中华民族的同心协力、一致对外的民族精神。

当我们把视线拉回到项崇周身上，他的民族气节不仅体现在反帝斗争上，还充分体现在个人品格上。光绪二十年（公元1894年），距离猛硐回归祖国怀抱已过去6年。在这6年时间里，法军一直贼心不死，屡屡挑衅。当时，法国侵略者宣称要用数十万银元来换取哪怕只有牛皮那么大的土地，试图以金钱为诱饵在项崇周身上打开缺口。可他们没有想到，项崇周对此不屑一顾，将这数十万银元悉数泼洒在地上，断然拒绝了法军的无耻要求。这些崇尚金钱至上的侵略者根本无法理解。在项崇周心里，"国之疆土，寸土不让"是底线，是每一个怀揣着强烈民族尊严的中华儿女都不能接受的。这场边疆各族人民维护祖国统一、守护国之疆土的爱国斗争，见让了中华民族的勇敢、不屈和韧性。

项崇周还有一项重要的成就，就是将猛硐建设成一个繁荣的集市。长久以来，苗族人民没有参与商业的习惯，也没有集镇，导致本地的商品运不出去，人民需要的生产生活用品十分匮乏，极大影响了当地民众的生活。项崇周当上统带的官职后，拥有权力改变这一状况。他召集族人开会，号召大家支持将猛硐建设成一个商业集镇。首先，他们从招募汉人开设饭馆开始，因为山高路远，只有设立饭馆，百姓赶集期间才能不饿肚子。然后，经营木材、粮食、茶叶生意的汉族商人也都纷纷涌入，猛硐逐渐繁荣起来。猛硐的商业发展，对邻近越南的老寨等地具有良好的示范作用。老寨也学习猛硐吸引汉族商人入驻，搞活商品流通，逐渐形成了一个初具规模的商业集散中心，为改善当地人民生活、融洽民族关系发挥了重要作用。

项崇周这个名字，会在历史中被我们铭记。在他的一生中，"爱国"是最核心的两个字。在他身上，爱国是领导各族人民奋起反抗外来侵略者的决心和信心，是面对金钱诱惑始终不为所动的高尚品格，是一生践行的使命。由项崇周领导的抗法斗争已经过去了一个多世纪，跨过这条纵向时间线，留下的是项崇周不屈的民族精神，还有屹立不倒的不怕危险、不惧诱惑、同仇敌忾、舍身报国的宝贵精神财富。

在位一日，修好一日：特古斯阿穆古朗

悠悠的马头琴声在蒙古草原上久久回响，闪耀着这里的一切。在中国革命渐成燎原之势时，草原人民对新生活的向往也同样炙热着，在这片红色热土上，蒙古王爷特古斯阿穆古朗凝视着、向往着，他用炽热的民族情怀担起了自己的使命，用行动证明草原人民和衷共济的美好心愿，由此也深深地烙上了光荣与担当。

奇渥温·孛儿只斤·特古斯阿穆古朗是成吉思汗的第三十一代嫡孙，也是内蒙古乌审旗的第十二代札萨克王。1900年是个极不平凡的一年，这一年八国联军发动侵华战争，特古斯阿穆古朗也在这一年出生。乱世是最考验人的时代，特古斯阿穆古朗经受住了时代的考验，成为了一位最具民族气节的蒙古王公。

中国共产党自成立以来，就担负着实现中华民族独立与解放的历史重任。如何解决内蒙古地区的民族问题是中国共产党的一项重要革命任务。《对内蒙古人民宣言》一文的发表规定了党中央直接就近领导内蒙古的革命斗争，将内蒙古规定为中国共产党建立以陕北为中心的抗日革命根据地的战略地区之一，标志着内蒙古革命工作进入一个新的阶段。之后，中共中央又连续颁布了《关于军事战略问题的决议》《论反对日本帝国主义的策略》等，对在内蒙古地区开展工作进行了全面部署。准备工作做好后，1936年中共蒙古工作

委员会成立，以陕北三边地区为基地，向北展开内蒙古的民族工作。乌审旗所处的伊克昭盟是大革命时期内蒙古革命蓬勃发展的地区之一，这里的蒙古族人民有着光荣的革命传统，而特古斯阿穆古朗就是当时乌审旗的王爷。对于革命而言，能积极调动起人民群众的革命热情是革命取得胜利的关键要素之一。因此，作为"独贵龙"运动的发源地，乌审旗无疑具备这一优势，因此成为中国共产党努力争取的地区之一。

中共中央到达陕北地区后不久，便立刻派人拜访特古斯阿穆古朗。得知中国共产党要来，特古斯阿穆古朗特意召集几百名牧民列阵欢迎，并亲自前来迎接，以表示自己的诚意和尊重。中国共产党人向特古斯阿穆古朗宣传抗日主张，并把相关的文件资料送给他。特古斯阿穆古朗对于中国共产党的民族政策和抗日主张非常赞赏，表示自己愿意帮助中国共产党解决困难问题，积极配合工作。查干苏鲁克大祭是成吉思汗祭典中最重要的组成部分，届时王公贵族都会来参加。特古斯阿穆古朗为了让中国共产党的政策得到更好地宣传，就让他的二弟奇政山将这些宣传资料伪装成祭品携往成吉思汗陵，悄悄散发给参加祭陵的诸旗王公。诸旗王公看完后深受启发，一时间鄂尔多斯高原上传遍了中国共产党"蒙汉民族团结，反对国民党压迫；停止内战，一致对外；建立抗日民族统一战线"的口号。党的政策和影响力如同星星之火逐渐蔓延开来。

在特古斯阿穆古朗的帮助下，中国共产党人加大了在乌审旗的工作力度。随着中共乌审旗工作委员会的成立，中国共产党在鄂尔多斯高原的影响力越来越大，这为后来建立稳固的乌审旗革命根据地打下了坚实的群众基础。乌审旗成为中国共产党的革命势力在鄂尔多斯地区发展壮大的策源地，乌审旗王府则成为中国共产党组织向内蒙古西部地区传播革命火种最为可靠、安全的中转站。

1936年8月，日本侵略者以"伪蒙古军政府"为旗号，组织蒙汉伪军向绥东进军。当时的绥远省主席傅作义奋起抵抗，察哈尔正红旗蒙古骑兵也积极配合，这就是著名的绥远抗战。第二次国共合作后，绥蒙地区的形势又发生了重大变化。1937年2月，中共中央陆续发出《关于蒙古工作应以援绥抗日为中心的指示》《关于内蒙工作给少数民族委员会的信》等文件。在这些文件中，中共中央明确指出目前的中心工作是"抗日援绥，发动全蒙的人民拥护绥远的抗战，拥护阎傅抗战。"特古斯阿穆古朗积极响应中共中央的号召，积极扩充武装准备抗日，但是当局却拒绝提供武器。无奈之下，特古斯阿穆古朗向中国共产党寻求帮助，中国共产党毫不犹豫地就答应了他的请求，赠送给乌审部队一挺新机枪和15箱子弹。为表谢意，特古斯阿穆古朗亲自挑选5匹蒙古马回赠给中共乌审旗工委。对于当时而言，武器和马匹都是最为稀缺的战略物资。从这之后，乌审王府以及一些进步王公甚至普通牧民，都不时地向延安地区输送马匹，直至抗战胜利。据不完全统计，抗战期间乌审旗向延安无偿输送的马匹就可装备一个骑兵旅。

特古斯阿穆古朗让乌审旗成为蒙古草原上具有骨气的一块中国地，他以身体力行拥护抗日民族统一战线，正如毛泽东同志所言，"有如此优秀的成吉思汗子孙，谁敢谓我英雄的蒙古人民为可欺也"。虽然特古斯阿穆古朗王爷已逝，但"红色王爷"的故事在草原上经久不衰地传颂着。

仁同一视，招兵的"二少爷"：奇子俊

在茫茫的蒙古草原上，悠扬的马头琴缓缓响起。在这里，熊熊的红色革命烈火燃烧、释放着，点燃了无数青年志士心头的火焰，也见证了革命种子在草原上的生根发芽。顺着这股磅礴之势，奇子俊积极投身革命洪流，在草原上唱响了红色革命的最强音，让这块美稷古地获得了新生。奇子俊流星般的一生，为后人留下了太过值得思考的空间。

1912年，曾经辉煌一时的清朝灭亡了，伴随着清朝没落的还有延续了300多年的王公制度。国内军阀连年混战，南方革命浪潮此起彼伏，沟壑纵横、地势险要的准格尔大地一时间群雄并起。其中，"二少爷"奇子俊就是当时优秀蒙古族青年才俊的代表。奇子俊是当时准格尔旗的东协理那森达赖的二儿子，所以又被称为二少爷。奇子俊从小就在父亲开设的专馆学习蒙古文和汉文。1923年，奇子俊离开家乡，开始游历祖国各地。他去过归绥，上到京津，下至南京，远到外蒙古、苏联。在游历的过程中，他不仅接触到了初期革命活动，还接受了许多先进的思想文化，大大开阔了自己的眼界。他也与中国共产党有过联系，保护过乌兰夫、李启汉等革命同志，受到过中国共产党人的指点。从此，奇子俊投身到了民主革命的洪流中。

眼界的开阔，使得奇子俊对于盟旗落后的封建王公制度和礼仪

风俗有了更清楚地认识。他认为应该取消封建王公制度，以实现平民和贵族之间的平等。当时，奇子俊是准格尔旗的西协理，他首先带头废除了下级对上级的跪拜礼节。最为经典的一个故事是奇子俊跑到自己曾磕头作揖的佛堂，用马鞭子指着那些泥塑木雕，激愤地质问道："这是些什么东西？他们能干什么？"此外，奇子俊还让自己的父亲带头剪掉大辫子，废除了贫民自带粮食为召庙加工米面的无偿劳动。在准格尔旗大营盘会议上，他响亮地提出"准格尔旗的台吉不能有至高无上的权力，台吉应和平民一律平等"的号召。这一号召对于当时的封建贵族而言，无疑是尖锐的矛头。为了和大家特别是汉族人民更好地交流，奇子俊带头将自己的奇渥温·孛儿只斤姓氏改掉，只保留了第一个字"奇"作为自己的姓。与此同时，奇子俊也认识到，要想彻底改变当地落后的面貌，就必须兴办教育。奇子俊保送有志青年到外学习，并创办了鄂尔多斯地区首座蒙汉学校——同仁学校，他亲任校长。"同仁"的意思就是对蒙古族和汉族学生一视同仁，这表现出奇子俊的民族平等思想。为了吸引更多的有志青年，他在北京的晚报上登出广告，招聘人才到准格尔旗任教。

奇子俊任国民革命军蒙兵第一路军中将司令后，借着大革命的东风，筹划创建了一支拥有四个连的新型军队。许多有志青年听说奇子俊要建一支冯玉祥式的国民军，纷纷踊跃报名。耳熟能详的民歌《二少爷招兵》正是在这一过程中诞生的。正当奇子俊踌躇满志地准备大显身手时，却在一场政变阴谋中被杀害了。《民国日报》将这次惨案称为"蒙旗血案"，史称"东官府事变"。

作为一位很有革命理想也很有前途的蒙古族青年，奇子俊虽有抱负，却因残酷的政治斗争过早失去了生命，他所追求的理想也未能如愿，但奇子俊"各族人民一律平等"的思想仍被后人记住。《二少爷招兵》的歌词为："沙圪堵点灯杨家湾明，二少爷招兵忽撒的人。二少爷常去那南北京，就能交往几个日能人。二少爷满满儿装了一肚子新主张。二少爷为下个冯玉祥，脱了蒙古袍穿军装。沙圪堵点灯杨家湾明，二少爷招兵纪律明。沙圪堵点灯杨家湾明，当兵的不能串门。沙圪堵点灯杨家湾明，当兵的不能点洋烟灯。沙圪堵点灯杨家湾明，当兵的不能苦害人。二少爷的脑筋挺开通，他能把阿勒的仇人当弟兄。"

  随着时间的推移和人物故事的演变，《二少爷招兵》这首民歌的歌词内容也越来越丰富，篇幅也越来越长，成为一首叙事民歌。它几乎概括了奇子俊这一生的主要政治活动和围绕他发生的事变。所幸的是，现在这首《二少爷招兵》仍在民间流传，用曼妙的旋律，叙述着他的故事。

矢志不渝，忠贞爱国：那木济勒色楞

　　站在命运交错的路口，那木济勒色楞选择了一条难走的路，这位没落王爷，用傲然风骨抗住了不堪时局带来的挫败和屈辱，而越是艰难，他心中深沉的爱国情怀就越发张扬。抗日战争期间，当东蒙古王公纷纷投靠日本侵略者时，面对威逼利诱，达尔罕亲王那木济勒色楞没有被这个混杂的时代湮没自身的品格，他学会在黑暗中寻找自己的火把，用深沉的家国情怀燃烧照亮希望的火焰，用自己不屈的抗争召唤黎明的来临。

　　那木济勒色楞是第十二世和硕达尔罕亲王，同时也是最后一位。他生于光绪五年（公元1879年），从小就获得了良好的教育，不但通晓汉文、蒙古文，还学会了藏文和英文。这样优秀的教育背景，使那木济勒色楞超越很多蒙古贵族子弟，也使他的视野更加开阔。

　　光绪二十四年（公元1898年），18岁的那木济勒色楞正式接管了科尔沁左翼中旗的一切权力。成为王公后，那木济勒色楞十分重视教育，尤其是新式教育。在他的努力下，科尔沁左翼中旗建立了一批新式学堂。在此之前，科尔沁左翼中旗只建有少量私塾，而其中大多数私塾均为王公贵族垄断，当地人民处于封闭落后的状态。清末民初，那木济勒色楞鼓励本旗多办私塾。在私塾就读者，每人每月奖3元银洋。后来又将玻璃山南北丈放土地的收入作为办学基金，先后设立了3所官办学校。这3所学校均招收蒙古族儿童。校长、教师都是那木济勒色楞花重金从奉天（今辽宁省沈阳市）聘请来的。教科书采用上海中华书局编印的小学课本。这些学校连同以前的私塾使科尔沁左翼中旗的大量青少年接受了教育。其中，不少人成为有名的专家学者。那木济勒色楞还积极鼓励身边人外出深造，有八九人进入北京大学等高等学府就读，有的还出国留学。

九一八事变后，日军打出溥仪这张牌，积极筹建伪满洲国。达尔罕亲王在内蒙古东部地区地位很高，因此，日军前来拉拢当时身在奉天的那木济勒色楞。日本军官本庄繁、土肥原二等人委托中间人劝说那木济勒色楞加入伪满政权，让他回到科尔沁左翼中旗担任旗长。那木济勒色楞的福晋朱博儒对他说："官财可以不顾，名声最为重要。卖国还是爱国，爱国为贵。"那木济勒色楞最终下定决心，离开奉天奔赴北平。1931年末，正当那木济勒色楞筹划出走的时候，日军突然劫持了他，逼迫他成为傀儡。脱险后，在一位英国医生的掩护下，那木济勒色楞化装成平民，携带家眷离开了奉天，去往北平避居。那木济勒色楞也成为内蒙古东部地区唯一没有向日本帝国主义归附的札萨克王公。

1937年卢沟桥事变后，日本侵略者攻占北平。得知那木济勒色楞还在北平后，日军再次找上门来，先以利益引诱说："王爷的属地还保留着，等待王爷回去主持旗政。"后来见那木济勒色楞沉默不答，就威胁说："今天的北平，可不像当年的奉天，你还能往哪里跑？望你早日应允，否则后悔莫及！"那木济勒色楞称病拒绝。后来日军又提高了筹码，许诺他筹建哲里木盟政府并担任盟长，掌管全盟大权，但仍然遭到了那木济勒色楞的拒绝。日军勃然大怒，将那木济勒色楞软禁起来。在日军的高压监视下，那木济勒色楞郁郁寡欢，关起门来谢绝会客，一直到1945年抗日战争取得胜利。为了表彰那木济勒色楞的爱国情怀，国民政府授予他二等"景星勋章"，专门发来表彰电文。1951年，末代达尔罕亲王那木济勒色楞因突患脑溢血病在香港逝世，终年71岁。

那木济勒色楞自小对汉文化和蒙古族文化都有着深厚造诣，他重视新式教育，兴办新式学堂，鼓励蒙古族儿童学习汉文化。抗日战争期间，那木济勒色楞拒绝与日本侵略者合作，面对威逼利诱仍不为所动。那木济勒色楞是蒙古族和汉族人民相亲相爱的典范，是敢于同日本侵略者抗争的爱国者，更是民族交往交流交融的倡导者和践行者。

爱党爱国，民族团结：马本斋

> 风云多变山河愁，
> 雁叫霜天又一秋。
> 男儿空有凌云志，
> 不尽苍江付东流。

这是民族英雄马本斋在东北军当兵期间写下的"抒怀诗"，字里行间我们能真切地感受到他忧国忧民、壮志难酬的男儿情怀。而马本斋短暂辉煌的一生，也是践行抗日救国、热爱人民的一生。

河北省沧州市以西的献县本斋村有一座白色建筑，入口处的穹窿、墙上的窗子无不告诉人们，这里纪念的是一位爱国将领。1902年，马本斋出生在河北省献县东辛庄村一个贫苦的回族农民家庭。全家依靠几亩薄田和打短工活来维持生计。艰苦的生活让马本斋很小就开始懂事，他经常和母亲一起到村子外面的子牙河边上扫碱土熬盐。每当小马本斋累了，母亲就会给他讲苏武牧羊、岳母刺字、木兰从军等故事。优秀的传统文化让年幼的马本斋受到极大的影响，培养了他抵抗外侮、保家卫国的宝贵品质。村里开办学堂后，马本斋的父母用东拼西凑的辛苦钱给他交齐学费，送他上学。他学习用功，聪明过人。先生教授的内容如《三字经》《千字文》《弟子规》

等,马本斋很快便可以倒背如流。在学习期间,他不仅能熟读熟背各类中国传统经典,还经常提出自己的独到见解。在第三学年考试时,马本斋把《增广贤文》中的"贫穷自在,富贵多忧"改成了"富贵自在,贫穷多忧"。先生问他为什么要这么改,他回答说:"穷人们吃不饱穿不暖,而富人们却每天大鱼大肉好不自在,这不是贫穷多忧,富贵自在吗?"从小马本斋便给予贫苦人民更多的同情。

1918年,马本斋的家乡东辛庄遭遇了一场天灾,许多人背井离乡、外出谋生。马本斋也跟随父亲离开家乡。两人来到张家口,在当地亲友的帮助下,开了一间名为"永庆奎"的馃子铺。之后,两人又到内蒙古地区替人贩马。这一时期的马本斋在内蒙古和京、津、冀、鲁之间来回奔波,慢慢开阔了视野。特别是五四运动时期掀起的各种学潮、工潮,让这位出身农家的小伙子耳目一新。在这段人生经历中,马本斋看到了太多穷苦人民被土豪劣绅无情压榨剥削和欺凌的生活遭遇,这些见闻更加坚定了他要解救穷苦大众的人生志向。

1921年一个天寒地冻的日子,19岁的马本斋加入张宗昌的部队。入伍第一天,马本斋领到一支步枪。从此,枪就成为他生命中不可分离的一部分。马本斋冬练三九、夏练三伏,枪法越练越准。当时,军队中大多数是文盲,马本斋能识文断字,表现又好,被提升为排长。担任排长期间,他时常把扣押地主的粮食分给穷苦民众。一年后,马本斋被保送到东北讲武堂,进一步学习相关军事理论和实践。在那里,他经受了严酷军事训练的考验,掌握系统的军事知识,潜心钻研并虚心请教老师和同学,最终取得了优异的成绩。回到军队不久,第二次直奉战争爆发。在多次战斗中,马本斋作为刘珍年部团长，作战勇猛顽强、机敏果断。而在这期间，刘珍年部队中的中国共产党党员对马本斋产生了重要影响。

九一八事变爆发后，日军大举入侵中国东北，马本斋多次请命带兵前往东北抗日，但遭到了上司的蛮横训斥，还免去他团长的职务，虽然很快官复原职，但此时马本斋已心灰意冷，毅然弃官而去，回归故里。卢沟桥事变后，日军很快入侵马本斋的家乡献县一带，他们烧杀淫掠，无恶不作。在日军铁蹄的蹂躏下，马本斋的大哥和众多村民被残忍杀害了。在家仇国恨面前，马本斋决心一定要组织起一支抵抗侵略、保护人民的队伍。1937年8月30日，为响应乡亲们的号召，同时也为实现自己保卫祖国和家乡的愿望，马本斋和70多位村民成立抗日武装回民义勇军。在马本斋的带领下，回民义勇军屡出奇兵，取得了一次又一次胜利，队伍逐渐壮大了起来，武器装备也越来越好。1938年2月，马本斋加入河北游击队，改编为冀中回民教导队。在中国共产党的领导下，为了进一步加强回民武装，两个月之后，马本斋率领的部队再一次被改编为冀中军区回民教导总队，他担任总队长。

随着革命斗争的深入，马本斋越来越认同中国共产党救国救民的崇高理想，他终于明白，这就是他一心要追求的组织，一生想要实现的伟大事业，因此他下定决心加入中国共产党。他在一次次修改入党申请书后写道："我心甘情愿把我的一切献给伟大的中国共产党，献给为回族解放和整个中华民族的解放而奋斗的伟业。"1938年10月，马本斋终于光荣地加入了中国共产党，并在此后的峥嵘岁月中，为中国共产党写下了浓墨重彩的一笔。那时，日本人妄图通过高官厚禄等计策诱降马本斋，结果等来的却是马本斋的军事打击。

在叛徒哈少甫的奸计下，日本人得知马本斋素有孝子之名，于是妄想通过抓走马本斋的母亲，逼迫马本斋率部前来营救，以达到消灭回民支队的目的。但马本斋的母亲表现出强烈的爱国情怀和坚强的意志，坚决不答应去劝降马本斋，在狱中绝食7日而亡。

在一系列抗日战斗中，回民支队不断发展壮大，不断有汉族士兵加入到队伍中，加之回民支队也经常在汉族群众区域活动。日伪军试图在回民支队中散布回汉两族不和的谣言来制造纠纷，想要瓦解回民支队。对此，马本斋以一个共产党员的担当，破除了谣言。1939年，冀中军区派遣老红军郭陆顺担任回民支队政治委员。这是回民支队第一位党任命的汉族干部。马本斋带头支持郭陆顺的工作，支持他改造回民支队旧军队风气，学习红军好作风，打造一支打不垮、拖不烂的铁军。在紧张的战斗生活中，马本斋与郭陆顺形成了生死与共的革命友谊。马本斋善于用马克思主义民族观教育士兵，经常给战士们上思想政治课，告诉大家回族和汉族就像一个家庭的兄弟姐妹，谁也离不开谁，只有在中国共产党的领导下，才能团结一致抵御外敌。在他的宣传下，部队里回族和汉族同志之间的友谊更加深厚，大大提高了整个军队的凝聚力和战斗力。

长期艰苦卓绝的战斗生活使得马本斋积劳成疾，再加上当时医疗资源匮乏，马本斋病逝于冀鲁豫军区后方医院，终年42岁。在最后的日子里，马本斋教给儿子马国超两个字"祖国"，叮嘱他："孩子，你要记住，这两个字就是咱们的家园。你长大以后，要像爱爸爸、妈妈一样爱我们的祖国。"

毛泽东、周恩来、朱德曾分别为他题挽词："马本斋同志不死！""壮志难移，汉回各族模范；大节不死，母子两代英雄""民族英雄吾党战士"。吕正操评价回民支队"不仅是党团结回民抗日的旗帜，也是回汉团结抗日的旗帜"。马本斋带领着各族人民积极投身于抵抗日本侵略、保卫伟大祖国的辉煌实践，是民族团结、爱党爱国的典范。

做汉藏桥梁，行大慈大善：五世格达活佛

  彩云啊
  光彩明亮
  是红军的旗帜在发光
  雄伟的高山啊
  是红军的臂膀
  留给我们的金玉良言
  藏族人民永远记在心上。

  在巍巍耸立的川西高原上，承载的红色记忆延伸至人间烟火的每一处。五世格达活佛身披袈裟，手捻佛珠，却意外走上了中国革命的历史舞台，搭起了汉藏人民友好的桥梁，他用大爱和坚守诠释了人间正道的归途，他热爱祖国，却没有看到整个康藏地区迎来的新生，而他为了革命以身殉国的事迹将会在这片土地上久久传唱。

  1902年，五世格达活佛出生在四川省甘孜县生康乡德西顶村的一个农奴家庭，起名根嘎益登。7岁那年，他被确定为甘孜县白利寺四世格达活佛的转世灵童。成为格达活佛以后，他没有贪图安逸、坐享其成，而是黄卷青灯、苦读苦修，并远赴拉萨求学，获得格西学衔（相当于国民教育的博士学位）。他不仅佛学造诣精深，而且谙

熟藏族的历史、文学、医学、天文、历算等，他经常用藏医药为人民免费治病，还写了许多广为传唱、词韵优美的诗歌。

格达活佛虽然身处偏僻闭塞的康北高原，但他向往进步和光明的热情却从未减弱。1935 年，震惊中外的中国工农红军北上抗日经过藏区，国民党勾结藏区的反动喇嘛和土司头人，组织反动武装，企图阻挠红军北上。他们对中国共产党和红军大肆进行造谣诬蔑，通告群众不准卖粮食给红军，不准给红军带路，不准当翻译，胁迫群众逃离家乡上山隐藏，妄图置红军于绝境。当时正值寒冬，几万人的红军队伍在此驻扎，粮食供给十分困难。但红军所有部队都严格按照朱德总司令的要求，没有住进当地百姓家中，没有取用他们留下的财物，而是把房前屋后打扫得干干净净，露宿在树下或屋檐下。没有粮食，他们就到附近采蘑菇、挖野菜充饥。此时的格达活佛正深居简出，暗中观察红军的动向。当他亲眼看到红军纪律严明、秋毫无犯，还主动保护寺庙、爱护僧俗群众，便对红军由衷敬佩。他亲自给红军送去粮油，小小的白利寺为红军支援了 3 万多斤青稞、4000 多斤豌豆。他还派人上山，召回躲在山上的当地百姓，并亲自到附近的亚龙寺、更龙寺，说服他们出钱出粮支援红军。在格达活佛的带领下，人们纷纷用糌粑、酥油和奶茶等来欢迎红军。

格达活佛支持红军的行为得到了红军高层领导的关注。朱德总司令亲自到白利寺去看望这位开明的佛教界人士，而也正是那一次长谈，不仅让格达活佛进一步认识了红军，也让他懂得了"什么是革命，为什么要进行革命"的道理。在朱德总司令和刘伯承总参谋长的帮助和影响下，格达活佛以他的远见卓识，勇敢而坚定地投身到人民革命的洪流之中。1936 年 4 月 12 日，红军与白利寺等签订了

《互助条约》。格达活佛把条约缝在自己的枕头里，而这份条约直到1985年才被发现。1936年5月，红军在甘孜县成立了藏族人民自己的政府——中华苏维埃中央博巴（藏族）自治政府，这是中国共产党历史上在民族地区成立的第一个民族自治地方政权。年仅33岁的五世格达活佛，被推选为政府副主席，成为活佛中参与革命政权的第一人。在成立大会上，五世格达活佛发表了激动人心的演说：推翻国民党在博巴领土上的衙门官府，打倒帝国主义，没收其财产还给藏族人民，实行民族平等、自主，废除剥削制度，发展经济，解放农奴。从此格达活佛更加自觉、积极地投身于支援红军的行动之中。

1936年7月1日晚，红军要离开了，格达活佛和朱德总司令话别。临行前，朱德总司令在红缎上为格达活佛写下"红军朋友，藏人领袖"的题词。并将自己的八角军帽赠送给格达活佛，对他说："这顶帽子留给你，看到它，就像看到了红军。少则5年，多则15年，我们一定会回来。"格达活佛说道："红军走了，寨子空了，寨子空了心不焦，心焦的是红军走了。"

红军离开甘孜县后的第二天，反动势力生龙多吉一伙在国民党的支持下，公开出来抓捕和屠杀博巴自治政府的组成人员和红军伤病员。格达活佛极为震惊，他冒着生命危险前去劝阻，并把红军留下的轻伤员尽快转移到当地人民的家中分散保护，他的亲妹妹也认领了一名红军伤病员。一些重伤员则被悄悄接到寺庙中，由格达活佛亲自调理治疗。一个多月后，绝大部分伤病员得到恢复和好转。格达活佛还通过自己的关系，先后将200多名红军战士从甘孜县转移出来，护送他们重新走上了北上抗日的道路。

红军走后的第二年，格达活佛为了避免国民党的纠缠和迫害，便带着博巴自治政府的印章、文件，去往西藏拉萨避难。在拉萨期间，他对红军仍然十分怀念，经常为朱德总司令念经祝福，为红军祈祷平安。他在拉萨一住就是10年，此间经常打听红军的消息，向拉萨的友好人士宣传中国共产党的政策。1950年3月，西康省解放。格达活佛先后被任命为西南军政委员会委员、西康省人民政府副主席、康定军事管制委员会委员、西南民族事务委员会委员等职务。同年5月，中国人民解放军第十八军北路先遣支队到达甘孜县，格达活佛高兴万分，立即从白利寺赶赴甘孜县拜会吴忠师长和天宝同志。彼此一见如故，谈得十分投机。吴忠向格达活佛介绍了中央关于解决西藏问题的方针和政策，并征询他的意见。格达活佛详谈了他所掌握的西藏方面的情况，以及他对实现和平解放西藏的一些想法。为了减少解放军进军西藏的阻力，避免不必要的牺牲，格达活佛经过反复考虑，决心赴拉萨向西藏当局宣传解释中央的政策和主张。吴忠师长和天宝同志向中央和中共西南局报告了格达活佛前去西藏的请求，不久后收到朱德总司令复电。朱德总司令对格达活佛的爱国热忱深表嘉许，但认为他现在入藏不能保障安全，邀请他到北京重叙旧谊，并作为特邀代表，参加将于6月中旬召开的全国政协一届二次会议，然后再作决定。

格达活佛收到复电后十分激动，但是决心要等西藏问题解决后，再去北京见朱德总司令。于是，他拜托先遣支队再次给朱德总司令发报，重申初衷。朱德总司令为他这种以国家、民族大局为重且置个人安危于不顾的精神所感动，终于同意了他的请求，并明确指示，要在安全有保证的条件下方可前行，如果发现问题应立即返回，切不可冒险。格达活佛到达昌都后，不顾旅途疲劳，立即四处奔走，向昌都地方当局和各族各界人士苦口婆心地宣传讲解《共同纲领》和党的方针政策，受到了当地绝大多数上层人士和僧俗群众的拥护。但这一行动也引起了昌都地方当局中反动分子的不满。他们竭力阻挠格达活佛的正义行动，要挟昌都有关部门不给格达活佛办理去往拉萨的通行证。对此，格达活佛十分气愤，决心打电报同拉萨当局直接联系。但因电台由反动势力控制，未能如愿。愤恨成疾再加上反动分子的毒害，8月22日，格达活佛为西藏和平解放事业献出了宝贵的生命，年仅47岁。

"为真理，身披袈裟入虎穴，纵出师未捷身先死，堪称高原完人；求解放，手擎巨桨渡金江，虽长使英雄泪满襟，终庆康藏新生。"巴蜀儿女是中华民族的英雄图谱、熠熠生辉的中国精神不可或缺的组成部分。五世格达活佛作为巴蜀儿女的一员，与中国共产党肝胆相照，为红军长征、西藏和平解放事业都作出了重要贡献。格达活佛离开我们60多年了，但他风尘仆仆的身影，热爱祖国的赤诚，心系祖国统一的决绝，值得我们敬仰。今天，中国特色社会主义进入新时代，西藏和青海、四川、云南、甘肃四省的藏区发生了翻天覆地的变化，这也正是格达活佛舍生取义、毕生追求的愿望。

守土之责，义所难辞：陈嘉庚

在陈嘉庚波澜壮阔的一生中，让人感受最真切的是他浓厚的家国情怀。他站在历史激流的转角处，仍能不动声色、虚怀若谷，以一生的行动践行了他的信条。陈嘉庚赤诚报国、团结华侨，争取民族解放，用铮铮傲骨擎起了民族团结的鲜明旗帜，以一腔热血浇铸了浓浓的爱国赤子心。

2014年10月17日，习近平总书记在给厦门市集美校友总会的回信中称陈嘉庚先生是"华侨旗帜、民族光辉"。1874年，陈嘉庚出生于福建省泉州府同安县集美社（今福建省厦门市集美区），他出生的那一年正值清朝光绪皇帝即位，此时的清王朝已日薄西山、风雨飘摇，中国大地凄风苦雨、民不聊生。沿海地区更是惨遭外国侵略者掳掠，很多老百姓甚至被当作"猪仔"贩往西方做苦力、当奴隶。一些有志向、不甘心坐以待毙的青壮年则纷纷主动出海，远赴南洋讨生活。陈嘉庚的家乡有许多人出海，他的父亲漂泊到新加坡，经营一家米店。

陈嘉庚在16岁的时候，父亲让他到新加坡跟着自己学做生意。在陈嘉庚的帮助下，父亲的生意做得风生水起。但不久后，陈嘉庚的母亲病逝，他匆匆赶回家处理后事。在陈嘉庚回家乡的几年时间，父亲的生意急转直下，等他再回到新加坡时，父亲已欠下30多万的债务。高额的债务使得父亲郁郁寡欢,不久就去世了。按照当时新加坡的法律,父亲的债务不需要儿子进行偿还,但陈嘉庚认为"人而无信不知其可",他坚决要凭自己的能力偿还这些债务。陈嘉庚用4年多的时间埋头苦干,等经济上有了盈余,就开始连本带利地帮助父亲把欠下的债务还清。而陈嘉庚的这个举动无疑为他赢得巨大的信誉,越来越多的人找他做生意,陈嘉庚的事业也因此迅速做大。

尽管事业成功,但陈嘉庚却自始至终过着简朴的生活。他的座右铭是:应该用的钱,千万百万也不要吝惜,不应该用的钱,一分也不要浪费。那么,"应该用的钱"是什么呢?除了生意场上的资金运转,陈嘉庚把钱全部投入到了慈善事业,他兴办学校,救急济困,扶助民生。特别是在国难当头,他更是不遗余力地舍家为国,为国家捐钱捐物。

在辛亥革命到九一八事变这一时期,陈嘉庚的爱国精神主要表现为倾资兴学、以商养学。陈嘉庚先生兴办实业,不是为了自己腰缠万贯,而是为了报效桑梓、富强祖国。陈嘉庚认为:国家之富强,全在乎国民。国民之发展,全在乎教育。因此,他以"教育为立国之本,兴学乃国民天职"为信条。自1913年在家乡集美兴办小学开始,陈嘉庚先生一生资助、创办的学校高达118所。在世界经济危机的影响下,陈嘉庚的生意遭到严重冲击,周围许多人劝他停止对学校的资助,维持自己的生意,但是陈嘉庚不忍心放弃。陈嘉庚将对祖国教育事业的扶持看作自己的义务。他说:"立志一生,所获财利,概办教育,为社会服务,虽屡遭困难,未尝一日忘怀。"于是也就有了后来"出卖大厦,维持厦大"的故事。此外,陈嘉庚先生将厦门大学第一座校舍群贤楼的奠基之日选择在1921年5月9日,这是因为6年前的今天,袁世凯签订的"二十一条"正式生效。所以,陈嘉庚先生希望以这样的方式提醒厦大学子"勿忘国耻",这足以体现陈嘉庚浓浓的爱国之情。

从九一八事变到中华人民共和国成立这一时期,陈嘉庚的爱国精神主要表现为抗战救国、是非分明。九一八事变后,陈嘉庚在新加坡以福建会馆主席的名义,召开了侨民大会声讨日本。"一·二八"事变后,陈嘉庚直接致函集美学校秘书处,说道:"时至今日,任何人皆应抱定牺牲精神,各尽所能,以与暴日抗。希勉励学生,激励勇气,勿畏葸自扰!"为了抗日筹赈,陈嘉庚"常月捐,至战事终止,每月国币贰仟元"。他还积极带动其他华侨积极捐款,有力支援了祖国抗战。此外,陈嘉庚还亲赴战场,慰问前线战士。那时他已是67岁的高龄,但仍用9个月的时间慰劳15个省份。这次慰问,让陈嘉庚对于国民党和共产党有了更加深刻的认知。相比于重庆,延安之行让陈嘉庚的印象更为深刻,他开始倾心中国共产党,并在许多场合一再追忆此次延安之行。抗日战争胜利后,陈嘉庚以严正、鲜明的政治态度,反对美蒋势力勾结发动内战,支持中国共产党领导的人民解放战争,积极推动祖国的和平民主运动。

新中国成立后,陈嘉庚的爱国精神主要表现为坚决维护祖国统一、支持社会主义建设。晚年的陈嘉庚选择回国定居,回国后的他时刻不忘为祖国尽心尽力,他以高龄参政议政,先后担任全国政协常委、全国政协副主席、全国人大常委会委员、中央华侨事务委员会主席、中华全国归侨联合会主席。面对新中国成立后百废待兴的局面,陈嘉庚积极协助人民政府培养急需的建设人才,不仅在集美学校扩大办学规模,还亲自主持集美学校和厦门大学校舍修建工作。

在工地上，时常能见到那个持着手杖仔细视察工程进度和质量的老人。陈嘉庚将节省下来的每一分钱，都作为建校费用。他说："人生在世，不要只为了个人的生活打算，而要为国家和民族奋斗。"

实现中华民族伟大复兴是陈嘉庚先生的毕生追求，也是海内外中华儿女的共同心愿。晚年的陈嘉庚，还特意请人在鳌园刻录《台湾省全图》，念念不忘国家统一。这位老人最后的遗言是，"最要紧的是国家前途""台湾必须回归中国"。正如陈嘉庚在他1946年撰写的《南侨回忆录弁言》中所写："公——永无止境的奉献；忠——永不动摇的爱国；毅——永不言败的坚强；诚——永不毁诺的铮铮傲骨。"

忠于国家,忠于民族:陈芳明

拂去过往的尘埃,逝去的年华终会以另一种方式呈现。在陈芳明的世界里,总有一些遗憾是对祖国的深思。远离祖国的那些日子里,陈芳明最大的梦想就是能够回归祖国,他怀着最赤诚的热情穿越层层阻隔,用爱去寻找那些搁浅在回忆里的真实。陈芳明的心始终和祖国紧紧联系在一起,他把那些遗憾投注于家乡的发展,关心这片土地的福祉,见证着那段流光记忆里的美好。

1929 年,陈芳明出生在福建省安溪县金谷镇溪榜村。父亲陈寅炎是一位旅外华侨,母亲王金宣在家独自抚养他长大。幼年时的陈芳明在溪榜学校读完一年级后,就跟随母亲去往马来西亚槟城。当时正值抗日战争时期,眼见日本大肆侵略祖国,人民生活苦不堪言,众多华侨奋起筹赈抗日。在马来西亚的小陈芳明也在老师的带领下,上街卖花支援祖国抗日。太平洋战争爆发后,日本侵占了马来西亚,陈芳明被迫辍学。当时只有 13 岁的陈芳明为了生计,不得不出门干活。在日军的统治下,槟城一片灰暗。陈芳明 4 岁的小侄女被炸死,住宅也被烧毁。如此惨状,激起了陈芳明对于日本侵略者的痛恨之心。1944 年,陈芳明一家移居到泰国。在泰国,陈芳明一边打工,一边学习泰文、机械维修知识。终于,在他的辛勤努力下,积累下第一桶创业基金。此后,陈芳明创办了碾米厂、制冰厂、吹塑厂、硬塑水管厂等。经过几十年的奋斗，陈芳明虽然算不上一个大富豪，但也算事业有成。常年漂泊在外的陈芳明，一刻也没有忘记他出生的那片土地，一心想着回报生他养他的故乡。

1956年，远在他乡的陈芳明听说家乡要建学校，就捐助了他的第一笔善款。1973年，阔别家乡35年的陈芳明终于回到了安溪老家，老家的情况远远不如他所期望的，大多数老乡的生计仍然艰难。于是，陈芳明决定通过兴办教育来改变大山里乡亲的境遇。此后，陈芳明坚持每年都回到家乡，还成立了"陈寅炎教育基金"，作为金谷东溪学校和溪榜小学的奖学金和助学金。同时，他还资助了金谷镇卫生院、溪榜小学、月星小学、由义中学的建设。每一栋校舍，他都以"博爱楼""勤学楼""启智楼""创新楼""发奋楼"等命名，以此激励孩子们好好学习，走出大山。"为了子孙后代的幸福，我恳求乡亲们都要让子女进学校读书，最少也要念完初中。希望从今年起，所有小学毕业生都升入初中就读。届时如教室不够用，我们再来建。愿家乡所有青少年男女，最低文化程度是初中。"陈芳明这番被刊登在《福建日报》上的讲话，亲切平和、感人肺腑，表现出他对国民教育普及的殷切期望。

陈芳明先生在海外漂泊60多年，仍然持有中国护照、保留中国国籍，还保持着穿中山装的习惯。许多华侨为了便于在居住地生活，先后加入居住地国籍。但陈芳明却与众不同，即便持着中国护照在海外办事可能会受到不公正的待遇，也丝毫没有动摇他这颗中国心。倔强的他始终保留着那份傲骨，坚持做一名中国公民。当有人问他时，陈芳明总会坚定地说道："民族志气！"在他看来，以前的中国在海外经常受到轻视，他不改国籍是一种民族志气；国家富强起来，仍然不改国籍，以中国公民的身份传播中华文化，这是另一种民族志气。对于中山装而言，他认为"中华民族应有一套民族服装"。在一次讲话中，陈芳明先生谈到："有一次我穿着中山装，到八达岭登长城，两位日本人看见我穿中山装，立即举起大拇指向我表示敬意，并希望让他拍照。据我了解，孙中山先生考虑到中华民族应该有一套民族服装，才精心设计出一套服装，大家称为中山装。毛主席就是穿着中山装向全世界宣布中华人民共和国成立的。我们中华民族是不是应该有一套民族服装，以体现民族的自尊、自信和团结。"正是这种爱国之心，让他60年从未动摇。

"你们体内流的是中国人的血，你们的根是在中国福建安溪。你们千万不可以轻视中国人。我就是中国人，如果你们轻视中国人，就是看不起自己的父亲。对于在中国的根，若有可能，希望帮助浇水下肥，使它根深蒂固，枝壮叶茂，然后到世界任何地方去开花结果，也会比较美观、灿烂、香甜；一旦为人喜爱，那么，它长得就更有意义了。"这是陈芳明先生对他的子女所说的一番话，其目的就是为了让后辈铭记自己的根在中国。

"忠于国家，忠于民族，忠于职责，诚心诚意，各尽所能，为人类造福服务。"这是爱国华侨陈芳明先生在家乡东溪中学捐建的"忠诚楼"石碑上题写的座右铭，字里行间足可见他对祖国的一片赤诚之心。陈芳明先生的拳拳赤子心、殷殷爱国情不仅在家乡传为佳话，也为后人树立了典范。

一代文学巨匠,汉苗交融之桥:沈从文

湖南省凤凰县属湘西地界,是一个由汉族、苗族、瑶族、土家族等多民族杂居的小县城,地广人稀,美丽如画。在凤凰县这座山城里,诞生了中国现代文学巨匠——沈从文。沈从文用一生演绎着婆娑岁月里的邂逅,他用细腻的笔触记录着时光里的沧桑,里面藏着他文学创作的源头,更饱含着他对民族未来的希望。沈从文的笔下有国家、民族,更有凤凰山城里各民族鲜活的人物,他写尽了那个时代的顽强和不屈,也写满了民族的过去、现在和未来。

沈从文往往以文学大师和历史文物研究者的形象出现在大众视野,笔名有上官碧、璇若、休芸芸、甲辰等。作为土生土长的湘西孩子,沈从文的父系是汉族,而他的奶奶是一位普通的苗族女子。沈从文对苗族有着特有的亲切感,他吸取汉文化和苗族文化丰富的营养,塑造了自身别具一格的处世风格和文学创作形式。沈从文一生辗转于湖南、北京、青岛、上海等地。从军人到学生,从教授到作家、历史文化研究员,沈从文的多重身份使得他在中华民族博大精深的历史文化研究方面颇有建树。沈从文一生的诸多作品都在为苗族文化发声、致力于给予这个一直沉默的民族表现自己价值的机会,促进苗族更多被主流群体理解和交流。沈从文始终没有放弃为少数民族正名,为之争取发展民族文化的空间和各民族交往交流交融的方式。

在沈从文丰富的著作中，浓郁的中国风扑面而来，文字中汉族与苗族的文化元素交相辉映。沈从文笔下的苗族人民大度开朗、忠厚憨直、率真奔放、敢爱敢恨。他们更容易在俭朴的生活和单纯的喜悦中获得幸福感。湘西系列作品问世之前，世人对湘西、苗族的了解几乎一片空白。沈从文关于苗族题材的作品，均是对以苗族为代表的少数民族一曲曲优美的赞歌，充满了对原始生命活力的礼赞。1934年，他写出《苗民问题》，明确指出对于苗民问题的研讨应当进行历史追溯，最终打破了外界视苗族为蛮民、视苗区为畏途的错误认知。他认为要解决历史遗留问题，必须放弃对苗族的固有偏见，并在民族平等基础上，鼓励客苗通婚。

沈从文开始描绘湘西苗族文化可追溯到20世纪20年代中后期，受新文化运动和五四运动的影响，沈从文与其他时代青年一样，也在思考着民族和国家的前途命运。从沈从文的早期作品中不难发现，对苗族人文的赞美中包含着他对民族文化差异深切的忧虑，这表现在"无论从传统的少数民族文化与中原文化的对立，还是现代以来的发达与落后的对立，湘西以苗族为主的少数民族文化明显处在竞争的弱势位置上。"沈从文在北京期间，从发表在《晨报副刊》上的苗族山歌（如《篁人谣曲》）到创作完成第一部且唯一一部长篇小说《阿丽思中国游记》，尝试以文学作品的形式为世人展现苗族文化，表现民族文化的重要价值。

20世纪30年代，沈从文的文学作品开始陆续发表，《边城》是这一时期的典型著作，沈从文以知识分子身份为主导，民族国家意识得以继续发展。《边城》以20世纪中国的边城小镇茶峒为背景，描绘了湘西地区独特的乡土风俗。以江畔少女翠翠的感人故事，展现出苗族人民的善良和淳朴。文章中展现给大众的中国形象也完成了以地方的乡土风情对中国形象的象喻与创造，并且是在苗族文化同中华文化交互影响下完成的。在沈从文笔下的苗族文化与中华文化的传播以《边城》的出版为标志，达到了新的高度。

抗日战争爆发后，沈从文回到家乡湘西地区居住，直到1983年迁居昆明。这一短暂时期的家乡生活，促生了散文集《湘西》和小说《长河》。在革命战争和中国走向现代势不可挡的进程中，带着对极速变革的历史的悲哀，沈从文书写了一个不同于《边城》的湘西世界。

除此之外，沈从文对苗族人民风俗习惯的描述同样令人印象深刻，如关于苗族的语言、服饰、编织、刺绣、挑花、节日文化、民间故事等。他在《湖南的人民艺术》《湘西苗族的艺术》《历史文化和民族文化工作的四点建议》等文章中进行了专门论述，这也是他对苗族文化传播的重要且具有历史价值的阐释。

沈从文在其著作和公开场合对苗族文化的传播，不但真实再现了苗族人民的美好生活，而且对人们了解苗族文化具有重要的参考价值，沈从文通过文学作品和公开演讲的方式对苗族文化的传播和发展以及促进苗汉文化融合作出了重要贡献。

医药传承见初心，民族情义永延续：曲焕章

如果一段历史值得歌颂，那背后一定站着一群可爱可亲的人。他们也许只是质朴平凡的人，可往往就是这群最平凡的人，却最能描绘出中国人民的每一份坚持、每一次悸动。脚步铮铮、步履从容是曲焕章走出的最铿锵的步伐，他和云南白药的不解之缘，既是命运的偶然，也是各民族交往交流交融历史的必然。

盛夏装满星辰，却不解风情。儿时的曲焕章并没有多少快乐时光，他出生在云南省玉溪市江川县的一个贫苦的彝族家庭。当地人民的日子异常艰难，很多人都过着勒紧裤腰带的生活。对曲焕章而言，能吃上一顿饱饭就是很大的幸福，更别说有读书的机会。12岁时，曲焕章跟着他的姐夫袁恩龄学习中医伤科和一些医药基础知识。他慢慢开始对骨伤科开始仔细钻研，经常跟着姐夫外出采药，一有空闲就研读医书，学习一些医药知识。曲焕章在兴趣和生活之间得到了平衡，他的医术日益精进。学有所成后，曲焕章开始在村里就诊看病。凡有跌打损伤者，他无一不尽心医治，疗效十分显著，有时遇到没钱看病的，他也是尽心尽力，为其免费医治。他见过太多因没钱错失最佳治疗时间而白白丢掉性命的人，这是底层人民的悲哀，也是那个时代的悲哀。

曲焕章从独自行医那天起就暗下决心，要葆有一颗仁爱之心，

把医者的使命贯穿一生。行医两年,找曲焕章看病的人有很多,这不光是他医术精湛的原因,他的高尚品格也为人称赞。云南地区的少数民族居多,来找他看病的人不胜其数,他也被亲切地称为"民族医生"。可曲焕章深知,自己现有的医学知识十分有限。他苦苦寻觅良师,又入深山试百草。尽管深山地势险峻,隐藏着许多未知的危险,但曲焕章十分坚持,在暑来寒往中,他不曾有过一丝懈怠,在行医这条路上他下足了功夫。这世间疾苦他尝得几分,又何尝不辛酸,可他下定决心一定要把这医术学精学透。他为少数民族病人尽心医治,心里始终装着百姓。

云南这片土地滋养了他的民族情怀,也给了他"神农尝百草"的决心。历经十余年,无数个日日夜夜,无数次以失败告终,曲焕章仍不肯放弃,终于制成了一种疗效独特的伤科中药,取名为"百宝丹"。为此,曲焕章付出无数心血,换来的是整个中华民族医药宝库的充盈。百宝丹功效十分了得,尤其对于治疗刀枪伤及跌打效果最好,而且百宝丹里所含的药材对皮肤科、妇科、儿科疾病的医治都起着非常大的作用。但曲焕章并没有就此停步,而是接连创制了与之相配套的"虎力散""撑骨散"等著名的伤科系列药物。他在无数个日夜钻研改进配方,立志要将民族医药发扬光大,让云南地区甚至是更多地区的人民受益。

曲焕章一生都在与草药打交道。他常常出入云南的深山,大山里的"奇珍异宝"给了曲焕章莫大的吸引力。为能研制出良药,他历经十年艰辛岁月,背后的辛酸少有人体会,可他没有拘泥于单打独斗带来的成果,而是深藏着要将民族医药发扬光大的伟大志向,为更多的人治病疗伤。于是,他将自己研制的一系列伤科药物送到当时的云南省警察厅卫生所，申请将这些药物列为正式药品，发往全国各地销售，经卫生所全部检验合格后，允准在市场公开销售。一时间销量剧增，曲焕章也因此被冠上了"药冠南滇"的称号。从山野郎中到"药冠南滇"的转变，让曲焕章这个名字逐渐被大家所熟知。曲焕章明白，要想发展民族医药事业，个体的力量终究是会被淹没的，在历史发展的洪流中，只有携起手来，才能使中国的医药事业得到重视。他积极团结广大中医药同仁，多进行医学临床和药物研究，并组织编著了《曲焕章草木篇》等书目，将自己几十年来积攒的医学经验悉数纳入书中，供后人学习参悟，为中医药事业的发展作出了重要贡献。

在国家和民族命运的转折之际，曲焕章埋头钻研，一头扎进了理想里。历经十余年研制伤药，造福了千千万万的同胞，他用另一种方式诠释了家国情怀，以一颗赤子之心推动了民族医药事业的发展。走过百年，过去的"百宝丹"已经搭上了时代的顺风车，成为了人人熟知的"云南白药"。

后　记

本书是推进铸牢中华民族共同体意识宣传的新尝试，也是助力"北疆文化"品牌的新探索。本书跨越秦朝至近现代1700多年的中国历史，选取了几十位民族交往交流交融代表人物的故事作为典范，这些历史人物为中华民族的交往交流交融作出了重要贡献。本书既有对此前学界民族团结历史研究的继承，又具备新的特点，覆盖人物范围更为全面。

本书充分挖掘历史资源，以丰富、立体、全面的表达方式，尝试为铸牢中华民族共同体意识尽一份绵薄之力。本书在撰写过程中，曲折颇多，历经两年方才成书。

最后，我要诚挚地感谢内蒙古人民出版社的王静、党蒙两位老师，为本书提出了众多宝贵意见，付出了大量的时间和精力，还要感谢内蒙古大学的王楠、陈静、张佳馨三位同学对本书提供的帮助。在你们的共同支持下才有本书的出版。本书自然还有众多不足之处，涉及历史人物也不免挂一漏万，还望读者多多批评指正。